Arturo Pérez-Reverte
貝雷茲－雷維特 作品集

西班牙很有事

ARTURO
PÉREZ-REVERTE

暢銷小說家
貝雷茲－雷維特
有笑又有料的西班牙史

阿圖洛・貝雷茲－雷維特
黃新珍 譯

「一直以來，身為清醒的西班牙人，令人痛苦萬分又絕望。」

——阿拉特里斯德隊長[1]

1 Capitán Alatriste，貝雷茲－雷維特創作的系列小說主角，曾改編為電影《傭兵傳奇》。

目錄

作為序幕

伊比利亞人極度驕傲。他們的生活伴隨著不斷的警報和襲擊，寧可赤手空拳的對抗，也不願結夥成群，因為他們拒絕彼此聯合以增強實力。——斯特拉波[1]

他們對罪犯和敵人很殘酷，但對局外人富有同情心和誠實。——西西里的狄奧多羅斯[2]

西班牙人始終具有狂野的靈魂，因為他們擁有絕對的自由而且缺乏聽從命令的習慣。——阿庇安[3]

1 Estrabón，64or63 BC-~AD 24，古希臘歷史學家、地理學家。
2 Diodoro de Sicilia，公元前一世紀古希臘歷史學家。
3 Apiano，95~165，古羅馬歷史學家。代表作為《羅馬史》。

西巴尼亞[4]與眾不同。由於崎嶇的地勢和暴躁的人民，他們枕戈待旦。——蒂托・李維[5]

這個西巴尼亞有最堅韌的士兵、最精湛的名將、許多大演說家、敏銳的詩人；她是法官和王子，圖拉真、哈德良和狄奧多西大帝[6]之母。——帕卡圖[7]

這個國度如此高貴，如此豐富，如此強大，如此光榮，土地上的人卻因分歧而毀壞四散，他們的劍彼此對立，好像他們缺乏敵人一樣。——智者阿方索十世[8]

若有位好主人，他將是多好的臣子。——熙德之歌[9]

科爾特斯隊長閣下，西班牙婦女送丈夫去參戰是不對的。他們死在哪裡，我們也殞命在哪裡，這讓印第安人明白了西班牙人為何如此勇敢，就連他們的女人也知道如何戰鬥。——瑪麗亞・埃斯特拉達[10]

自從神奇的發現新大陸後，所發生的一切都非比尋常，以至於對任何沒有親眼看到它的人來說，似乎是不可思議的。事實上，談論世界其他奇觀，似乎掩蓋了所有過去著名人物的舉動，無論他們原本多麼英勇，都無人談論了。——巴托洛梅．德拉斯．卡薩斯[11]

只有西班牙人一出生便全副武裝，而且已準備好戰鬥。——法蘭西斯一世[12]

他們遭受了時代的侮辱和痛苦；儘管如此，卻比身處優渥和繁榮時更加勇敢、狂妄和驕傲。——

4 Hispania，伊比利半島的羅馬名。
5 Tito Livio，64or59BC~AD17，古羅馬著名的歷史學家。
6 Trajano, Adriano y Teodosio，三位都是羅馬賢帝，而且皆出生於伊比利半島。
7 Pacato，公元四世紀末拉丁詩人，他朋友奧索尼烏斯認為他是「繼維吉爾後最偉大的拉丁詩人」。
8 Alfonso X el Sabio，1221~1284，卡斯提爾王國國王，學問淵博，有「智者」之稱。他建立托雷多翻譯學校，把許多東方作品翻譯成拉丁文。他還著有《世界歷史》和《西班牙編年通史》。
9 Cantar del Cid，中世紀西班牙史詩，與《羅蘭之歌》齊名，描述騎士熙德的生平。
10 María de Estrada，1475or1486~1537-48，西班牙女探險家和戰士，參與征服者科爾特斯（Hernán Cortés）在墨西哥的探險，但有歷史學家懷疑她是否真實存在。
11 Bartolomé de las Casas，1484~1566，西班牙道明會教士，曾致力保護西班牙帝國治下的美洲印第安人。
12 Francisco I de Francia，1494~1547，法國歷史上最著名也最受愛戴的國王。

多諾瓦夫人[13]

西班牙人一旦決定好了要攻擊，就算粉身碎骨也會盲目執行。——皮埃爾·德·布爾德耶[14]

他們是毫無例外的典範。雖然大多身材矮小，但浩瀚的內心世界給予他們勇氣，如此他們以自身的價值，成為世界的主人。——馬爾提·利索[15]

瞧，你們的卓越，使我沒有不可企及之處，因為神賦予我十根手指及一百五十位西班牙人。——阿隆索·德·孔特雷拉斯[16]

我們從未面對過如同西班牙步兵這樣的。他們不會坍塌，堅如磐石，不會絕望，並且耐心抵抗，直到把你擊潰。——諾德林根戰役後的某位瑞典軍官

居住並統治該地的是自以為是及其盟友：自尊心、對他人的蔑視、只想發號施令自己卻偷閒躲懶、注重裝扮、自吹自捧、講話喋喋不休、嗓門大但毫無內容、傲慢的態度。而這些，從平民到最

高貴族皆可得見。——巴爾塔沙・葛拉西安[17]

是晦氣，而非我的膽怯，在這裡斷送我已取得的榮譽。命運在這裡捉弄了我，使我的豐功偉績黯然失色。我的運氣在此跌落谷底，再不復返。——塞萬提斯

西班牙人明顯優於其他民族：在巴黎、維也納、米蘭、杜林都說他們的語言。他們的時尚，思考方式和寫作方式征服了意大利的思維，從卡洛斯五世直到腓力三世統治初期，西班牙擁有其他民族所缺乏的「尊重他人」。——伏爾泰

13 Madame d'Aulnoy，1650or1651~1705，法國知名的童話作家。
14 Pierre de Brantôme，1540~1614，法國歷史學家，士兵和傳記作家。
15 Juan Pablo Mártir Rizo，1593~1642，西班牙人道主義者，牧師，政治作家，歷史學家和詩人。
16 Alonso de Contreras，1582~1641，西班牙水手，軍人，冒險家和作家，以自傳著名。
17 Baltasar Gracián，1601~1658，西班牙耶穌會教士，同時也是一位思想家、哲學家。

西班牙是世界上唯一個二加二不等於四的地方。——威靈頓公爵[18]

我所面對的敵人，是個有一千兩百萬憤怒至極靈魂的民族。——約瑟夫·波拿巴[19]

我錯在沒注意到西班牙能夠團結且有榮譽感。——拿破崙

如果西班牙的敵人都是外來的也就罷了，但並非如此。所有的刀光劍影，口誅筆伐，持續加重傷害民族的，皆為西班牙人。——阿瑪迪奧一世[20]

人類應該永遠感謝西班牙君主制，因為它們資助了眾多科學考察，使得地理知識得以發展。——洪堡德[21]

如果有人想知道一個偉大國家可以衰弱和毀滅到何種程度，那就應該研究西班牙的歷史。——托馬斯·麥考利[22]

西班牙總是發生著同樣的事情：反動份子太認真；自由主義派時常漏氣。——皮奧・巴羅哈[23]

西班牙人注定只能走在牧師身後，無論是用蠟燭或是棒子。——奧古斯丁・弗克薩[24]

當西班牙在談論榮譽之事時，單純誠實之人便必須開始擔心。——烏納穆諾[25]

18 Duque de Wellington，一般提到「威靈頓公爵」大多是指第一代威靈頓公爵阿瑟・韋爾斯利（Arthur Wellesley，1769~1852），英國軍事家、政治家、貴族，在西班牙獨立戰爭中他晉升為將軍，一生總共參與了六十場戰役。

19 José I Bonaparte，1768~1844，拿破崙的哥哥，一八〇八年至一八一三年被任命西班牙國王，引發西班牙獨立戰爭後返回法國。

20 Amadeo de Saboya，1845~1890，義大利王國艾曼紐二世的次子。西班牙政變後被胡安・普里姆（Juan Prim）將軍任命為新國王。

21 Alexander von Humboldt，1769~1859，德國自然科學家、自然地理學家，涉獵科目很廣，特別是生物學與地質學。曾多次前往南美洲旅行探險，進行科學研究與分析，並在當地發現許多新物種，對地理學和生物學有巨大貢獻。

22 Thomas Macaulay，1800~1859，英國詩人，歷史學家，輝格黨政治家。撰寫《英格蘭史》，另還有《古羅馬敘事詩》等作品。

23 Pío Baroja，1872~1956，西班牙著名小說家，年輕時相信無政府主義理想，小說較為悲觀。

24 Agustín de Foxá，1906~1959，西班牙詩人，小說家，新聞工作者和外交官。著有《短暫旅程》、《漢斯與昆蟲》等多項作品。

25 Miguel de Unamuno，1864~1936，西班牙著名作家、哲學家。天主教徒。一直被視為是西班牙「九八年代」運動的靈魂人物。著有論述集《生命的悲劇意識》、小說《聖馬奴葉神父》、《霧》、探討母愛的《杜拉阿姨》等傑作。

世界歷史中，沒有任何作品可與「西班牙之作」媲美。——馬葉茲度[26]

啊，西班牙，我生在這裡！啊，西班牙，我葬身之地！——米格爾・赫南德茲[27]

西班牙人從未放棄過半吋土地。我不知道比他們還要無畏的生物了。他們無視死亡，非常勇敢，難以阻擋，但是毫無紀律。——希特勒

就連戰爭的危險也無法使其團結，反而還利用情勢為各自圖利。——阿薩尼亞[28]

假如敵方採用了「西班牙萬歲」的口號，就因為這個簡單的事實，他們勝利機率的百分比將會是無限大。——馬拉尼翁醫師[29]

沒去過美洲的西班牙人，不瞭解西班牙是什麼。——賈西亞・羅卡[30]

群眾不理性的叛亂，痛恨優秀，缺乏卓越。那是西班牙裔大失敗的真正根源。——奧特嘉[31]

西班牙的忌妒並非表現在「想跟鄰居開一樣的車」，而是「想盡辦法讓鄰居沒有車」。——胡立歐．崁巴[32]

26 Ramiro de Maeztu，1874~1936，西班牙散文家、文學評論家和政治理論家。「九八年代」運動人物之一。

27 Miguel Hernández，1910~1942，西班牙語詩人和劇作家。出生於養羊家庭，十三歲時因父親的命令無法繼續上學，專心幫家中牧羊。他開始自學並發現對寫作的熱情，二十歲時因為一首詩而獲得第一也是唯一的文學獎。內戰期間被捕，最後病故在監獄醫療室。

28 Manuel Azaña，1880~1940，曾擔任西班牙第二共和國總理，後來被選為總統，但因對社會暴亂無能為力，在爆發西班牙內戰後逃亡到法國，隔年死亡。

29 Gregorio Marañón，西班牙醫師，科學家，歷史學家，作家和哲學家。被認為是二十世紀最傑出的西班牙知識分子之一，人文主義和自由主義者，在西班牙備受尊重。與當時的許多其他思想家一樣參與政治，他是共和黨人，一開始就支持西班牙第二共和國，但後來由於西班牙人民之間缺乏凝聚力而提出了批評。

30 Federico García Lorca，1898~1936，西班牙詩人、劇作家。成名作是《吉普賽謠曲》，他後來在紐約市旅行時寫下《在紐約》，批評強權對弱小者的欺壓和資本家的貪婪。他支持第二共和國的民主政府，後來遭佛朗哥的軍隊殘忍殺害。

31 José Ortega y Gasset，1883~1955，西班牙哲學家、報業從業人員及評論家。

32 Julio Camba，1884~1962，西班牙作者、記者。十三歲時逃家前往阿根廷，加入無政府主義，被驅逐出境後，回到西班牙開始他寫報導的生涯。

然後，我們的國家離實現理想中的法律還差了兩步：每個西班牙人口袋中都有一封法令信，信上只有一條簡短、明確而有力的條款：「這位西班牙人有權利做任何他想做的事。」——加尼維特[33]

西班牙是一個強大的國家，擁有輝煌的創造、創新、持續計畫……的歷史。她是歐洲最容易懂的國家，但事實上人們堅持不理解她。——胡立安．馬里亞斯[34]

這是個不完美的地方，是各民族、語言、歷史和遭背叛之夢想的大融合。如此罕見又悲慘的景象，我們稱之為西班牙。——貝雷茲．雷維特

33 Ángel Ganivet，1865~1898，西班牙作家和外交官，一些作者認為他是「九八年代」的前一批思想家，而另一些人則認為他算在該年代。最有名的作品為《西班牙理念》。

34 Julián Marías，1914~2005，西班牙作家、哲學家，是西班牙哲學家奧特嘉的學生，自一九六四年以來便為西班牙皇家學院院士。並在一九七七年至一九七九年間被皇家任命為參議員。他從一九七九年創立以來一直擔任社會學研究基金會（FUNDES）的主席，直到他去世為止。

1 兔子之地

很久很久以前，有一塊形狀像西班牙的牛皮，叫做伊莎潘（Ishapan），這個名字的意思是「兔子之地」——真的！沒騙你，我發誓。

那地方居住著百來個部落，每個部落都有自己的語言，打著自家的小算盤，而且會為了一些芝麻綠豆小事打到開腸破肚；除非是為了欺負比他們弱小的鄰居，打爆那些以農產豐收、牲畜肥美出名的，又或者是搞垮有俊男美女、豪華茅草屋的部落等原因，才有可能聯手。

無論你是坎塔布里人[35]、亞斯圖爾人[36]、巴斯特泰尼人[37]、馬斯提亞人[38]或伊勒蓋特斯人[39]，只要你混得不錯，那些看你不順眼的幾個部落就有足夠理由聯合起來，用石頭、銅兵器或者鐵兵器討

35 Cántabro，前羅馬時期一支較大的凱爾特人部落，分布於古代西班牙的北大西洋沿岸地區，位於現今的坎塔布里省。

36 Astures，前羅馬時期居住在伊比利半島西北部的凱爾特人部落，現今的阿斯圖里亞斯附近。

37 Bastetanos，前羅馬時期居住在伊比利半島東南部的伊比利亞人部落。

38 Mastieno，前羅馬時期居住在伊比利半島東南部的伊比利亞人部落。

39 Ilergetes，前羅馬時期居住在伊比利半島東部的伊比利亞人部落。

伐你，用哪種武器端看是哪個史前階段而定。從最古老文獻的敘述可見，當時該地早就有了「愛忌妒又壞心眼」的印記。如我所說的，伊莎潘，沒錯，就是「西班牙」。

長期看來那幫非常會生的兩足動物，可以分為兩大族群：伊比利亞人及凱爾特人。伊比利亞人矮矮黑黑的，而且在陽光、礦產、農業、海灘、腓尼基和希臘觀光客和其他經濟效益良好的項目，運勢都還不錯。另一方面，凱爾特人金髮碧眼，比較野蠻一些些，而且常常鬧窮，肚子一餓就會往南侵，不但能吃飯更能縮短與伊比利亞女人的距離，雖然她們不像北部的鄰居那麼豐滿，但有南部風韻，很能滿足血統控（這點參見「埃爾切夫人」[40]）。當然，伊比利亞人通常都會認為他們不懷好意，而經常「禮尚往來」。因此，當伊比利亞人和凱爾特人不在各自領地肢解自家人時，雙方就會互捅，就是這麼簡單。

當時有一種起源於原住民，叫做西班牙鉤刀（falcata）的劍，讓互毆更加稱手，就連西西里的狄奧多羅斯都給五星好評。這是鐵造的神奇工具，吹毛利刃，當落入「善用工具」的人手中，例如伊比利亞人、凱爾特人和其他傢伙，可以提供「團體洩憤紓壓治療」，以及精彩的「群體解剖實踐課」現場直播。這玩意兒可是象徵著前衛，這裡最先獲得希臘人和羅馬人讚美的事物，其中就有這把劍。

40 La Dama de Elche，一八九七年於埃爾切發現的彩色石質胸像，約公元前五至四世紀的石灰石製成，據推測是伊比利亞人的遺物。

當時的伊比利半島森林很茂密，松鼠可以直接從一棵樹跳到另一棵樹上逛完半島，所以對遮掩襲擊造成的喧嘩、鉤刀開膛破肚的聲響，或其它類似的「社交行為」所發出的聲音都非常有幫助。這使鬥毆這事情變得更加輕鬆，更有幹勁，非常的勵志。

我們也得承認，無論是伊比利亞人、凱爾特人，抑或是被羅馬騷擾太多次所以不得不採取合作模式而進化成的「凱爾特伊比利亞人」，這些人在內鬥或是外戰的美學領域，皆為真正的達人、高手。他們每個皆悍勇敏捷，毫無理智；無論是自己還是他人的生命，對他們來說都是個屁。當時很多歷史學家都描述，西班牙的先祖在被敵人殺死前，會揮刀至生命前最後一刻；縱使被釘在十字架上還是引吭高歌；酋長嗝屁還是球隊輸球時會集體自殺；女人也是，「生死看淡不服來戰！」所以，如果你是敵人，最好不要落在他們手裡。

當時這群小天使，不論男女都會豪飲一種叫卡耶利亞（caelia）的飲料，相當於現在的啤酒，想像一下，這幫青年男女在月光下狂飲的狼藉模樣。至於宗教方面，當時還沒有主教閣下引導他們的靈魂，禁止他們交媾，也還沒有手機；至於能讓群體茫然呆滯的選秀、無腦搞笑綜藝節目也還沒出現，所以他們只能崇拜河流、山丘、森林、月亮等等。這就是那個世紀前後，這塊兔子之地的全貌。

大約在「聖靈如鴿降臨拜訪聖母馬利亞」的八百年前後，一群長著強盜臉的水手跟商人，叫做腓尼基人，穿越地中海抵達此地，為西班牙引進了貨幣和文字；這兩項的聲望和重視程度，受到非常大的差別待遇：金錢，比較高些；而文字，極低。這些腓尼基人由於在海岸大量置產，同時也發明了房地產泡沫，比退休的盎格魯－撒克遜人，或在公園跳廣場舞的和藹俄羅斯黑幫還要早。

但是我們把腓尼基人、希臘人和其他類似的人留到下一章再討論……吧?!

2 我們被羅馬打劫

就如我們前一章所提到的，腓尼基人和希臘人在西巴尼亞岸邊探頭探腦，順便觀察了一下內陸的人。

各位試想，就連現代人都對山上的阿雷瓦格、伊勒蓋特斯族人有些刻板印象了（大家認為他們總是頭戴貝雷帽，手持木棒、鉤刀還是一些拉拉雜雜的玩意兒），所以可想而知那些腓尼基人和希臘人一定會說：「欸……山上就不用了謝謝。我們就留在海灘這邊，規劃些小姐伴遊觀光行程，做些小生意。啊內陸那邊，如果我岳母有種接的話，就留給她好了。」

而真正有種（至少也有半個蛋）前來此地的那群傢伙，其實是腓尼基人的親戚（可以想像腓尼基人憋著笑對這些人說：你們快來！這邊大有搞頭），他們叫做迦太基人，因為這些人來自古迦太基城，也就是現在的突尼西亞那附近。

好啦，這一大票迦太基人來這裡建城：伊比薩、卡塔赫納跟巴塞隆納（巴塞隆納是由哈米爾卡・

巴卡[41]創建的，「我們被羅馬打劫」就是他的名言）。一開始有些凱爾特伊比利亞頭目有些生氣，尤其是伊斯托拉西奧[42]，因多特斯[43]和奧里森[44]等人，當然最後也都適得其所的慘遭凌虐或釘死在十字架上。況且當時那些部落不但各自為營，甚至還會為了暴打隔壁部落而跟迦太基人聯手，打完才在那邊裝「你是誰我看過你嗎不記得了唷～」（我沒記錯的話，這好像就是波利比烏斯[45]說的）。就這樣，迦太基人攻陷了好幾座城：舊名為赫里克的貝爾奇特城，以及在當時可是繁榮到嚇死人，和現在同名的薩貢托城。

薩貢托城不但曾是古希臘的殖民地，也曾是羅馬人的盟友。羅馬那個時候在地中海氣焰囂張，大小戰役搞得烏煙瘴氣的。你們自己算一下啊，大約在公元前三世紀左右吧。然後使情況更加惡化，更變本加厲的是哈米爾卡的兒子，他叫做漢尼拔，是個獨眼龍。他看得見的那隻眼不但容不下「羅馬」這粒沙，就連照片都看不下去。可能因為他小時候在聖週時被大人強迫看太多次《暴君焚城錄》（*Quo Vadis*）電視重播吧？搞得他從小發誓「一輩子痛恨羅馬人」。因此，在漢尼拔把薩貢托城搞得一團糟後，還組了一團令人望而生畏的軍隊，包含了努米底亞人、大象和武力值爆表的投石機（除了對敵人丟巨石，還會隨機開出巨石強森唷）。他呼喊著口號「跟著漢尼拔看世界」，招募了三萬名凱爾特伊比利亞傭兵，這可是西班牙史上首次出口優良合格的勞動力。他們穿越阿爾卑斯山脈，給了義大利一頓粗飽，讓他們吃不完還兜著走。這整件事最屌的點，就是西班牙巴利阿里的投石機弦手，來自四面八方的步兵和騎兵，法蘭德斯和西班牙精選大方陣前鋒部隊，都參加了這一系列漢尼拔在羅馬多次暴打人家的過程：提基努斯河會戰、特雷比亞河戰役、特拉西美諾湖戰役，和冠軍盃決賽坎尼會戰（最後這場最受人矚目，因為有大約五萬上下的羅馬人噶屁了）。感謝獨眼龍先生。

可惜的是，戰後他們沒有走亞壁古道直取羅馬為此戰收尾。漢尼拔和他的部隊，包括那些西班牙人在內，都太專注在無所事事、貪圖安逸、放蕩激昂的各種有的沒的事情，以及羅馬嬌嬌女。當他們在義大利耍廢的同時，一位名叫西庇阿的敵將，非常狡猾的在午睡時間抵達西班牙，從後方揑住他們。結果是西庇阿最終征服了卡塔赫納，獨眼龍難以招架，甚至被逼退到北非，並在札馬戰役

41 Amilcar Barca，A.D.275~228，迦太基將軍、政治家，西班牙的開拓者，巴卡家族的第一代領袖，其三個兒子漢尼拔、哈斯德魯巴和馬戈均為名將。

42 Istolacio，約公元前三世紀時人，凱爾特伊比利亞人的圖爾德泰尼部落首領，為了對抗迦太基將軍哈米爾卡的入侵，聯合了圖爾德泰尼、伊比利亞及凱爾特伊比利亞軍隊，戰敗後遭酷刑及釘十字架。

43 Indortes，伊斯托拉西奧的繼承人，雖然沒有證據，但推測是他兄弟。伊斯托拉西奧死後領導軍隊繼續對抗迦太基，最後被哈米爾卡俘虜，遭酷刑及釘死在十字架。

44 Orisón，約公元前三世紀時人，伊比利亞人的奧瑞斯特部落首領或統治者。歷史上並沒有記載是否曾經跟伊斯托拉西奧或因多特斯聯合作戰，但奧里森比迦太基軍隊更加狡猾，讓他們吃了第一次敗仗，據說哈米爾卡就死在那場戰役。公元前二二七年被漢尼拔擊敗，此後奧瑞斯特人便與迦太基結盟。

45 Polibio，A.D.200~118，希臘化時代的政治家和歷史學家，本是希臘人，但卻在晚年成為羅馬公民，他的代表作《歷史》帶給他巨大史學榮譽，而且波利比烏斯是漢尼拔史料的兩個主要來源之一。

被打敗。戰敗後的獨眼龍，為了避免落入敵人手上，也為了最後的尊嚴，他自殺了，省得還要跟那些卡佩塔尼人、坎塔布里人跟馬斯提亞人一起上二十四小時新聞直播；明明打勝仗時他們歡呼掌聲雷動，結果現在全都跑去坐陪審席，大罵他是「膽小鬼、賊子」（這，就是凱爾特伊比利亞人的天性）。

所以情況就是古迦太基城被打到破破爛爛，然後羅馬人就把西巴尼亞整碗端走了。不過就算端走也不知道要怎麼處理啦——如果連凱薩大帝都花了九年才把高盧拿下（高盧人都像漫畫《高盧英雄傳》[46]中的主角那般難打），而羅馬更是用兩百年才完全拿下西巴尼亞。看似很好笑，但其實再正常不過了，而且技術含量超高。普魯塔克[47]在塞多留[48]的傳記中提到，當時此地還沒有「國家」，只有「酋長」：每個他媽的小村莊都有一個印地比利斯、曼多尼烏斯、維里阿修斯[49]，當然只能採取各個擊破法；所以就算是羅馬人這麼有組織的，也是需要花些時間。

46 Astérix el Galo，或譯《阿斯泰利克斯歷險記》（法語：Astérix le Gaulois），是一套法國系列漫畫，這套漫畫在歐洲和南美非常知名，三十三本漫畫書和畫冊已經譯成一百多種語言和方言，並且多次改編成長篇動畫電影、真人電影、電玩遊戲等。

47 Plutarco，46~125，羅馬時代的希臘著名傳記作家、哲學家，其作品在文藝復興時期至為重要，以《希臘羅馬名人傳》（原名《對比的傳記》）一書留名後世。

48 Sertorio，A.D.122~72，古羅馬統帥。出身於羅馬的貴族家庭，年輕的時候曾經是一名律師，後來加入了軍隊，成為馬略麾下的一名將領。

49 Indíbil, Mandonio, Viriato，三人皆為羅馬時代前的伊比利亞部落領袖。據說印地比利斯和曼多尼烏斯是兄弟，但不可考；而維里阿修斯對抗羅馬人八年，這些傢伙一個比一個還寧死不屈、勇猛善戰，都是些難啃的骨頭，被羅馬軍隊視為夢魘。

3 Rosa、Rosae、拉丁語

前篇我們講到了羅馬。戰勝的西庇阿[50]獲得「古迦太基城」這塊蛋糕後，就對他同袍將軍們說：「留給你們慢慢吃哈！」，然後就回他老家了。而這個時候的西巴尼亞，還不能被視為「西班牙」，不過總會有那麼一天的。想不起來是誰的某位歷史學家在「羅馬墓陵」中就曾形容過：因該地居民滔滔不竭之怒，費時兩百年才得以平息戰亂。羅馬當時是採取系統式屠宰流程：軍團輾壓↓屠殺↓釘死在十字架↓剩下都做奴隸，可說是經典呀。這種流程通常都是由一些像是加爾巴[51]那種執政官執行，這些傢伙像是電影裡的反派人物一樣（就是羅賓漢故事裡的諾丁漢治安官那款），殘酷又暴虐；先用協議糊弄各部落，然後一個屁都不履行的說謊專家。

50 Escipión，A.D.235~183，羅馬主要將領之一，以在扎馬戰役中打敗漢尼拔而著稱於世，因此得到他那著名的綽號：「征服非洲者」。

51 Galba，A.D.3~69B.C.，他在尼祿自殺之後，成為羅馬帝國的皇帝，但僅僅七個月就遭到殺害。在塔拉科西班牙的行政長官任期，早期以嚴厲的刑罰處理各類犯人，甚至於將犯罪的羅馬公民釘死在十字架上（在古羅馬共和到帝國初期，只對奴隸或行省人民才處以十字架之刑，羅馬公民的最重極刑一般為斬首）。

用這個方法雖然通關時間較長，但十拿九穩；過程中雖然還是經歷了一些名叫「印地比利斯」和「曼多尼烏斯」的魔王關卡。其中最難攻克就是「維里阿修斯」這一關，他大殺四方威震羅馬，直到羅馬人買通了他的屬下暗殺他。他的軍隊非常生氣，便在一座叫做努曼西亞的城市頑強抵抗羅馬人十年，最後西庇阿的孫子才攻下了他們。

根據歷史學家弗羅魯斯[52]跟奧羅修斯[53]的紀載，攻城先是大屠殺，後集體自殺（雖然「集體自殺」聽起來比較像在唬爛）。另一個效仿維里阿修斯的是一位精明的羅馬帥哥，叫做塞多留。他在羅馬混不太下去，就決定去西巴尼亞，還當上了領導，混得還不錯。他常常給他的老鄉羅馬人蓋布袋，直到羅馬人又故技重施，買通西班牙當地人狠狠修理塞多留一頓（「忠誠」不是西班牙最著名的美德）。

就這樣，在暴動、屠殺、新暴動的循環下，西巴尼亞漸漸被羅馬化。雖然有些候還是會出現一些撐在那邊死不投降的，像是卡拉奧拉[54]，英勇抵抗羅馬，撐到最後才淪陷；這才有那句古老的諺語：「卡拉奧拉！賤人才不打羅馬！」——然後結果還是一樣，被羅馬放大招輾壓。

由於羅馬人對敵人一律公平公正的採取欺騙、釘死十字架和收為奴隸的手段，不徇私，不放過，所以這整件事最大的好處，就是那些凱爾特伊比利亞人間的小戰役漸漸終結。雖說如此，每當有合適的機會時，西巴尼亞就會把握良機，例如凱撒大帝跟龐培[55]人馬爭權奪利所引發的內戰，支持哪邊一點都不重要，重要的是有藉口可以燒掉鄰居的農收，侵犯鄰居的權益。鄰居戰車的馬比自己好、擁有劇場的長期入場券、或任何其他優勢，都是令人忌妒憤恨的理由。

因此，直到第一位羅馬皇帝，奧古斯都[56]親征，打爆那些桀驁難馴，整天沉浸毛皮跟羊乳酪中，覺得抵抗才是與眾不同存在的坎塔布里人、巴斯克人[57]及亞斯圖爾人時，真正的和平才實現，誰叫他們竟然敢跟奧古斯都談「獨立主張」。

從那個時候開始，羅馬人就正式啟用西巴尼亞這個名字（反正這個名稱也用了好一段時間了），並將其分成五個省份。他們在該地開採金、銀礦，並開發「地中海三寶」：小麥、食用油、葡萄酒，當時還算繁榮（各位可以參考一位精明的小伙子普魯塔克的大作），有些公共工程建設、商業行為，「國家」這個字逐漸成形。

52 Floro，約生於公元二世紀左右，哈德良統治時期的古羅馬歷史學家。

53 Orosio，?~420，西班牙牧師、歷史學家和神學家。

54 Calahorra，西班牙拉里奧哈自治區其中一個市鎮。

55 Pompeyo，A.D.106~48，龐培，羅馬前三巨頭之一，和凱撒爭雄的人物，他出身名門，父親也是羅馬的執政官。最終也因為政治權利導致同盟破裂，爆發了內戰，最終凱撒勝出獨攬羅馬大權。

56 Octavio Augusto，A.D.63~14B.C.，不僅是羅馬帝國的開國君王，同時也是歐洲歷史上第一位皇帝，獨裁統治羅馬長達四十三年。他結束了一個世紀的內戰，使羅馬帝國進入了相當長一段和平、繁榮的輝煌時期，史稱羅馬和平。

57 Vascones，大約在公元一世紀左右，伊比利半島位於埃布羅河上游和庇里牛斯山脈西部的種族，羅馬人稱為巴斯克。

人們開始有「族群認同」的觀念，我是西巴尼亞人（hispanus sum）這句話開始等同於我是羅馬公民（civis romanus sum）。許多城市成為了經濟及文化要塞，有四通八達、施工品質良好的道路，有些甚至能保存至今。喜歡冒險或想混口飯吃的年輕人開始加入羅馬軍隊，退伍後也會配給土地，然後跟西巴尼亞女子結婚，生下想法截然不同的「小西羅」：他們說玫瑰時，會說拉丁文 rosae 而不是 rosa，長大後可能讀個水利工程系之類的。

天主教也是大約在那個時期降臨此地，不過那個時候還算守本分，只參加個彌撒，還沒在公開場合靠夭墮胎議題、硬把玫瑰念珠綁在子宮上，也還沒出現後來那些拉里拉雜的鳥事。

這段期間誕生的一些傢伙證明了這個時代還算不錯：圖拉真、哈德良、狄奥多西大帝、塞內卡[58]、昆體良[59]、科魯邁拉[60]、盧坎[61]、馬提亞爾[62]……，三位皇帝，一位哲學家，一位修辭家，一位國際農業專家，一位史詩詩人和一位諷刺詩人等等。

至於語言，各位聽聽就知道！雖然有人說二十世紀後拉丁文已亡，其實並不盡然，我們這些說卡斯提亞語、加利西亞語或加泰隆尼亞語的人，即便沒有意識到，我們仍然延續著拉丁文。

58 Séneca，A.D.4~65B.C.，古羅馬帝國哲學家、政治家、劇作家，他受斯多葛哲學影響，精於修辭和哲學，曾擔任過著名暴君尼祿的顧問。

59 Quintiliano，35~96，是羅馬時期西班牙行省的一位修辭學家，也是以修辭及雄辯術為教授內容的教育家、作家。緣於家風的關係，跟他父親一樣，都專精於修辭學的講授。

60 Columela，4~70，著有以散文體寫成的《論農業》，包含內容廣泛，從農業、畜牧業、養蜂業甚至動物的治療。

61 Lucano，39~65，羅馬詩人，最著名的著作是描述凱撒與龐培之間內戰的史詩《法沙利亞》（*Pharsalia*）。

62 Marcial，40?~104，拉丁詩人，以詩歌聞名於世，我們所知他的第一部作品是《奇觀》（*Liber Spectaculorum*），這是為慶祝公元八〇年克羅塞烏姆競技場開幕而作，其中有三十三首詩存世。

4 羅馬爛光光

故事說到了大約在四、五世紀的時候：房地產泡沫，西巴尼亞人不把羅馬放在眼裡、卻享有羅馬公民權的年代（有點像不信上帝的主教那樣）。他們享受著馬路跟自來水，發展得超蓬勃；家門口停著最新型的四馬驅動雙輪戰車，貸款去溫泉度假或在貝提卡、塔拉科買一棟海邊別墅，混的可是風生水起。隨著羅馬幣水漲船高，雙耳瓶裝葡萄酒出口量大增，農業、畜牧業、礦業和商業以及加的斯舞女興起，一切都好到不行。

然後呢，歷史底下從來沒有新鮮事——危機來臨了。人們開始離開鄉下往城市遷移，大都市的資源越多，偏鄉就越窮困；有產業的變得更加野心勃勃、貪得無厭，窮人更窮，富人更有錢。結果屋漏偏逢連夜冰雹，沒有最倒楣只有更倒楣：西班牙成了天主教徒，從此邁向「宗教狂、瘋耶穌」的「天堂之路」，而且還代代相傳。西班牙的高階神職人員也開始什麼都想插一腳，從農地到政治，狗拿耗子多管閒事。

征服世界的羅馬軍隊，看到大家在那邊撈錢，也變得扭扭捏捏：他們不恪遵「攻打蠻子」的義務（西班牙文的bárbaro，最早並不是指野蠻人，而是「外來的」）；軍隊也開始干政，不是推舉就是推翻皇帝，半個世紀以來換了三十九位，而且很多還是被有同樣稱帝野心的同行給幹掉的。然後軍隊為了要戍邊，像是多瑙河邊界線、哈德良長城之類的地方，就向對面的蠻子說：「嘿！歐拉夫，來一下，記得戴著頭盔跟長矛，來這邊顧一下，我先去羅馬抽根菸哈！」

於是歐拉夫就跟他家人住在帝國邊境，可是當他意識到旁邊沒人盯著，而且他手上還握有長矛的時候，他就打給他老鄉西格里克跟歐迪龍說：「兄弟，快來喔，這群白痴是紙糊的。」然後他們就把斧頭磨利，傾巢而出。這就是歷史上人稱的「蠻族入侵」。好笑的是，羅馬本來就有大批移民，像是條頓人（teutones）、皮克特人（pictos）、努米底亞人（númidas）、加拉曼特（garamantes）人等，有些是有底薪的外國奴隸，有些是免費的，幫這群有夠機歪的羅馬人做他們懶得做的事，結果入侵爆發後，那些倒楣鬼不得不加入角鬥士的行列，而且還沒有勞健保！於是他們就像「斯巴達克斯」那樣反抗，或是用更糟的方式生存。事情的最高潮就是，羅馬的中下階層，那些被危機搞到更窮的、被當時畜生王八蛋長官賦稅搞瘋掉的、被地主掐著脖子、被神父禁止嘿咻的（此乃窮人最後的安慰呀），都聯合起來了！就這樣，大家一起滿懷熱忱，內外聯手，把羅馬帝國搞垮了。

試想一下當時的政治階級，跟現代西班牙沒用的政客差不多廢，整個帝國破破爛爛的，腐敗、好逸惡勞、激進的獨立主義的參議員和眾議員，激忿填膺的一夥人。不過那個時候「政治正確」還沒流行，所以大部分都還是用砍頭來解決事情；再加每個人都存著「人不為己天誅地滅」的心態，成為了壓垮帝國的最後一根稻草。「為了停止戰爭之狂熱，勢必得以殺止殺，以戰止戰。」（這還是一位叫作明智的老兄說的唷，他可真是人如其名呀。）

大約在五世紀初期，侵略開始越演越烈：金髮的日耳曼族蘇維匯人（Suevos）、汪達爾人（Vándalos），加上亞洲的奄蔡人（Alanos），他們有烏黑的頭髮，萬里迢迢從烏克蘭附近跋涉而來。因為他們聽說西巴尼亞乃是天上人間，每個居民都有兩間酒店。結果咧，這些野蠻人胡搞瞎搞，搶奪城市、教堂，就連值得尊重的婦女也強姦了，做了一大堆野蠻事（西班牙文中的 barbaridades，意思是殘暴、粗魯、野蠻行為，就是從野蠻人 bárbaro 這個字衍生出來的）。原本就所剩不多的西巴尼亞的文明，就整組壞光光了。

羅馬當時已經對那些部落跟亂象無能為力，也不太想管，所以就僱了一些臨時工「哥德人」來處理，他們名字奇奇怪怪，像是「阿陶爾夫」還是「多里斯蒙德」，這些人有點野蠻，但又沒那麼野蠻。

5 哥德插一刀

就這樣，在蠻族入侵跟帝國衰弱之間，羅馬開始整組壞光光，文明支離破碎，而被西哥德占領的西巴尼亞還在那邊拚命嘴「三位一體、唯一真理」。大概就是從那個時候起（大約五世紀前後），在這片曾經遍地兔子、之後狂熱份子跟混蛋生生不息的土地上，開始此地的宗教亂象。因為被羅馬人叫來控場的西哥德人是亞流教徒，換句話說他們是被「異端的亞流主教」受洗的天主教徒，他們認為聖父、聖子和聖靈三位怎麼可以是一體，應該分個位階高低。而羅馬人、聽羅馬人話的天主教徒則堅持「本體相同」沒毛病，「你再機歪我就燒死你唷」。

西巴尼亞因此被分成兩派，非黑即白，「如果你不支持我便是我的敵人」，跟馬鈴薯烘蛋、「再不聽話就槍斃」一樣非常具有西班牙風格。兩邊的主教都在哥德國王（例如阿陶爾夫、狄奧多里克，或差不多那種德行的暴君）耳邊窸窸窣窣，一直到利奧偉吉特國王[63]時期，他跟前幾任一樣也都是

63 Leovigildo，519?~586，西哥德人的國王。由於他的改革以及他的領土擴張和重組工作，被視為最重要、最受尊敬的西哥德人國王。

亞流教的，結果他兒子埃爾梅內希爾多[64]卻信天主教，此地還因為這個皈依者狂熱重症患者、野心又無恥的死屁孩，反抗了他爹地，而面臨了第一次內戰。

從各方面來說，利奧偉吉特都可以算是一位相當不錯的國王，而且他費了好多的力氣和口水，只差一點就再次統一這個魚龍混雜的鬼地方，除了崎嶇的巴斯克地區。那些傢伙從以前就出了名的難搞，只活在自己的深山老林，整天搬石頭，從羅馬時代前就有夠沒知識，白痴程度還有增無減。

而埃爾梅內希爾多小朋友呢，就被他老爹利奧偉吉特國王抓住，因為闖了大禍被「喀擦」了。不過他老頭子政治嗅覺倒是敏銳，還算內行，這件事他體會到「亞流教菁英高幹統治天主教群眾」似乎有點行不通，他想：「我的臣民喔，嘖！」所以當他快要嚥氣前，他叫來另一個兒子若卡瑞多[65]（哥德的帝制是選舉制的，但爸爸總是想盡辦法傳給兒子），說：「聽好了，小子！這塊土地上狗日的混蛋太多太密集，好戰鐫印在他們的骨血裡，再這樣下去會全部玩完，所以你還是改宗天主教會，拉攏教皇，至少還剩一些土地可以整理。」

若卡瑞多這位清醒的年輕人，放棄了亞流教義，舉辦了第三次托雷多會議，還讓主教追封他死掉的白痴哥哥「聖人」、「殉道者」。亞流宗被消失，異端書籍悉數焚盡，為西班牙開啟「動不動就燒個精光」的先例。而天主教從那時便開始跟西班牙結成漫長又非常有利的「鴛盟」，那個時期大概是蜜月期，隨後的數百年就只會是混亂及崎嶇，後果不但持續到近代，甚至到了今時今日都還後患無窮（如今還有國王懺悔司鐸、聖約、協約這些呢）。不過客觀的來說，當牧師還沒有摻和政治前，他們還做得不錯。修道院成為文化焦點，主導社會援助，他們之中還出了幾個大人物：像是歷史學家保盧斯・奧羅修斯或是塞維亞的依西多祿主教（Isidoro de Sevilla）——熟一點的人都叫他聖依西多祿（San Isidro）——後者是該年代最具權威的知識份子，他編寫了深具影響力的百科全書《詞源》（*Etimologías*），至今仍然可以豐富現代人閱讀體驗。他令人欽佩，知識淵博、才華洋溢，才能將我們從飽受摧殘的帝國廢墟、蠻族入侵西方的黑暗（西巴尼亞尤其不見天日）中解救出來。

少數的希望藏身在修道院中，而有影響力的天主教會則藉由公會議、布道壇跟告解室掌控大局。若卡瑞多之後的國王，聰明不聰明的都有，都捲入爭權的血腥鬥爭中，箇中曲折可能要有一個像莎士比亞的文豪才說得完（不過西班牙總是該有的統統沒有）。總共三十五位哥德國王中，半數是被殺死的，所以你們自己想像當年局勢是何種光景。

一直到公元七一〇年左右，在直布羅陀海峽的另一邊，響起了從此改變命運的呼喊：「只有阿拉絕無其他，穆罕默德是先知。」

64 Hermenegildo，564~585，西哥德國王利奧偉吉特之子，因信奉天主教與父親起軍事衝突，被捕後處死，因此被視為「改宗守護者」、「天主教烈士」，並且被追封為聖人。

65 Recaredo，559~601，利奧偉吉特次子，繼承王位後於公元五八九年宣布改信天主教，因此統一西哥德與西班牙人宗教。

6 被揍一頓粗飽

公元七一一年，就像是一針見血評論歷史的諷刺短詩所敘述：「撒拉森人來了／我們被揍一頓；上帝都幫惡人／只因為他們多於好人」。西巴尼亞－西哥德人最好是可以叫作「好人」啦。

還是你自己評評理：一邊是從非洲北部來的一群阿拉伯人，伊斯蘭教的狂信者，帶著受到他們感召而皈依的柏柏人以及對宗教激烈的熱忱，對不信阿拉的人發動「神聖戰爭」。試想，中間只隔一道僅十五公里寬的海，海的另一端就是西班牙……西巴尼亞（哎呀隨便你喜歡怎麼叫啦，穆斯林叫她伊斯班尼亞〔Ispaniya〕或斯班牙〔Spania〕）。

但在另一端，就跟現代的西班牙差不多，只不過當家的人是西哥德人，換句話說，就是有四百萬個不團結愛內鬥的王八蛋，每個都是他奶奶的狗東西，不但有各式各樣的敵人，統治者是自相殘殺後活下來的國王、愛管閒事又只顧自己利益的主教，再加上高得可怕、像是在搶劫的賦稅，課的稅金會讓任何財政部長（以及殺了他後一夜致富的凶惡殺手）開心到轉圈圈。總之就是一群不團結的邊緣人，帶有舊「西羅人」的壞心眼，以及西哥德人統治下新引進、還很新鮮的「野蠻」跟「趾高氣揚」。此外還有飢腸轆轆的人民，太過分的官僚，地方伯爵的個人野心，再加上最後幾任國王喜歡的女人有點太多——太陽底下果然沒有新鮮事，搞得有些女士的爸爸叔叔哥哥弟弟都很想活剮好色的君主，至少他們是這麼說的。因此，有一個叫做維提察（Witiza）的家庭，加上他一大票弟兄，就串通勾結了對面北非，當時從毛里塔尼亞（Mauretania）來的穆斯林，被叫做毛里人或摩爾人：這個稱呼到現在為止仍沒什麼不敬的意味。各位可以在許多編年史中找到他們的蹤跡，還為數不少喔，畢竟統治西班牙十三個世紀嘛。

維提察和他的人馬，以及一位統治休達（Ceuta）的西哥德伯爵，給當時的國王挖了一個好深又好寬的坑，他名叫羅德里克（Rodrigo），熟一點的也會叫他羅德里可（Roderico）。維提察「寧願把西班牙交到敵人的手上，讓她爛光也甘願，但死都要緊咬著個人恩怨情仇」，這真是太富有西班牙精神了，多到我快感動得哭出來（不要一大堆人在那邊否認「沒有我們不是這樣」）。

因此趁著國王羅德里可在北邊打巴斯克人打得分身乏術時，維提察落井下石（好巧喔！這個也是西班牙行事風格），打開後門，讓一個叫塔里克的穆斯林領將穿越海峽，和他的戰士在西班牙著陸，摩拳擦掌，「直布羅陀」（Gibraltar）這個名詞意思就是「塔里克的山峰」，是因他而命名的。如果不提居民或是政府的話，當時伊斯班尼亞在穆斯林旅遊觀光中評價還不錯：肥沃、富有、氣候多樣、美食豐富、還有俊男美女……等等。而且最棒的是已經有馬路了，羅馬人把道路都給鋪好鋪滿了，入侵的動線非常順暢，真是這輩子從未有過的感覺：「這都是上帝的安排」。

當國王羅德里可跟他的軍隊趕回家看到底發生了什麼鳥事時，在南部一個叫拉漢達（La Janda）的地方被爆打得很慘。就這樣，天主教西哥德人統治的西班牙、前朝的西羅文化，還有去他媽的天主教，就此掰掰，一去不復返了。維提察跟他的白痴隊友、休達伯爵跟那一大票人，還以為摩爾人打完以後會回北非老家，不過塔里克跟他那些帶來更多戰士的同僚，卻說道：「兄弟，這裡還不錯，我們很滿意，你不介意的話我們就留下來了。」

事實上也沒什麼好介意的，當時的西班牙人出於天性，採取了「安於現狀懶得改變」，但如果有人幫他們強制更新的話，馬上會流行一波造成轟動」的態度，並且沿用至今：伊斯蘭教、拿破崙、東方廣場、民主、酒吧禁菸、不準叫摩爾人「摩爾人」等等。西班牙人秉持從古至今歷久彌新的愚蠢、言不及義、無腦瘋狂和只會把事情搞得更複雜的皈依者狂熱。所以，各位可以想像在拉漢達戰役之後，很多人就會一窩蜂改信伊斯蘭教，也能預見西班牙將會在短短數個月中，會有滿坑滿谷的穆斯林魂「覺醒」了！

7 強者自東方來

我們剛講到穆斯林，嗯，也就是摩爾人。他們在短短幾年就拿下全部西哥德統治的西班牙，而老是見風轉舵的在地人，也揪團改宗了。除了坎塔布里亞山區一小部分人，其他人都輕輕鬆鬆地適應了摩爾人的生活方式，這也足以證明西班牙人對西哥德政權跟天主教會，早已經忍無可忍不想再忍。

阿拉伯語取代了拉丁語，教堂變成了清真寺；禱告時不再朝向羅馬，而是跟隨新潮流，改向麥加禮拜。從公元七一六年鑄造的硬幣上可以發現，先羅馬後西哥德化的「西巴尼亞」，現在被改叫「安達魯斯」（Al-Andalus）。摩爾入侵的一個世紀後，就有個叫阿爾瓦羅．哥多華[66]的傢伙抱怨說：「欸，這些年輕的莫扎拉布（Mozárabe），都不會寫拉丁文了！」他說的是穆斯林地區仍然信仰天主教的人；大家在舞會上也開始用阿拉伯語虧妹子，由此可見大家跟風的速度有多快。就這樣，天主

66 Álvaro de Córdoba，800?~861，安達魯斯的聖經學者、神學家和莫扎拉布語詩人。

教徒以驚人的速度減少，摩爾人越來越多，多到當時的羅馬教皇頒發了一條法令，譴責西巴尼亞天主教父母把女兒嫁給穆斯林。

首先你要先是教皇，住在很遠的羅馬，才能說的比唱的好聽吧，還能幫你兒子姪子安排個錢多事少的好位子。要是你住在哥多華還是托雷多，而身邊所有人，不論是指揮交通的還是收稅金的，都包著特本頭巾、身配彎刀，事情就沒想像中那麼簡單了。

而且傳說中那個既快樂又包容、文人滿街走，大家都優雅的喝葡萄酒，沒有宗教衝突，女士也比其他地方更自由的安達魯斯，只是偶像劇情好嗎！連編劇自己都不會相信啦！因為就跟其他地方一樣，這裡什麼人都有：當然有正常人、也有該死的混蛋；穆斯林婦女必須遮顏蔽體，就跟現在一樣（也一樣不爽！）；不論是十字架派或是弦月抱星派的，宗教狂熱者更是數千年不變的如出一轍；而在那個穆斯林化的西班牙，更不可能缺少的，就是人類史上一直都存在的分隔對立。

似乎一踏足西班牙，內鬥的基因就會馬上鑽進骨血裡。一定是受到當地氣氛的感染，這些阿拉伯跟柏柏人征服者很快就為了土地、財產、奴隸和一些拉拉雜雜的分配問題而大打出手，風起雲湧，戰事將至。硝煙剛起不久，一位從東邊逃亡到這裡的王子，像童話故事一樣夢幻降臨。這人名叫阿卜杜拉赫曼（Abderramán），年輕、英俊又風趣，他全家都被大馬士革的哈里發給滅了，費了不少功夫才抵達安達魯斯，到了這邊後就稱自己是國王（正確學名其實是「埃米爾」[emir]），安達魯斯先後從大馬士革、報達[67]手中獨立，終於脫離了他們的掌控，也不用再進貢了。

這位年輕的埃米爾聰明又有文化（真好，可惜這種人在西班牙久久才會出現一次），讓穆斯林化的西班牙跟新的一樣：強大、繁榮、充滿朝氣。他創造出當時第一個有效率的稅收制度，推廣所謂的「知識之旅」：鼓勵烏理瑪（學者）、法基赫（法學家）、文學家、科學家去大馬士革、開羅等一些東方大城市旅行，以帶回更多的新知。

阿卜杜拉赫曼的後代子孫，姓伍麥亞（Omeyas），逐漸從埃米爾（總督）升到哈里發（領袖），直到他們一位叫阿爾曼索爾的大臣[68]，精明又膽大到不行，接管了權力，然後足足鬧了北邊的天主教徒二十五年：軍事行動、夏季突襲、搶錢搶奴隸，讓天主教不堪其擾。直到在一場名叫「卡拉坦涅佐戰役」[69]中，阿爾曼索爾出了差錯，嗝屁了。至於這些天主教徒如何從北部坎塔布里亞山區，從小部分發展壯大，我們就留到下一章再講吧。

阿爾曼索爾英年早逝，安達魯斯痛失英才。哥多華的清真寺主教堂就是在他統治期間完工的，由這個小細節我們就可以得知他多麼有才幹。這座清真寺非常不可思議，在接下來的兩百年，不論

67 Bagdad，古稱報達，現在叫巴格達，伊拉克首都，為伊拉克最大城市及經濟文化中心，位於美索不達米亞平原中部地區。
68 Almanzor，939~1002，軍事和政治家，哥多華哈里發大臣，歷史上最有名的就是將哥多華清真寺完工。
69 Batalla de Calatañazor，目前的歷史學家認為這個戰役只是傳說，不存在。

繼任的政府是誰，都遵從原設計，讓她始終能保持美麗的原始風格。傑克，這真是太不西班牙了！因為在正常情況下，無論摩爾人、天主教徒，西班牙人就更不用說了，都會先毀了上屆政府所做的一切，然後再對修繕的建築師不時提出一堆新的要求。

8 摩爾與教徒

穆斯林統治西班牙初期，北部天主教王國就只是安達魯斯歷史章節裡面的註腳而已。摩爾人的土地上發生許多引人注目的事，而天主教徒則在崎嶇的阿斯圖里亞斯山區苟延殘喘，還喘得上氣不接下氣。直到北邊的王國漸漸成長，那些國王跟馬屁精臣子才在那邊「發明」一些傳統文化價值、國家意識形態，什麼復國精神、西班牙民族的神聖火焰、西哥德羅馬文化承傳等一堆屁話，都是後來才出現的。

事實總是比我們想的還要無聊：有些為數不多的天主教徒看穆斯林不順眼，於是他們就跑到山上，想盡辦法活下來，西班牙式的勇敢、沒文化，就像電視上有匪氣的俠盜那樣，會站在險峻峭壁上，問候平原上的摩爾人他老媽。

例如佩拉約[70]，就是不可不提的俠盜代表之一。相傳他在一個叫科瓦東加（Covadonga）的地方

70 Don Pelayo，685~737，阿斯圖里亞斯王國的第一任君主，統治了十九年。他在科瓦東加戰役的勝利，被視為「收復失地運動」的起點。

砍了一票可能是迷了路的摩爾軍團，但因為他聰明地把這件事歸功於聖母馬利亞保佑，因而聲名大噪，得以成長茁壯，想跟摩爾人幹架的酋長也紛紛效仿他。除了來自阿斯圖里亞斯的佩拉約以外，還有一位納瓦拉人，叫做伊尼哥・阿里斯塔[71]。這群同樣魯莽、看報紙可能從來不看文化副刊版的人，把劍、狼牙棒和斧頭運用自如，傷害值超高，非常致命。他們創造出王國雛形，後來也越來越有權力和名望、越來越注重繁文縟節，而後成為世襲君主制的家族。

其實一直以來，天主教與穆斯林之間經常透過聯姻暗約私期、互通有無，為了利益，再大的事都能粉飾太平，由此可見當時還沒有明確的「國家」、「民族」意識。雙方的國王跟埃米爾都有穆斯林或天主教的母親，而且不是奴隸，是為了利益和土地的正式聯姻，結果弄得跟吉普賽人一樣，全村的人都是親戚，每次屠殺也都多少會砍到自己人。而所謂「復地運動」，其實最早也不是為了收復失地。天主教徒跟摩爾人為了戰利品、牲口、奴隸，彼此相互侵略、偷襲。（摩爾馬隊最遠跑去潘普洛納（Pamplona）搶劫，我覺得他們可能毀了該年的聖費爾明節[72]的節慶氣氛）。

長時間下來，一直延伸到斗羅河谷（Valle de Duero）的邊界成了既危險又荒蕪的地帶。久了就造成有如美國有名的西部牛仔片那樣奇特的現象：一無所有的天主教居民，賭上性命決定去那邊居住，時常要防備摩爾人侵襲，偶爾也要抵抗天主教騎兵，所以居民不得不團結起來，最後發展成有城牆、修道院跟私兵的農場。就這樣展開他們英勇、粗暴又絕望、不曉得要收復什麼的收復。

在那艱苦又危險的邊界，也出現了半強盜半傭兵的天主教和穆斯林戰士，只認錢不認宗教，所以當時有摩爾傭兵幫天主教王國打工，和摩爾人請天主教傭兵的情況。那是個漫長、驚險、血腥又殘酷的年代。如果我們是美國佬的話，可能就有一部約翰．福特導演的史詩級大劇，但是偏偏我們就是西班牙人，我們就是喜歡拍題材落後的爛片，像是天主教帝國之榮耀之類的題材，不過那還是有他的價值啦。

也是在那個時候，法國皇帝查理曼[73]也想在伊比利半島割一大塊肥肉，但是那些甜美可人的納瓦拉游擊兵，請那些法國殿後部隊吃一大頓流水席等級的粗飽，把法國佬當成漢堡肉剁得綿綿細細的。所以查理曼只好勉為其難，不得不止步於「西班牙邊區」[74]的地盤（也就是現今的加泰隆尼亞）。

同樣是那個年代，從里奧哈（La Rioja）開始流傳一個優秀的語言，至今已經傳播到世界上五億

71 Íñigo Arista，790~851or852，是一個巴斯克領導者，被視為是第一任潘普洛納國王（也有學者說只是「酋長」，而非國王）。

72 Sanfermines，也作 las Fiestas de San Fermín，是屬於西班牙納瓦拉自治區首府潘普洛納市的一項傳統慶祝活動。該節日因為歐內斯特．海明威的著作《太陽依舊升起》描寫過其中的奔牛活動而聞名於世。

73 Carlomagno，742~814，中文較有名的譯名「查理曼大帝」是法文的錯譯。查理曼在位四十四年，先後發動五十五場征服戰爭，迫使許多部落和聯盟臣服於自己。自羅馬帝國以來，查理曼首度統一了西歐大部分地區，為後世的法國、德國以及低地諸國作為一個政治實體奠下了基石。他是撲克牌紅心 K 與法國塔羅牌上的人物。

74 Marca Hispánica，指一群處於法蘭克王國統治下，早期伊比利和庇里牛斯山的貴族或伯爵。自十一世紀末開始使用「加泰隆尼亞」來稱呼該區域。隨著時間的流逝，這些領主合併或脫離法蘭克王國統治而獨立。

多人口，這個地方就是卡斯提亞語的起源地，至於卡斯提亞語為什麼不是源於卡斯提亞省，這就是西班牙特別的歷史留給我們的眾多謎團之一了。

9 領土占還記

上一篇我們說到了「復地運動」一詞是馬後炮，後期才出現的，那些愛國歷史學者故意把事情說得像是全西班牙之榮耀都是在唬爛，也有另一些超極端民族主義的新歷史學家，很愛胡說後期發生的事。

這個時代，北邊的天主教只堪溫飽，哪來的心情去做「還我西巴尼亞」的白日夢，忙著湊付給摩爾人的貢賦錢就焦頭爛額了，閒暇時候要跟同宗勾心鬥角，必要時還會聯合敵人。住南部的摩爾的埃米爾看到都搖頭，說：「安啦！穆罕默德、阿夫達拉，這些傢伙沒路用啦！讓這群沒出息的自己慢慢互相殘殺吧。」

不過這也證明了摩爾人不是什麼大預言家，消息也不夠靈通，不然怎麼會不知道潘普洛納的第一任天主教國王伊尼哥．阿里斯塔有個名叫穆薩的親兄弟是摩爾人首領，他們哥倆好聯手，隆塞斯瓦耶斯隘口戰役[75]之後又再次打爆查理曼，使查理曼在占領伊比利半島的運勢一直都不怎麼好，衰到讓人懷疑他水逆。

摩爾人跟天主教多方人馬就在一連串的侵略、戰役，然後利益結合、協議中，漸漸形成了納瓦拉王國，哥多華那邊的哈里發跟穆斯林開始退流行，這些西班牙化過頭的摩爾人，懶惰、壞心眼，各謀其利，久了後開始分裂成一些小王國（西班牙文稱作「泰法」[taifas]），搞出一堆不怎樣的國王，各自為營，互相攻伐。

就這樣，一邊是三不管地帶的居民，為了土地豁出去；另一方面是為了資源的軍事侵略、搶財搶奴隸（雖然現在聽起來很怪，可是那個時代不論是哪個地方、哪方人馬，搶劫、強姦跟搶人當奴隸都是很正常的），天主教的領地慢慢擴張，往下比往上多。

納瓦拉國王桑喬大帝（他也有參與挖坑給阿爾曼索爾跳的計畫），他泡到了當時大家都想娶的白富美，卡斯提亞伯爵的女兒，創立了一個配得上此名的王國，他死後把王國分給他兒子：納瓦拉給加西亞，卡斯提亞給費南多，阿拉貢給拉米羅，岡薩羅分到索布拉貝與里瓦哥薩伯國，國王的頭銜就留給卡斯提亞跟阿拉貢。由此可見那時他們連想都沒有想過所謂「統一西班牙」、「趕走摩爾人」。直到那之後，「北邊的天主教王國」才比較有資格和「南邊的伊斯蘭安達魯斯」相提並論。

至於加泰隆尼亞呢，那個時候還是鄰居法蘭克王國的領地，不過也由名為「巴塞隆納伯爵」的統治者，漸漸擴大他們的政治體系。第一個脫離法國佬統治的是個叫做威弗雷多的，綽號「長毛仔」，除了體毛多以外，可能也虔誠的不得了，因為他統治期間領地多了許多宏偉壯麗的修道院。某些可能是看聖經學歷史的「歷史學者」，把威弗雷多塑造成「加泰隆尼亞王朝第一任國王」，聽他們在放屁，千萬不要被唬住，加泰隆尼亞從來沒有過「國王」，國王只有阿拉貢才有，至於後來兩個地方會結合在一起，則為後話，暫且不提。在目前這個章節，他們就只是加泰隆尼亞伯國，很受敬重，句號。

既然說到了修道院，這邊再補充兩點。第一，當時南部摩爾人的文化主要集中在城市；而北部呢，人比較傻白甜，是在修道院跟教堂附屬圖書館長大的。另外，那個時候天主教會從農收獲得龐大所得，從中賺取巨額收入，因此發明了一個好棒棒的遊戲，叫作「修士在不在」：當摩爾人突襲修道院搶劫時，修士就會落跑好長一陣子，然後有些開荒者就會居住下來，開墾荒地求生，等到土地作物累累再次欣欣向榮時，修士就會厚著臉皮行使土地所有權，然後不勞而獲。

75 La batalla de Roncesvalles，公元七七八年發生的戰役，位於今日法國與西班牙的邊界，查理曼殿後軍隊的指揮官羅蘭，在此戰役被巴斯克人擊敗。經過數年後，這場戰役被口耳相傳浪漫化為一場基督徒與穆斯林之間的衝突，然而事實上戰役的雙方皆為基督徒。

10 更多摩爾

安達魯斯陷入募兵困境，因為社會風氣讓民眾偏向選擇工匠和農事，越來越不喜歡號角聲和戰爭。而北邊的天主教徒王國，年輕又野心勃勃，比較凶悍愛耍帥，不斷擴張領土、建立聯盟，在這場後世人稱作「復地運動」的拉鋸戰，輪流扮演可愛又迷人的反派角色；不過那個時候大家的目標只是生存，還沒想到所謂的愛國主義。就連到了十二世紀，阿方索七世死時還將卡斯提亞王國一分為二，卡斯提亞給一個兒子，萊昂給另一個（阿方索一世留下的阿拉貢則是以軍法管治），這一點就足以證明當時心態尚未跟上新潮流、民族意識也還沒覺醒。

這種國土大切割，你一塊我一塊的行為，跟學校教的什麼「一股天主教的愛國衝勁」根本就是兩碼子事；更可悲的是甚至都到了二十一世紀，西班牙的分裂卻始終如一，不但老套，還會以超高的頻率循環重播；足以證明西班牙的國王跟其後代子孫（還有那些尸位素餐、投機又骯髒的貴族，跟現代同樣嘴臉的政客），全部都只顧自己私利；至於統一國土，再等等吧……是說到現在都還沒等到，還是別抱希望啦，洗洗睡好了。

中世紀的西班牙缺乏共同目標，最猛的例子就是十一世紀時，卡斯提亞、萊昂、加利西亞和葡萄牙國王斐迪南一世[76]，他費盡心力打天下，但他死前把王國分給幾個兒女，馬上前功盡棄；桑喬、阿方索、加西亞、烏拉卡幾位繼承人，堅持要固守西班牙「內戰」的傳統美德，還不落俗套添加了點「親兄弟」的元素，造成了種種的影響；像是其中一位史詩級的人物，羅德里戈．迪亞茲．德．維瓦爾，或是人稱「熙德」，他的生平就被拍成一部精彩好片（當然嘛，美國拍的），由卻爾登．希斯頓和蘇菲亞．羅蘭主演。

這位熙德先生我們會在下一章詳細介紹，現在我們先把焦點放回當時久居西班牙的摩爾人，他們對戰事態度很娘炮，持刀的朋友也越來越少，也沒在嚴格實踐伊斯蘭教；結果只好由北非來的好戰部落，帶著蓋達組織般的宗教狂熱，來處理這些事。穆拉比特族[77]、穆瓦希德族[78]、馬林族[79]依序

76 Fernando I，1017~1065，從他舅舅手上繼承卡斯提亞，並在一〇三七年打敗了他的妹夫取得了萊昂王國，一〇三九年斐迪南聲稱自己是西班牙的皇帝。他臨終時，將他的王國分封給他的三個兒子：長子桑喬獲封卡斯提亞，而次子阿方索得到萊昂，幼子加西亞則接收其父親從萊昂分離出來的加利西亞；斐迪南的兩個女兒也各自得到了一座城市：埃爾維拉得到托羅，烏拉卡得到薩莫拉。

77 Almorávides，十一世紀由來自撒哈拉的柏柏爾人在西非所建立的王朝。「穆拉比特」一名來自阿拉伯語，意為「武僧」。

78 Almohades，十二世紀初，北非柏柏爾人建立的伊斯蘭教王朝。也稱阿爾摩哈德王朝。伊斯蘭教神學家伊本．圖馬特創立穆瓦希德教派，反對穆拉比特王朝。

79 Benimerín，一二四四年至一四六五年間柏柏爾人的後裔統治摩洛哥的王朝。

來到此地，這些人可是鐵石心腸、全副武裝，剛開始尤其六親不認。這些人狠狠顏射天主教王國的臉龐，連身分證上的照片都不放過。

雖然卡斯提亞、萊昂、納瓦拉、阿拉貢國王，加泰隆尼亞伯爵皆各謀其利，葡萄牙就更不用說了。但就這樣千辛萬苦的在腥風血雨中，透過一連串私底下的小動作、聯姻、聯盟、各自建教堂，不殺摩爾人時就自相殘殺，緩慢又千方百計的將領土漸漸向南部西班牙摩爾人那邊擴張。南邊的摩爾人雖然閉著眼睛也會贏，再說前面也提過他們從北非叫了一些幫手（然後來了就不想走），不過摩爾人還是南撤，失去大量領地。

情況直到斐迪南三世（Fernando III）才逐漸開始明朗。他是卡斯提亞和萊昂的國王，還滿不賴的。他奪下了穆斯林的哥多華、莫夕亞、哈恩，把格拉納達變成他的附庸國，並整合兩國軍隊，攻下隸屬摩爾人已經五百年的塞維亞，之後又拿下加的斯。他的兒子阿方索十世（Alfonso X）聰明睿智有文化（可惜在西班牙歷史中這種國王非常罕見）；雖然他引起了一場內戰（反正也不是第一次了），及馬林王朝入侵，但西班牙還是有時間恢復元氣。他命人編寫三部巨作：《西班牙編年通史》[80]（那些說「西班牙的歷史不過是兩天前的事」的人，看到名字沒?!）《聖母馬利亞的歌曲》[81]和《法典七章》[82]。

那個時候的阿拉貢，有一位國王叫做拉米羅二世，稱號為「修道士」，他是「西班牙特性」達人，尤其非常了解貴族（也就是當時的政客）的嘴臉，為此他準備了可愛的驚喜：他把地方貴族叫到他家，然後把他們的頭統統砍下來，做成了一件好看的作品（這類型作品在現今會稱為「現代藝術」），叫作「韋斯卡之鐘」[83]。

那個時候有一位拿筆的，叫做伊本・薩伊德[84]，明察秋毫又精明，他有一段描寫柏柏人的話，讓我不能不拿出來分享，因為拿來描述當時西班牙的穆斯林和天主教徒也非常合適，甚至也適用於現代的西班牙人：「上帝賦予此民族動盪和無知，使其與眾不同；敵意和殘暴即是他們的印記。」關於這點，還有很多可以說的後續。

80 Historia General de España，可以算是「第一本」西班牙歷史書，由阿方索十世提倡並積極參與編寫而成。

81 Las Cántigas，全名應該是 Las Cantigas de Santa María，用加利西亞語-葡萄牙語寫成，西方中世紀文學中最重要的單音歌曲集。

82 El Código de las Siete Partidas，被視為卡斯提亞王在國法律史上最重要的遺產之一。

83 La campana de Huesca，「用砍下的貴族頭做成的藝術品」這個傳說在阿拉貢廣受流傳，尤其是韋斯卡（Huesca）市；網路可以找到畫。

84 Ibn Said，1213~1275or1286，歷史學家，地理學家和詩人，被安達魯斯流放，一生居住過許多城市。

11 十一世紀的英雄

我認為現在可以跟各位談談「勇者熙德」，因為他有太多事跡，講到他都可以另開一篇專欄了。每當提到摩爾人、天主教徒、復地運動什麼的，熙德的大名就會被濫用。可能是因為他的伊比利亞血統，在佛朗哥時代，是編寫歷史教材的那一票人最愛用的象徵性人物之一。熙德被塑造成像連載漫畫中的「雷電隊長」[85]、「蒙面俠」[86]一樣，為中世紀破破爛爛的西班牙之統一而奮鬥的愛國英雄。為了讓各位有點概念，有段我記憶中一九五八到一九五九年的課本上提到他的詩句：鮮紅的常春藤命在旦夕／被刺刀圍繞著／熙德身著藍上衣／碧藍晴空下騎著。

但傳說與現實天差地別。這傢伙名叫羅德里戈·迪亞茲·德·維瓦爾（Rodrigo Díaz de Vivar），是有布哥斯（Burgos）血統的貴族子弟，從小跟卡斯提亞—萊昂國王斐迪南一世的兒子桑喬一起長大。事實證明他的確很精明、勇敢、很會打仗，危險到你會怕。他年輕的時候贏過兩場史詩級的一對一單挑賽：一場對手是納瓦拉冠軍；另一場對手則是梅迪納塞利的摩爾人，兩位都被他送去見閻王，而他卻連頭髮都沒有亂。他陪同青梅竹馬桑喬參加了天主教阿拉貢國王對抗摩爾人薩拉戈薩國王的戰爭（題外話，當時天主教卡斯提亞軍是站在摩爾人那邊的唷）。當時國王斐迪南一世快死的時候不知道是不是太開心，就幹了件蠢事：他把國家分給他的幾個兒女。當兄弟鬩牆，內戰的號角吹起時，羅德里戈就在桑喬旁邊護軍旗。桑喬被他姊姊烏拉卡派去的殺手給送去見他爸，桑喬的弟弟阿方索（後來變成了阿方索六世）接管了他的領地。有些沒被證實的民間傳說，說羅德里戈叫阿方索在眾人面前發誓桑喬的死跟自己無關，弄得阿方索很尷尬，發誓發得不情不願，也從沒忘記熙德所帶來的屈辱，不久後就把熙德流放了。

不過歷史課本的版本總是比傳說無聊，而且非常西班牙：一方面羅德里戈娶到了當時的女神希梅娜·迪亞茲（Jimena Díaz），她是阿斯圖里亞斯伯爵的女兒，除了美貌還有錢到爆；另一方面羅德里戈年輕、得體、勇敢而且有聲望，最重要的是他很「潮」，光這一點就足以讓他的敵人源源不絕，恨他的天主教徒還比摩爾人更多，你們也知道，西班牙的忌妒心嘛。所以呢，圍繞在國王身邊的狗腿子和馬屁精貴族就利用了各種戰爭事件，整天對國王吹耳邊風，說羅德里戈「他很賤都只顧自己」，結果就是被國王阿方索六世流放了。那個時候摩爾人已經尊稱為他「先生」（Sidi），也就是我

85 Capitán Trueno，一九五六年出版的西班牙連載冒險漫畫，主角是來自中世紀第三次十字軍東征的騎士，環遊世界冒險解救弱小。

86 El Guerrero del Antifaz，一九四四年出版，西班牙史上最長連載漫畫，二十一年中共有六六八冊。故事發生在復地運動後期，主角的母親懷著他時就被穆斯林擄走，他一出生就認為自己是摩爾人而對抗天主教徒，得知身世後對穆斯林展開一系列的復仇。

們熟知的「熙德」（Cid），他便與一群忠實的戰士討生活，真難想像那一夥人為五斗米當傭兵的樣子。這群人跟巴塞隆納的伯爵磁場不和，但跟薩拉戈薩的摩爾國王倒還處的不錯，所以熙德為他工作了不少年，還為他擊敗了萊里達的摩爾國王和其聯盟（加泰隆尼亞跟阿拉貢）。熙德在特瓦戰役[87]不但大獲全勝，還有餘力俘虜手下敗將巴塞隆納伯爵，貝倫格爾・拉蒙二世。

熙德就這樣打了一場又一場骯髒的戰役，對手有摩爾也有天主教（反正因為利益關係，他們也很難分彼此），過了好些年，名氣越來越大，戰利品、贓物也讓他賺了點錢；但他自始至終都對他的主人阿方索六世忠誠不二。最後，當穆拉比特王朝入侵，掐住阿方索六世脖子，在薩拉卡戰役糊了他一臉敗仗時，這位國王不得不吞下驕傲，對熙德說：「嘿，阿熙，現在事情有點大條，來幫個忙吧。」熙德面對國王簡直是逆來順受，於是他就朝萊萬特出發，沿路順便搶了里奧哈，清算一下跟加西亞・奧爾多涅斯伯爵的舊帳。他攻下瓦倫西亞，浴血奮戰守住，然後就在十字軍占領耶路撒冷的五天前，他五十多歲時，這位摩爾人與天主教徒又敬又怕，令人景仰的戰士，在瓦倫西亞溘然長逝。有段我非常喜歡的詩句，用它解釋西班牙歷史上許多可怕和令人欽佩之事，再適合不過了：

我於必要時奮戰／一旦馬鞍上坐穩／卡斯提亞開始遼闊／就在我的馬前。

87 Batalla de Tévar，一〇九〇年，熙德在此役中俘虜了敵方主將，巴塞隆納伯爵貝倫格爾・拉蒙二世。貝倫格爾後來被贖回，並安排他的姪子拉蒙・貝倫格爾三世，迎娶席德的小女兒，以建立和平關係。

12 拉斯納瓦斯之戰

到了十三世紀左右，西班牙北邊有卡斯提亞、萊昂、納瓦拉、阿拉貢王國和加泰隆尼伯國；另一邊的安達魯斯變得軟萌好欺負：政治世家、稅收員、超熱鬧跟普通熱鬧的市中心、農業、畜牧業，人們普遍都很和平，不太去想反攻被天主教打下的領地，也不太搭理越來越強勢囂張的天主教王國。

對摩爾人來說，戰爭是沒別的辦法才會採取的防禦手段。統治階級都是繡花枕頭，早已無法捍衛自己的臣民，但那些超級伊斯蘭狂熱者最不能接受的糟心事，就是西班牙摩爾人對古蘭經的戒律很寬鬆：喝紅酒吃豬肉，也不帶面紗了。種種一切都讓北非的同宗嗤之以鼻，尤其那些生活沒那麼好過的人，也對伊比利半島蠢蠢欲動，他們想：這群白痴是在搞啥？天主教的都生啃他們還不用剝皮，還敢不尊重伊斯蘭教義，真是摩爾之恥。

西班牙的穆斯林，不時會向北非求援對抗天主教王國；加上北非穆斯林本身的野心和端正宗教風氣的意志，安達魯斯陸續抵達一些既新鮮又熱切的戰士，像最早那一批一樣，「遇到他們極可能會有死亡危險」。其中多到爆的穆瓦希德族，更是宣告將展開「吉哈德」[88]，也就是神聖戰爭（對他們來講這兩個詞一樣意思），他們先是入侵南部舊伊斯班尼亞，然後在阿拉科斯之戰把卡斯提亞國王阿方索八世打到只剩下一件內褲（是滴，沒錯，為了保持分裂的優良傳統，國土又被某任國王分成萊昂和卡斯提亞給兩個兒子）。

卡斯提亞國王一直無法忘懷這個恥辱，直到他在拉斯納瓦斯・德・托洛薩[89]之戰加倍奉還給摩爾人。這場戰役從各方面來看，都帶來了許多重大影響：首先，從那個時候開始，虔誠的伊斯蘭戰士就停止激進主義潮；其次是卡斯提亞國王技藝超群，先設法讓教皇宣布對撒拉森人十字軍東征，免得他在前面打穆瓦希德的穆斯林，天主教的納瓦拉和萊昂卻在他背後趁火打劫，畢竟他們彼此互看不順眼也不是什麼新聞了，在西班牙最好連你爸都別相信。第三，也是最重要的一點，在拉斯納瓦斯這場戰役中，天主教這邊的人馬，除了有法國志願軍外，西班牙這邊堅韌的騎士，竟然是由卡斯提亞、納瓦拉跟阿拉貢共同組成的，他們能「共同」做一件事這真是絕無僅有、空前絕後。他媽的這是歷史上的奇蹟啊！就算有照片也不敢相信呀兄弟，還是三位國王上前線作戰啊喂！不過那個時候的國王都會去戰場上玩耍，不像現在的只會娶像黛安娜這類的美女，或是去獵大象時還從樓梯上跌倒。總之，卡斯提亞軍由阿方索八世帶領；深富騎士精神的阿拉貢國王佩德羅二世，帶領阿拉貢跟加泰隆尼亞軍去援助，他繼承的阿拉貢王國包括了加泰隆尼亞伯國領地；至於納瓦拉國王桑喬七世，雖然他跟卡斯提亞水火不容，仍是帶上了他王國的菁英騎兵；而萊昂王國的阿方索九世則是留在家，他趁亂搶了一些他夥伴卡斯提亞的城堡。

總之呢，他們一群人就聚在拉斯納瓦斯，大約是現在德斯潘納佩羅斯（Despeñaperros）附近，兩萬七千天主教士兵對六萬名摩爾兵，此戰屍橫遍野、血肉橫飛。我分享一段索利亞[90]所著傳奇敘事詩《熙德傳奇》（值得推薦的一本書）：當時的風俗／俠義和凶猛／斬殺他人時／總是榮耀主。

在最後一場襲擊中，天主教獲勝了。最了不起的時刻，就是當天主教快要輸時，卡斯提亞國王絕望大喊：「我們全都要死在這裡啦！」馬刺一蹬，盲目地衝向敵人大開殺戒，非常有種。而阿拉貢跟納瓦拉國王，怕丟不起這個人，也怕他孤伶伶的，就跟著他衝了。舊西巴尼亞、未來的西班牙的三位國王，一起奔馳在戰場上，伴隨著他們的護旗兵；而筋疲力竭、浴血奮戰的步兵看到三人共同縱馬飛奔，紛紛開道讓他們通過，伴隨著他們激動的吶喊。

88 Yihad，是伊斯蘭教及穆斯林世界常用的宗教術語；在「古蘭經」中的慣用表達「為神而掙扎」，所以字面的意思並非「神聖的戰爭」（Holy war），較準確的翻譯應該是「鬥爭、爭鬥」或「奮鬥、努力」。

89 Las Navas de Tolosa，簡稱托洛薩會戰，在阿拉伯歷史中稱為 Battle of Al-Uqab，是一場發生在一二一二年七月十六日的會戰，天主教王國聯手對抗穆瓦希德王朝人馬，穆瓦希德慘敗。

90 José Zorrilla，1817~1893，西班牙浪漫主義詩人和劇作家，以中世紀題材傳奇敘事詩見長，一八八二年，他的敘事詩《熙德傳奇》（*Leyenda del Cid*）出版；他最有名的作品是一八四四年出版的《唐璜・特諾里奧》（*Don Juan Tenorio*），

13 覺醒！鋼鐵！

在十三世紀前夕，阿拉貢王國變得有錢、有權、強勢。王國的女繼承人佩德羅尼拉（Petronila），遭遇比鄉土倫理劇中的孤女還要扯，她跟巴塞隆納伯爵拉蒙·貝倫格爾四世（Ramón Berenguer IV）結婚，從此過著幸福快樂的日子；而這兩位的兒子，阿方索二世便在阿拉貢橫紋旗幟下，統治阿拉貢跟加泰隆尼亞。那個家族非常幸運生出一個非比尋常的人，名叫海梅[91]，歷史上人稱「征服者」，不是指他泡過的女人（雖然他興趣是跟女子交換體液），而是因為他將國土擴展至三倍大。他是位有文化的歷史學家和詩人，把摩爾人打到連纏頭布都破了，占領了瓦倫西亞和巴利阿里群島，並且持續很長一段時間關注地中海地區的軍事和商業活動。

而他兒子佩德羅三世（Pedro III）打了一場不錯的戰役，從法國人手上奪走了西西里[92]；艦隊司令羅傑·迪·勞里亞[93]在某場海上戰役把法國兵打到屁股開花（從此刻算起到特拉法加海戰的時候，西班牙還有六百年的海上實力），又在吉隆納圍城戰中，把法國佬逼到瘦骨嶙峋，飢病交加。

從那個時候開始，加泰隆尼亞—阿拉貢在地中海的擴展計畫一發不可收拾，阿拉貢黃紅相間的條紋旗幟遍布地中海，甚至史學家德斯洛[94]都用他流利的加泰隆尼亞文紀載，就連「魚尾巴上都畫了四條阿拉貢橫紋」。

另外還發生了件絕無僅有的崇高行為：當納瓦拉國王桑喬七世掛掉時，把他的王國留給阿拉貢；這原本有可能改寫西班牙未來的權力中心歷史的，但納瓦拉的臣子吞不下這口氣。最後結果就是香檳伯爵的姪子繼位，之後西班牙納瓦拉王國的歷史就跟法國交纏了三個世紀，直到被天主教徒亞拉岡的斐迪南（就是在影集《伊莎貝拉一世》中出現的那個帥哥）攻占，強行納入阿拉貢和卡斯提亞的版圖。

但是，在西班牙史中的紛紛擾擾，阿拉貢—加泰隆尼亞階段中，最令人欽佩的是所謂的「阿拉

91 Jaime I de Aragón el Conquistador，1208~1276，海梅一世為阿拉貢國王佩德羅二世之子，阿方索二世的孫子。西班牙歷史上的關鍵人物。他讓阿拉貢王國的實力顯著增長。在親政之後，他試著將阿拉貢與納瓦拉王國統一，但未能成功。他隨即將注意力轉向南方和地中海，從摩爾人手中奪取大量土地。

92 這邊指的是西西里晚禱戰爭，起始於一二八二年西西里島人反抗卡佩王朝查理一世的起義，於一三〇二年簽署《卡爾塔貝洛塔和約》後停火。戰爭雙方分別是法國王室與阿拉貢君主，地點在西西里、加泰隆尼亞（阿拉貢十字軍）及地中海西部的其他地區。

93 Roger de Lauria，1245~1305，他是阿拉貢王國和西西里島艦隊出色的海軍司令，在彼得三世統治期間，他曾領導過該艦隊。

94 Desclot，十三世紀下半葉，加泰隆尼亞歷史學家。作品涵蓋了阿拉貢彼得三世短暫統治時期的作品，著有加泰隆尼亞四大編年史其中之一，是現代史學家審視阿拉貢王國和加泰隆尼亞公國，十三世紀和十四世紀軍事和政治事務的資料來源。

貢傭兵」，也有人叫加泰隆尼亞傭兵團[95]，現在提到他們的人很少，因為太政治不正確了。不過他們的故事令人著迷：他們是群傭兵，有加泰隆尼亞、阿拉貢、納瓦拉、瓦倫西亞、馬約卡人，他們身經百戰（無論是打摩爾人，或是義大利南部的大小戰役），是令人害怕、勇敢到瘋狂、無情的殘酷士兵。就算是受外國國王聘雇，他們總是打著阿拉貢橫紋旗作戰，其作戰時呼喊的口號使敵人起雞皮疙瘩：「阿拉貢！阿拉貢！覺醒！鋼鐵！」（Aragó, Aragó y Desperta, ferro）。他們被送到西西里對抗法國人，腥風血雨結束時，送他們過去的阿拉貢國王因為害怕，就把他們打包送給拜占庭，幫他們對抗從東方來的土耳其人。

於是他們就到那邊去了，六千五百個傢伙，帶著老婆跟孩子，一群持劍、凶悍的無產階級，有高度致命風險，歷史課本都沒有寫到他們的不可思議：他們一靠岸就連續打三場戰役，總共對抗了五萬土耳其士兵，把他們當水餃肉剁得細細的。作為一個道地的西班牙人，他們休戰的閒暇時光，就會為女人和戰利品互砍。最終，他們當時的老闆拜占庭皇帝嚇尿了，不知道怎麼擺脫這些麻煩，就在一三〇五年四月四日的鴻門晚宴上集體搞死了他們的首領，之後還派遣了兩萬六千名拜占庭大軍欲斬草除根，不過阿拉貢傭兵也是難啃的骨頭，會崩牙，死前也要拉幾個墊背。他們做完彌撒、劃完十字聖號後，就大喊：阿拉貢！阿拉貢！覺醒！鋼鐵！然後對拜占庭軍大開殺戒，根據穆塔納[96]親身經歷所撰成的編年史記載，堪稱「刀無虛砍」，然後阿拉貢傭兵想「一不做二不休」，他們就從頭到尾洗劫了希臘，順便報仇嘛。

等到全部都被燒光、殺完了之後，他們便成立了雅典公國和新帕特拉斯公國，並跟拜占庭還有其他國籍的女人，生了一些小拜占庭，定居在那邊三代，直到隨著時間過去，他們後代變得比較軟萌，才隨著君士坦丁堡的陷落，被土耳其浪潮給覆蓋掩埋。

95 almogávares，中文譯名也有阿拉貢輕騎兵、偵查兵等，最初來自阿拉貢山區、加泰隆尼亞和納瓦拉。他們通常身穿輕便的頭盔、皮甲、馬褲，腳上有粗糙的皮涼鞋。

96 Ramón Muntaner，1265~1336，阿拉貢騎士，他著有《穆塔納紀事》，以簡單的措辭描述他在阿拉貢僱傭兵所經歷的一些事情。

14 共居，對戰

十四、十五世紀的西班牙，不論是天主教王國（此時半島共有五個王國：葡萄牙，卡斯提亞，納瓦拉，阿拉貢和格拉納達）或是摩爾人那邊，內戰已經變成一種習俗，就跟海鮮飯、佛朗明哥、心懷不軌一樣，很西班牙（不過我想那個時候應該還沒有海鮮飯跟佛朗明哥吧）。貴族野心勃勃又目中無人；神職人員不論在政治還是社會都要插上一腳；社會上盜賊四起、結黨營私。無論是卡斯提亞還是阿拉貢，包括其領地加泰隆尼亞，都會經歷到這個民怨沸騰的階段，此點容待後文詳述。

就跟之前一樣，西班牙的歷史總是能為莎士比亞這類的悲劇提供很棒的素材，所以各位就不用笑《理查三世》跟他的軍隊了。我們得承認，每個地方，就連義大利、法國都一樣，都有各家的紛擾，都有本難念的經嘛。伊比利半島比較特別的地方，就是當地的天主教王國，理論上有個共同的敵人：伊斯蘭，反之亦同。不過我們一路上看下來也見識到了，理論是一回事，實際上摩爾與天主教內情沒那麼單純，有戰爭、有聯盟，也有檯面下的交易，很多不能說的祕密；像舞台劇那樣喊著口號「封關保衛西班牙！我們殺～～～」的復地運動，其實是花了很長時間才形成的，「復地運動」並不是天主教王國的共同目標，而是各謀其利下的結果。除了攻打撒拉森人之外，那個時候的西班牙，穆斯林朝麥加禱告，天主教用拉丁文祈禱，都是再正常不過了。貴族、收稅官、神職人員無論是包纏頭布還是剃著教士髮型，反正對於信上帝或是信阿拉的老百姓來說，這些上面的人都一樣討厭，這點到現代還是一樣。

至於有些人說，某些地方、特別是安達魯斯附近，穆斯林，天主教和猶太人三種文化在這裡生活得很融洽；猶太拉比、穆斯林烏理瑪跟天主教神職人員，在街上遇到會親個小嘴打招呼，甚至會伸個舌頭什麼的，那都是天方夜譚好嘛！那個年代的「友好」、「平等」、「共存」不可以用現在的標準來衡量，也絕對不是我們現在想的那樣。當時的寬容大概是：「小子你給我聽好，如果你讓我收稅收到我爽，然後我心情也還不錯的話，我就不燒你房子、不沒收你收成，也不會侵犯你的老婆」。

當然，就像在其他歐洲邊境地區那樣，邊境地帶會融合出新習慣，結出有趣的果實，在摩爾國王統治境內也逐漸有許多猶太醫生、金融家、稅收員等。但事實還不至於像阿美利可．卡斯特羅[97]說的那樣「半島上乃共同生存之模範」（他會這麼說可能是西班牙內戰後情況更糟糕吧），有著天差

97 Américo Castro y Quesada，1885~1972，西班牙文化歷史學家，語言學家和文學評論家，他對西班牙身分認同提出了質疑，並得出引起爭議的結論。

地遠的鴻溝。摩爾人、天主教徒跟猶太人當統治者不是自己人，不在自己的地盤上時，統統夾著尾巴做人。尤其是從十四世紀開始，由於天主教會越來越囂張，導致宗教過激行為激增，天主教區時常發生對摩爾人與猶太人的迫害行為（其實到處都有，不過納瓦拉人最有熱忱，先是多次行搶潘普洛納猶太教堂，後來連埃斯特利亞的也遭殃。此番熱潮皆由一位歐尤勾顏〔Oillogoyen〕神父煽風點火，他除了有一點神經不正常外，還是個精煉很純的王八蛋。）

無論如何，除了普遍存在的反猶太主義（連摩爾人也會打壓猶太人），這三種宗教各有其擁護者並存在西班牙，但絕對不是那些老好人、小天真言之鑿鑿的那種「平等」。不過也是因為改宗，天主教才能與其他文化融合。在那個時空背景，你信耶穌就能走出去，不信就會被放在旁邊的篝火上烤熟，那些傢伙當然會想「別想那麼多了，先用拉丁文禱告再說吧」。因此，當一些很有涵養的摩爾、猶太家庭皈依天主教時，也帶來他們原生文化，豐富了天主教。此外也有些知識淵博的使徒，為了要向異教徒傳播天主教，將伊斯蘭讀個透徹，而有所貢獻。最好的例子就是拉蒙．柳利[98]，他出生於馬約卡的一個好家庭，當他決定要挽救摩爾人的靈魂，便把阿拉伯文寫得比母語加泰隆尼亞語、拉丁文還要好，真是個值得稱許的傢伙。

98 Ramón Llull，1235~1316，加泰隆尼亞作家、詩人、神學家、邏輯學家、數學家。他在大約三十歲時，於神視中見到基督釘在十字架上，從此放棄宮廷生活，遊歷北非和小亞細亞，在穆斯林中傳播基督教。

15 第一代國際縱隊

對於深信「復地運動是所有人共同努力對抗穆斯林」這種理論的人，我得說，不要別人說什麼你們都信好嗎？如果他們有過共同的目標，那戰爭五百年前早就打完了。

天主教王國當時勢力鞏固得差不多，生意也經營得有聲有色，大部分的摩爾人也改吃培根，不吃的就只能住在摩爾城（猶太人也是只能住在猶太城），所以當時的情況比較像是國王、貴族跟主教之間的障礙賽，看誰搶到的蛋糕比較大塊，奶油比較多。所以現在西班牙歷史課本上，如果搜尋關鍵字「內戰」，那幾乎每一頁都找的到，每個天主教王國：卡斯提亞、阿拉貢、納瓦拉，都會貢獻個幾頁內戰史。每場權力鬥爭，買單的都是最底層倒楣的老百姓：他們是戰鬥時的砲灰，活著的還可以繳稅，同時有一群面目可憎的攝政官、權臣，像是阿爾瓦羅．德盧納[99]那種，透過操縱、洗腦國王和王子，他們變得比唐老鴨的叔叔還有錢。這位指揮官就是活生生典型西班牙地方上有權勢

99 Álvaro de Luna，1390~1453，卡斯提亞貴族，最高曾經任職卡斯提亞指揮官。他在國王胡安二世六歲的時候就掌控了國王。

的王八蛋，最後被判斬首（看到這個判決讓人不得不感嘆，現代的我們終究失去了某些古時候對人類福祉有利的好習慣），不過他只是千千萬萬個之一，其他的還繼續活著。

不過說到當時舉不勝舉，像電影反派角色那樣的壞蛋，大家先想到的名字一定是佩德羅一世，又名殘酷者佩德羅[100]，可見壞蛋群裡他最聲名狼藉。不過像他這樣的國王、統治者在西班牙還真他媽的多！這傢伙不但為卡斯提亞帶來一場內戰，還搞到連國際縱隊都來參一腳，真該好好謝謝他唷；傳奇人物黑太子愛德華為了幫這傢伙，帶領他的英國軍干預了這場戰爭，而法國阿兵哥則是由同樣大名鼎鼎的貝特朗．杜．蓋克蘭（Beltrán Du guesclín）領軍，支持他同父異母兄長恩里克。最後佩德羅掉到恩里克在蒙鐵爾設的圈套，被恩里克親自一刀斃命[101]，然後歷史就進入到下一章，進片尾曲，完。

若干年後，在葡萄牙（我們很少提到葡萄牙，可是他還在），那個剛剛提到的那位恩里克二世的兒子，胡安一世娶了葡萄牙公主，王位的繼承人；他本來計畫先痛揍一頓葡萄牙然後再將兩個國王合而為一，但葡萄牙很有主見，他們喜歡自己選國王。胡安一世輸不起，惱羞成怒，就準備了一支侵略軍隊對葡萄牙來個暴走式進攻；不過裝流氓的下場是賠了夫人又折兵：他在阿勒祖巴洛特戰役[102]中被佩索亞跟薩拉馬戈[103]的祖先打到落花流水。

同樣那個時候，在半島的另一邊，阿拉貢王國的生意越做越大，前景一片光明：阿拉貢、加泰隆尼亞、瓦倫西亞、馬約卡，陸續合併魯西永、西西里跟拿坡里，整個軍事和商業遍布西地中海，就如前章提過的經典名言，「就連魚尾巴上都畫了四條阿拉貢橫紋」。不過內戰跟流感病毒似的，也傳染到那邊：阿拉貢跟加泰隆尼亞總為了些千篇一律的屁事互捅，長達十年之久，貴族與高資產階級，換句話說就是永恆的政治世家，老在那邊吵我要這個你要那個，哪個會讓我賺更多錢等等。

同時，納瓦拉王國（包括了現今我們稱之為巴斯克自治區其中一小部分）的維亞納王子跟他妹妹布蘭卡，同樣在享受內戰的樂趣唷；雖然他們倆個最後還是被毒死了，但這中間的複雜跟勾心鬥角，會讓《權力的遊戲》變得很和平無趣。納瓦拉有一陣子被西班牙和法國輪流統治，一直到公元

100 Pedro I，1334~1369，他是最後一位出自勃艮第家族的統治者。佩德羅與英格蘭結盟以抵抗恩里克與亞拉岡及法國的聯軍，他還將兩個女兒分別嫁給英格蘭國王愛德華三世的兒子，蘭開斯特公爵岡特的約翰及約克公爵蘭利的埃德蒙。

101 佩德羅一世是卡斯提亞國王阿方索十一世與其正妻葡萄牙的瑪麗亞所生的唯一兒子；恩里克二世（Enrique de Trastámara）則是國王與心愛的情婦古斯曼的埃莉諾所生的；佩德羅以十六歲之齡登基，他母親立即藉機報復情敵，先囚禁後處決了埃莉諾，恩里克為報殺母之仇於是與佩德羅一世作對，於一三六六年爆發了卡斯提亞內戰。中間的過程有輸有贏，最後在貝特朗・杜・蓋克蘭的幫助（設圈套）之下，恩里克親手殺了佩德羅，繼承王位，是為恩里克二世，開創了特拉斯塔馬拉王朝。

102 Batalla de Aljubarrota，一三八五年在葡萄牙中部發生的戰役，葡萄牙軍隊對上卡斯提亞國王胡安一世，結果葡萄牙取得決定性的勝利。

103 費爾南多・佩索亞（Fernando Pessoa，1888~1935），葡萄牙詩人與作家。他生前以詩集《使命》而聞名於世；喬賽・薩拉馬戈，（José Saramago，1922~2010），葡萄牙作家，一九九八年諾貝爾文學獎獲得者，代表作品有《修道院紀事》、《盲目》、《里斯本圍城史》等。這兩位都是葡萄牙知名文豪，在國際上數一數二，故作者用這兩位代表「葡萄牙子孫」。

一五一二年，阿拉貢的斐迪南二世來硬的，用軍事手段把納瓦拉納到西班牙王國的版圖下。跟阿勒祖巴洛特戰役不同的是，納瓦拉輸了，雖然保有特權，但失去了獨立（全歐洲、世界的憲法都有這樣的自由人權條例，不過那是如果你贏，才有獨立；如果你輸，活該去死吧）。

這事就發生在五個世紀前，所以巴斯克、納瓦拉無論想不想都得承認，你們只比格拉納達少當了二十年的西班牙人。順道一提，下一章我們會提到西班牙王國在一四九二年納入「武力統治」的手段。

16 青春洋溢、貌美英俊而且機敏

青春洋溢、貌美英俊且機敏，我說的就是卡斯提亞的伊莎貝拉跟阿拉貢的斐迪南，人稱他們為「天主教雙王」。其中機敏尤甚：伊莎貝拉是溫水煮青蛙派的，不信你看看她爭王位時是怎麼對付、背後算計葡萄牙擁護的胡安娜公主就足以證明，那可是她姪女。而斐迪南當時也有些棘手的情況，不過在西地中海，像是加泰隆尼亞—阿拉貢，政治、經濟發展勢不可擋。

於是這兩個不好惹的傢伙結合了，當然可能有那麼一絲絲的羅曼蒂克，不過最主要還是政治聯姻成分比較大。儘管這場聯姻一開始的目的、野心可能沒那麼大，但還是帶來了巨大的影響；因天時地利人和種種條件：有才幹、有勇氣、實用主義、堅韌和好運，西班牙在幾十年內成為了世界強權。儘管福禍相倚，「好運」隨著時間最終會逆轉，倒楣的還是西班牙百姓。而且從長遠的角度來看，西班牙百姓沒得到太多的好處，並且不斷的重蹈「別人狂歡我買單」的覆轍。

時間回到那個十五世紀末，那個一切皆有可能的時候，還有很多項目待發表：像是國民警衛隊，它起源於為了打擊農村匪徒而創的神聖兄弟會；或是安東尼奧·德·內夫里哈的著作《卡斯提亞語語法》[104]，世界上第一本通俗語文法書，而且該通俗語將來會鵬程萬里。

話題回到我們年輕的國王身上，伊莎貝拉和斐迪南的婚姻，簡單來說就是約定好「婚前財產協議」：我拿波士頓你拿加州。她仍舊是卡斯提亞女王，而他統治阿拉貢，婚後一起拚出來的則算婚後財產（賺的還很多，都淹腳目了）。他們統治時期將會成功征服格拉納達，而結束復地運動；也會因為發現美洲新大陸，而拓展人類的視野；也因為上述種種原因，無庸置疑的讓西班牙長達一個世紀半，成為世界上獨一無二的強權。這個部分說來話長。

上述的種種都可以證明，當時的西班牙已經可以算是一個「國家」了，雖然還是拼拼湊湊，還有些漏洞、錯誤，甚至有些缺失留到現代，例如佛朗哥時期就斷章取義，濫用這時代的意識形態。不過再怎麼粗糙、不和諧，西班牙還是在歐洲領先了將近一個世紀，成為第一個現代國家。歐洲很快就會感受到危險的西班牙如何捏住他們的卵蛋（抱歉我比喻得太文雅了），許多地方為了要抵抗他們才團結而成就了國家，此為後話。

一開始的時候，伊莎貝拉和斐迪南只先鍥而不舍的打斷那些反骨貴族的脊椎，燒掉他們的城堡，連身分證上的照片也不放過。這招在卡斯提亞還滿有效的，那些不要臉、吃像難看，還永遠吃不飽的傢伙變得溫良恭儉讓；不過阿拉貢就比較不一樣，那個地方從中世紀開始就有特權（自治權），我行我素已經深植在他們的骨血裡，再說阿拉貢王國一直以來情勢都很複雜，阿拉貢、加泰隆尼亞、馬約卡、瓦倫西亞權力鬥爭不斷，這些政治角力造成不團結和後續許多隱患、毒瘤，直到五百年後的今天，我們也難以摘除。

反正呢，這個時候還不能算是一個中央集權國家，而是由有常識的天主教雙王，基於維持共同利益，小心保持權力的平衡，反而比較接近邦聯制。單一國制是一直到西班牙王位上特拉斯塔馬拉家族[105]（伊莎貝拉和斐迪南所屬的家族，他們是表姊弟）被哈布斯堡家族[106]取代，西班牙陷入高度集權政府、歐洲戰爭，揮霍無度卻又分配不均。

無論如何，在這一百二十五年，包括了即將到來、迷人的十六世紀，從天主教雙王到腓力二世期間，逐漸形成我們現在所熟知（不論好壞）的西班牙。西班牙的光和影、榮耀和苦難都跟那段時期有很大的關係，如果不瞭解在那個關鍵年代所發生的許多決定性的事件，就無法透徹了解西班牙。

104 Antonio de Nebrija，1442~1522，西班牙人文主義者，在西班牙博洛尼亞皇家學院讀書時就已經享有很高的聲譽。一四九二年出版了首部卡斯提亞語語法著作《卡斯提亞語語法》（*Gramática castellana*）。

105 Casa de Trastámara，前一章的恩里克二世為初代君主。

106 Casa de Habsburgo，在西班牙也用「奧地利王朝」（Casa de Austria）這個名稱，本書兩個名稱輪流交替使用，但中文翻譯為了方便辨識，皆譯為「哈布斯堡」；歐洲歷史上最為顯赫、統治地域最廣的王室之一。十六世紀中葉查理五世退位後，哈布斯堡家族分為「奧地利哈布斯堡皇朝」及「西班牙哈布斯堡王朝」。

17 殺你是讓你靈魂獲得救贖

如果我沒記錯的話，我們剛講到十五世紀末，一對不容小覷的狠角色統治一塊越來越像西班牙的土地；卡斯提亞的伊莎貝拉跟阿拉貢的斐迪南對很多事都相當有想法，像是籌錢：維持那一大票人要燒非常多錢，不過現代的財政部長還沒出生，那套無恥的（搶錢）稅收系統也還沒上線，所以他們兩位決定（其實是她決定的，伊莎貝拉精明幹練得很）新開發一套搶錢系統，此系統還可順便打壓地方特權，剷除威脅皇權的因素。這個發明就是「宗教法庭」，或是大家比較熟悉的「宗教裁判所」這個可愛的名字。

他們首先把目標放在猶太人身上：因為猶太人有錢；他們很多是行政人員、收稅員、名醫或是金融業者，專做大筆生意、有息借貸款，像銀行那樣，應該說他們就是那個時候的銀行。一開始是用比較正規的手段從他們身上挖錢，像是：「老李借點錢吧，我明天還你。」或是「老王呀如果你還想繼續做下去的話，那你就付一下這個稅吧，這樣我們就可以繼續當朋友。」除了猶太人以外，還有一些是已經改宗皈依天主教的，但是可能在他們家裡還有些原生宗教的小儀式；就算你家都沒有也沒關係，反正你出生在猶太家庭就非常可疑，因此宗教裁判所要調查清楚，先針對改宗者，然後拓展至其他人。手段也很簡單：不是消除就是驅逐，財產充公。各位可以想像一下有多好賺。

至於善良的老百姓也不落人後，他們在彌撒和布道壇的聖職人員鼓勵下，成了業餘的志工：幫忙燒掉猶太區，或是把猶太人拉出去遊街（誰叫他們這麼可惡把耶穌釘在十字架上）。順道一提，我學生時代的其中一本課本（一九五〇年出版，由韋斯卡主教，利諾編寫）上面聲稱「他們因其貪婪和罪行而受到大眾的仇恨」。反正宗教法庭就成為掌權者的利器，為王室的金庫跟聖母教堂帶來巨額的收入。宗教裁判所勢力越滾越大，開始為所欲為。一四九二年他們年正式驅逐了猶太人後，便很快為其虔誠的事業找到新目標：可惡的異教徒、褻瀆者跟變態的同性戀，甚至是狡猾的偽造假鈔的人，當然這些現在都是公務員的工作了。不過當時的宗教法庭體系，養活了無數的家庭跟牧師。

如果各位注意看的話可以觀察到一個有趣的現象：宗教裁判所遍布整個歐洲，比西班牙還要殘酷不仁的比比皆是，但人若倒楣，喝涼水都塞牙，西班牙外敵不遺餘力大肆宣傳的西班牙黑色傳說[107]，使得西班牙孤軍奮戰、高處不勝寒。

107 Leyenda negra española，是指十六世紀時由英國，荷蘭和其他國家作家發起的反西班牙宣傳運動，其目的是減少西班牙帝國在黃金時期的聲望和影響力，簡單來說內容大概圍繞在「西班牙專制殘暴有夠變態；剝削殖民地殺很大；宗教裁判所好壞不尊重猶太人跟穆斯林」。

儘管最近有些患有「歷史恐懼症」的人口口聲聲說「原諒、放下；我們無可挑剔的帝國／國家被抹黑好可憐喔」；但是這個傳說可是有憑有據：其他正常國家在十七世紀左右廢除了宗教法庭，但在西班牙直到十九世紀都存在於西班牙，甚至到二十世紀都有人覺得很合理：「我們的天主教雙王堅信，救贖他們的靈魂比肉體還要重要」（我剛提到的那本教科書上寫的）。

王室從中牟取暴利，教會利用、推廣它，宗教裁判所所造成的破壞，遠比迫害、酷刑和火刑還要嚴重：它無所不在、強而有力，像是病毒一樣傳染整個西班牙，至今都無法治癒。大家開始有了骯髒的壞習慣：互相懷疑、告發、汙衊。每個跟鄰居有私人恩怨的，只要去裁判所告密就解決了。這毀了西班牙人民的倫理道德，人與人之間因為告發而互相懷疑不信任。這種情形後來也發生在德國的納粹、蘇聯的共產黨，或是現代伊斯蘭激進派社會中也可以觀察的到。

要是把現代西班牙放在顯微鏡底下觀察，也可以發現有些地方、城鎮、或是團體，因為社會的壓力、對環境恐懼、或是想討好、或被某團體認同時，一些非理性的表現方式，由此不難看出這種「皈依者狂熱」的心理狀態：只要表現得過分誇張、就不會被別人懷疑；然後再畫龍點睛，加上「忌妒心」：此乃西班牙重要的民族原素，就像雞尾酒最後點綴的橄欖。一九三六年至一九三九年的西班牙內戰時，被屠殺或拉出去遊街的，絕大部分就是宗教裁判所的現代化改版，如果現今殺人、虐待不犯法的話，我相信還是有很多人很樂意去做的。

18 火腿、豬肉是規定

說實在的，卡斯提亞的伊莎貝拉跟她丈夫阿拉貢的斐迪南，這兩個傢伙提供了我們很多故事題材，尤其是她，多到可以拍長壽鄉土倫理劇，說不定還可以拍幾季，姑且不論好壞，都對西班牙後世造成很大的影響。當時有一名黝黑的水手名叫哥倫布，對著女王洗腦成功，加上一些修道士的支持，獲得了探險資助（話說我們需要更多這種修道士，知曉地理、天文跟科學；而不是整天在那邊燒死異端跟猶太人），最終（以西班牙人的觀點來說）發現了美洲大陸；然後隨著時間推移，那塊土地得以孕育出像是華爾街、約翰．福特導演的電影，巴布．狄倫跟甘迺迪總統。

在海洋的這一邊，還有兩項重要待辦事項。首先是義大利：包括加泰隆尼亞在內的阿拉貢，在地中海西部揮舞著阿拉貢橫紋旗，在薩丁島、西西里和義大利南部拓展其強大軍力和商業行為。這個時候法國也想分一杯羹，他們跑去那邊想搞一票大的，結果偷雞不著蝕把米。當時統治拿坡里王國的也叫做斐迪南二世，除了跟阿拉貢國王同名外，他們還是親戚。不過西班牙的斐迪南二世（伊莎貝拉她老公）不但是一位傑出的政客，而且外交手腕一流，他還把貢薩洛．費爾南德斯．科爾多瓦，人稱「偉大的將軍」[108]給派去支援義大利，他在多場戰役中把壞人打得奄奄一息，這都是因為他用了西班牙一個世紀半以來無與倫比的軍事工具：「西班牙大方陣」，它可是擁有最新的戰術，集結了八個世紀與摩爾人的戰鬥歷史，將其濃縮為令人毛骨悚然的步兵常備軍；大方陣包含鋼鐵般的戰鬥紀律、堅定不移的進攻和凶猛殘酷的屠殺，專業的軍事單位，所有軍事分析家一致五星好評「史上最好步兵」。

軍隊也不只在義大利。因為伊莎貝拉跟斐迪南還有另一個待辦事項，就是遼闊的格拉納達王國。這裡是古老的安達魯斯在西班牙僅存的穆斯林領土，所有被天主教王國宗教迫害的智者、匠人都躲到這邊，當時那裡是一塊勤奮、繁榮、富饒之地；給卡斯提亞歲幣以換取和平（他們還真會處理這個棘手的問題），有急用時就去鄰居那邊搶牲口跟奴隸就好了，整體上維持著和平有利的現狀，而復地運動（當時已經這麼叫了）這個詞，似乎已經退了流行。

但情況愈來愈壞，那些財富太過誘人，天主教王國開始伸出手。摩爾人對此的反應就是升級伊斯蘭狂熱，更多的「阿拉至大」，對當地的天主教徒更不友善；而且，我的老天鵝呀，他們竟然不付錢給天主教王國了！加上他們占領了邊境薩阿拉（Zahara）的城堡，這為伊莎貝拉跟斐迪南提供了完美的藉口。征戰的過程漫長且費力，但天主教雙王還是再次大軍壓境，引發內戰（一次又一次不厭其煩的重複西班牙內鬥傳統）。最後格拉納達被天主教軍包圍，當時的穆斯林國王是個軟腳蝦，叫做博阿布迪爾（Boabdil）。他於一四九二年一月二日交出了格拉納達的鑰匙，結束了摩爾人在伊比利半島長達八個世紀的存在，也就是說，正好在二〇一九年的五個世紀又二十七年前，結束了。

格拉納達居民不想改信天主教的，就都跑到阿勒普耶羅斯（Alpujarra）的山區躲起來，照理說那個地方天主教王國答應他們會尊重他們的宗教信仰，但早在阿茲納、薩巴德洛、拉荷義、桑傑士[109]執政前，西班牙就一直保持「有承諾但不見得遵守」風格。不出意料，半個小時後阿勒普耶羅斯山區就充斥著勸說改宗、布道的神父。最後咧，天主教雙王依據憲法第十四條之人身自由權利發布了一條命令：強迫那夥人要吃豬肉（這也是為什麼在摩爾人地區也有聞名的火腿、香腸），清真寺也變成了教堂。

攻占格拉納達的八年後，檯面上一個穆斯林也沒有了，不過以防萬一，天主教王國還是請了老朋友宗教裁判所來管這件事。「寬容」長久的消失了，即便到了二〇一九年，我們仍然很難找到它的存在。

108 Gonzalo Fernández de Córdoba，1453~1515，有「偉大的將軍」稱號之西班牙將領。西班牙民族英雄、著名軍事家。西班牙大方陣（El Tercio）創始人，首位近代化常備軍的組建者。因在收復失地運動、義大利戰爭、第二次奧斯曼－威尼斯戰爭中以少勝多，屢次擊敗當時歐陸兩大強權法蘭西王國和奧斯曼帝國而著名。

109 Aznar, Zapatero, Rajoy o Sánchez，前三位是西班牙前任首相，最後一位是現任首相。

19 幹得漂亮

到了十六世紀初，西班牙已經統一，而且越來越有現代國家的樣子，既發現了美洲，在義大利、地中海和歐洲某些事務，也有強大的軍事和商業影響；看似不可思議，西班牙即將成為歐洲最屌強國，但也一步步開始自找「屎」路。

西班牙當時不好好管好自己的事，不把那些沒交稅的貴族，棘手的特權和資產階級的腿打斷，不去聯合葡萄牙女王、國王把首都設在里斯本；不好好專注在大西洋跟美洲的議題（那才是潮流），而跑去歐洲王室家族、宗教戰爭中插一腳，結果咧，不插手本來什麼事都沒有，結果蹚的渾水都快淹到胸口，差點滅頂。這真的很可惜，因為這局本來有一手好牌，運氣似乎也不錯。

天主教雙王把三女兒胡安娜嫁給了奧地利帝國美男子菲利普，有權人家的高富帥，可惜這場婚姻對西班牙一點也不美滿。但是西班牙繼承人胡安王子很早就噶屁了，二女兒也是，結果就是胡安娜跟菲利普各自的父母親死了後，他倆就繼承王位，但他們把事情處理得很糟糕。菲利普是一枚渣男，對西班牙來說，他死得早大家都很慶幸，除了他老婆：胡安娜又是另一個沒肩膀的爛人，她為愛瘋瘋癲癲，甚至連歷史都記載她是「瘋女胡安娜」

不過他倆的兒子倒是很聰明、能幹而且有膽識。他名叫卡洛斯，一頭金偏橘的頭髮，在法蘭德斯受過良好的教育。一邊繼承西班牙，另一邊繼承德國，所以他是西班牙的卡洛斯一世跟德國的查理五世[110]。他剛到西班牙一開始其實出師不利：作為西班牙的繼承人，他剛到時連卡斯提亞語都不會講，還把他的親信朋友帶來，幫他們安排好工作，此舉讓本土的貴族氣到快中風；而且他對前朝留下來的特權份子、習慣都嗤之以鼻；年輕氣盛愛裝懂，完全忽略了對手是什麼德行。各位已經看過十八章的西班牙歷史了，可是他還沒，所以他以為西班牙人跟德國人一樣，都是些模範公民，過馬路會等紅燈，打牌不會出老千，會在法律規定的情況下依法舉發或是歧視猶太人。可是這是西班牙，「你算老幾，憑什麼要我聽話？」因此各位可以想像查理五世一開始遇到多少的狗屁倒灶事。

加上先前說過的，他還搞不清楚狀況，不知道他要交涉的那票傢伙是怎麼樣的人，所以當他跟貴族議會要求一大筆錢，花在加冕典禮上時，雖然他還是要到了錢，但也大事不妙了。一邊是卡斯提亞

110 Carlos I，1500~1558，即位前通稱奧地利的查理，在西班牙是卡洛斯一世，在德國神聖羅馬帝國皇帝則稱號查理五世（Karl V），其他繼承的王國排序皆有點差異，不過最為人知應該是五世。此書作者會輪流用「一世」和「五世」來稱呼他，為了不讓讀者搞混，譯為較為人知的「查理五世」。

起義，或稱「公社之戰」[111]：起義軍皆不遺餘力，死而後已，直到比利亞拉爾戰役[112]，反叛軍首領被斬首告終；另一方面，瓦倫西亞發生了「兄弟會之亂」[113]：不受控的百姓、激進無政府主義者燒殺擄掠，直到叛軍在奧里韋拉（Orihuela）戰敗告終，就連當地居民也鬆了口氣。

但他還是從中察覺到了西班牙人的本質，學習到如何對付西班牙人：那就是應該要從內部著手，再加上一點菊花用潤滑劑。他開始西班牙化，從卡斯提亞開始，畢竟這裡比起周邊地區溫順許多，也沒那麼自大。查理五世站穩腳步，精進不休，終究抓到了竅門怎麼治理這個遍地王八蛋的國家。此時的西屬美洲仍然在擴大，半個義大利、教皇也被鐵腕掌握得死死的，加上西地中海跟北非（還沒被攻占的也快了），西班牙帝國至此包括德國、奧地利、瑞士、荷蘭及部分的法國、捷克斯洛伐克，太平洋另一邊的新領土也快要打下來了。

總結一下：日不落帝國快要開幕了！西班牙就像中了新年加碼大樂透頭獎，好運連連如日中天，就連自認為與眾不同又特立獨行的巴斯克、加泰隆尼亞人，被叫成「西班牙人」也很開心很榮幸，還開始講卡斯提亞語（這樣才能參與現在跟未來的榮耀嘛）。西班牙真是好棒棒，Benvinguts（巴斯克語的「恭喜啦」）、Zorionak（加泰隆尼亞語的「歡迎」），只要收銀機一直「叮叮叮」響不停。

但是隨後，歐洲北邊飄來一陣霧霾，響起一位德國來的叫「路德」的黑暗牧師之名，把派對搞砸了。

111 Guerra de las Comunidades de Castilla，一五二〇年至一五二一年間，卡斯提亞公民起義反抗查理五世及其政府的統治。

112 La batalla de Villalar，一五二一年四月二十三日在西班牙比利亞拉爾鎮附近進行的一次社區百姓起義之戰。國王查理五世的保皇黨支持者戰勝叛軍，此戰對於整個公社戰爭的成敗影響重大。

113 La rebelión de las Germanías，一五二一年至一五二三年，瓦倫西亞、馬約卡的工匠，和被貴族的剝削激怒的平民組成了兄弟會，在一五五二年發動起義。

20 值得敬佩的畜牲

在進入西班牙歷史上，最絢爛奪目的一章之前，先來想像一下發生的原由。試想一下您是位巴斯克、卡斯提亞、或任何您喜歡的地區的農夫，先假設您叫「小明」好了，您用汗水灌溉了難以耕種的荒蕪之地，您的辛苦會被那些當時的垃圾雜碎吸乾，吸血鬼貴族、水蛭部官員跟教堂名目繁多的捐款。而您非常清楚，您會跟您父親、祖父一樣，將來您的子孫十八代也是，都逃不出這種操蛋的生活。在這西班牙這塊悲慘之地上，您永恆的宿命就是對收稅員折腰，跪舔貴族的鞋子或是親吻牧師的手；不但如此，您妻子還會在懺悔室被牧師指著鼻子罵：「妳竟敢對妳丈夫如此！妳的罪行應該受到譴責！賤女人！」

這就是當時可憐的西班牙百姓，他們不得不考慮：要不要我們警醒點、暴力些，擺出態度來，我們的族群天性太久沒用太委屈，使出我們這些年所積攢的經驗吧！我們曾經跟摩爾人互捅了八個世紀、也搶過貴族城堡、燒過教堂（跟教堂裡的牧師）、把稅收員跟他祖宗十八代吊死在樹頭。反正太陽還是會從東邊照樣升起。

這就是西班牙的農民百姓，磨著鐮刀，問「割完了麥子還可以割點什麼？」準備好隨時豁出去。當他表哥老馬來找他，對他說：「兄弟，他們說有一塊新土地叫印度還是美洲啥的……哎呀隨你叫什麼蛋都行，反正也還沒取名；聽說那邊金銀滿地，那邊的女人晚上睡覺頭都不會痛。」只需要一點勇氣，出去說不定有機會發大財，留在西班牙反正也只能被爆菊，既然剝削都已經是既定事實了，那為什麼不一起去?!來吧，小明！機會之地等著你！

然後西班牙老百姓就說：「唷，好喔，好吧！」然後這群路痴就這樣朝著印度出發了。船上坐著百來人，除了老馬跟小明，還有屎蛋傻毛來福狗剩跟老李。他們磨拳擦掌，為了賺錢連命都可以豁出去，就像小夥子對唐吉軻德唱的現實：從戎皆因貧困／有錢絕不入伍。

所以這群字典中從沒有過「憐憫」，因為從出生就沒看過的人，各個頑強又殘酷，都是些他媽的畜牲，就這樣停靠在不知名的海灘。他們穿越不懷好意的叢林，被疾病吞噬，越過滿是鱷魚的河流，無論是暴雨、乾旱或是可怕的高溫下，都帶著他們的槍跟胸甲，脖子上掛著聖人像或平安符；也帶著他們的迷信、野蠻，和他們的害怕與憎恨。

然後，他們也與印第安人作戰：屠殺、強姦、搶劫、奴役，追求他們夢想中的黃金。他們發現城市，摧毀文明，不惜付出一切代價：他們死在沼澤、叢林，被食人部落吃了或犧牲在奇怪偶像的祭壇上，獨自或成群鬥毆，吶喊他們的恐懼、絕望和勇氣。偶而有空閒的時候，他們總是生不忘本，一定要記得互相殘殺唷：納瓦拉對阿拉貢人、瓦倫西亞對卡斯提亞人、安達魯西亞對加利西亞人，最後動手的是娘炮；永遠不變的爭執、仇恨、暴力；該隱的印記已是所有西班牙人的基因記憶。

就這樣，埃爾南・科爾特斯[114]跟他的人就征服了墨西哥；皮薩羅[115]去了祕魯；努涅茲・德・巴爾柏[116]去了太平洋；更多的人消失在叢林或被遺忘。雖有少數幾個衣錦還鄉，年老又滿身是疤，但大部分的還是留在那裡：在河底或血跡斑斑的寺廟中，又或是覆滿雜草、被遺忘已久的墳墓裡。首批拓荒者用鮮血和生命危險開墾的新大陸，陸續抵達一大票從西班牙來的寄生蟲，有皇家官員、稅收員、神父、採礦的、拓荒的跟準備好接手此地的禿鷹集團。那些沒死在同伴手中的，有些因為反抗西班牙總督被處決，因為他們太過我行我素、氣焰囂張或野心太大；也有些是在帝國接手此地後，晚年卻淪落到教堂門口乞討。

這群首批拓荒者其中也很多娶了印第安女子，或跟她們生下孩子，不像北邊的盎格魯－撒克遜人把印第安人殺光光。這些人即使不是刻意為之，還是有做該做的事，幫生出來的孩子受洗，跟特拉斯卡拉人（tlaxcaltecas）那樣勇敢、忠誠的戰士做親戚。親戚戰敗被血洗的悲慘夜晚，也沒有棄他們而去。

掠奪、殘殺、奴役，那一大票可敬的混蛋，從那時候開始也建立城市、教堂，到現在都還能看到當時的足跡。他們讓一門名叫「卡斯提亞語」的語言得以強而有力，從西班牙開始，傳播到世界上五億五千萬人；我記得那個墨西哥的誰，是奧塔維歐・帕茲[117]還是卡洛斯・富安蒂斯[118]啊?!就說過：「他們取走了金子，但給我們帶來了文化財。」

114 Hernán Cortés，1485~1547，西班牙第一階段的殖民者，以摧毀阿茲特克古文明、並在墨西哥建立西班牙殖民地而聞名。他抵達新大陸後，就和一些原住民部落結盟，和其他的美洲原住民作戰，並用一位納瓦人原住民女子瑪琳切（Malinche）當翻譯、顧問，後來他們的兒子馬丁被認為是第一位梅斯蒂索人（mestizo），即歐洲人和美洲土著的混血兒。

115 Francisco Pizarro，1471or1476~1541，是西班牙第一階段的殖民者，開啟了西班牙征服南美洲（特別是祕魯）的時代，也是現代祕魯首都利馬的建立者，與科爾特斯齊名。

116 Vasco Núñez de Balboa，1475~1519，他前往巴拿馬地峽探險，並率領一隊歐洲人首次看見了太平洋，他在巴拿馬建立了今被稱為安地卡的殖民地，成為新殖民地的首任總督，最後被其繼任者逮捕處死。

117 Octavio Paz，1914~1998，墨西哥優秀的詩人、學者、評論家、小說家、翻譯家、職業外交官，創作詩、隨筆、小說、政論雜文、文學評論。

118 Carlos Fuentes，1928~2012，墨西哥作家，他是西班牙語世界著名的散文家及小說家之一，是拉美「文學爆炸」時期的代表作家，成就與賈西亞・馬奎斯、馬里奧・巴爾加斯・尤薩和胡利歐・科塔薩比肩。他的作品深刻畫了墨西哥的歷史和現實。富安蒂斯深深影響了當代拉丁美洲文學，作品被翻譯成許多種文字。

21 卡斯提亞語

十六世紀時，大約是西班牙的卡洛斯一世跟德國的查理五世那時，表明了卡斯提亞語（在國外就叫作「西班牙語」）是好棒棒的國語。這個結果其實是自然的演化，因為「民族—語言」這個概念，包括好處跟它的副作用，是要幾個世紀以後才會出現。不曉得安東尼奧．德．內夫里哈在一九四二年出版他那本文法書時，是不是有早有預感「拉丁文因羅馬帝國而浩瀚，卡斯提亞語亦如此」。事實上也果真如此：無論是在西班牙，還是歐洲其他地方，卡斯提亞語都還滿有影響力，無可避免的浸透宗教、文學、行政和司法領域，甚至農民階層，非關強迫。絕對不是像那些白痴、那群想用此事操縱輿論所說的「威逼」，而是自然發展出的結果。

理由簡單的很，連白痴都懂：國家、帝國領土有一門通用語言，不論對統治者或是被統治的，生活都將更加便利、輕鬆。除了古典拉丁文外，可以是西班牙的任何一種語言：加泰隆尼亞語，或它的變體瓦倫西亞語，或是巴利阿里的加利西亞—葡萄牙語，巴斯克語或是摩爾人的阿拉伯語，只不過最後嶄露頭角的是卡斯提亞語罷了。該語言之名字又是另一個不公平之處，這個語言歷史最悠久、最該冠名的發源地其實是萊昂和阿拉貢。這種情況當然不只發生在西班牙，各位可以看看下列資訊，就會發現在歐洲各處也有同樣的事：在歐洲中部，德文取代了捷克文；另一門重要語言尼德蘭語，跟加泰隆尼亞語一樣蘊含豐富文化價值，被侷限在後來獨立的荷蘭；而英文跟法文呢，把威爾斯語、愛爾蘭語、布列塔尼語、巴斯克語和奧克語都邊緣化了。這些語言跟西班牙其他語言一樣，在該區的家庭、鄰里、農村維持下去；而通用語言（在西班牙就是卡斯提亞語）就用在做生意、商業、管理、藝文，那些想要繁榮發大財、受教育、旅行或是做生意的人，也漸漸納為己用。就像現在的英文一樣。

我怕那些糊里糊塗的酒囊飯袋們搞不清楚狀況，在此特別說明，大眾語種的選擇通常是自願的，絕對是歷史演進的自然過程，原因非常簡單，就如同安達魯西亞的歷史學家安東尼・米格爾・貝爾納（Antonio Miguel Bernal）所說的：「市場機制」；像是一五七二年加泰隆尼亞人路易斯・彭斯（Lluís Pons），為了向他出生的城市塔拉戈納（Tarragona）致敬，卻出了一本卡斯提亞語的書，因為「國內較多人使用」。另外也值得一提的是，即使到了十七世紀，就連力行「大團結」的奧利瓦雷斯[119]首

119 Conde-duque de Olivares，1587~1645，西班牙十七世紀著名的政治家，是國王腓力四世的股肱之臣（首相），治理西班牙時力主改革、強化中央集權、復興工商業、提高航運競爭力，在伊比利半島實行大團結，繼而推動西班牙哈布斯堡家族與奧地利哈布斯堡家族聯合稱霸歐洲。

相，也都沒有嚴格強制包括加泰隆尼亞在內的任何地區使用卡斯提亞語。

奇妙的是，天主教會是當時唯一一個當地機構，明明很在意利益，但宗教方面卻死守堅持古典拉丁文的，不論是卡斯提亞語、巴斯克語、加利西亞語或是加泰隆尼亞語的聖經譯本，一律一視同仁，燒掉燒掉燒掉！深怕失去他們「神和和百姓的中間人」的地位，就像埃及祭司那樣；所以越不識字、越沒主見越好（於是現代西班牙仍深受其害）。

實際上在西班牙只有摩爾人有「禁止當地語言」的禁令。而在一五三一年，英格蘭已經在司法和其他官方政策中禁止蓋爾語，法國也在一五三九年頒發一條法令，使法文成為官方語言，限制了其他語種，但在西班牙完全沒有類似的情況：因為拉丁語仍然普遍用於學術及科學上，而印刷業、官員、外交官、作家以及那些想在廣大領土上尋求生活的人，則選擇了比較通用的卡斯提亞語。

內夫里哈的文法書讓卡斯提亞語更有系統、更有文化影響力（說不定加泰隆尼亞也出一個內夫里哈的話，今天西班牙的官方語言就是他們了），就像德國的路德把聖經翻譯成德語，義大利有但丁用白話義大利文寫《神曲》；西班牙當時的軍事和政治實力，讓卡斯提亞語更有威望：歐洲到處都有西班牙文的書籍、軍隊之間也成了通用語。而讓卡斯提亞語躍了更大一步的是美洲大陸的征服者，他們讓卡斯提亞語跨出歐洲，成為有歷史意義的世界語言。

其它不通用的語種？喔，還能怎麼辦，誰叫它倒楣咩——

22 威震歐洲那些年

好吧，西班牙到了「我不輾壓世界，就被世界輾壓」的年代，查理五世一腳踩著美洲、另一隻腳踏在太平洋，大約身在在歐洲中央，對面有伊斯坦堡，也就是土耳其帝國，由於他們在北非有海盜跟官方海盜，加上侵略了巴爾幹半島，所以偶爾會在地中海地區跟西班牙互甩巴掌，頻率大約是每天吧。他們跟西班牙還算是旗鼓相當，不過還追不上，只能看到車尾燈。其他的地方就更不用說了，破破爛爛的，連羅馬的教皇也因為被西班牙削弱他們在義大利的權力，所以連作夢都想痛揍西班牙，不過也只能飲恨吞聲，期待更美好的未來。因為那個年代的西班牙，隨著麥哲倫和艾爾卡諾[120]的環遊世界，不斷擴張美洲跟其他地區的領土，西班牙人終於有機會矛頭向外，不用整天跟鄰居在那邊互撕，把天生的忌妒屬性與好鬥技能，發揮在外人身上：征服、鬥毆、橫著走什麼的，

120 Juan Sebastián Elcano，1475~1526，麥哲倫五艘船隊中，其中一艘船的船長，麥哲倫身亡後他繼任船隊指揮。當他駕駛剩下的唯一一艘船最終到達塞維亞時，被人們當做第一位環球航行的人來歡迎。

把暴發戶的猖狂姿態擺出來！現在是我們的機會。就像那段查瑞拉歌劇[121]說的（還是民謠？唉呀隨便啦！）：「不知道那作派、他錢是從哪兒來。」所以啦，可以想像得出來西班牙人多討人嫌。

帥不帥我是不知道啦，可是西班牙有新大陸的黃金白銀，令人心驚膽戰屌炸天的軍隊：西班牙大方陣，讓他們愛打哪裡，就打哪裡，不想被揍的就得想辦法討好那些黑黑矮矮、殘酷又跋扈的畜生，誰叫世界被他們捏在手裡。就像某位我不記得名字的詩人所寫：「最下等小兵／猛烈的戰役／西班牙之日／從東直到西。」

西班牙在歐洲就有伊比利半島（葡萄牙也差不多包含了，查理五世娶了葡萄牙的公主，聽說她沉魚落雁），下至薩丁島、拿坡里跟西西里；上有米蘭公國、法蘭琪－康堤（現今法國的一部分）、一半的瑞士、現在的比利時、荷蘭、德國、奧地利、波蘭快要到克拉科夫、一小塊的捷克斯洛伐克跟匈牙利。所以不難想像有多少眼睛瞪著西班牙看，熱切的祈禱西班牙洗澡時趕快彎下身去撿肥皂。

把眼珠子都快瞪出來的，除了土耳其以外，就是法國國王了（他們倆還聯手挖坑給西班牙跳），他叫做法蘭索瓦一世，肉麻兮兮、自以為很帥的小可愛，嘟嘟噥噥的法國腔，對西班牙的查理五世忌妒得要命，又要假裝不在意。他在義大利找碴挑事，結果在帕維亞之戰[122]被西班牙軍打得落花流水（其實西班牙軍只是其一，因為那場戰役什麼軍都有），歷史上還記載細節，他落到巴斯克火槍手上，不得不投降。各位有想像過那場景嗎？敵軍用劍指著他脖子，說著巴斯克語：「你要麼就投降，不然我就把你的蛋給切了。」他還一臉茫然，心想是不是跑錯場了，問說：「大哥您哪位啊？我他媽的向誰投降呀？」當然最後他還是投降了，反正也沒別的選擇。他被俘虜監禁在馬德里的盧漢塔，就在哈維爾．馬里亞斯[123]的家旁邊。

另一件精彩（?!）之事，也是發生在義大利：當時的教皇克萊孟七世（Clemente VII），如果從心理學上的角度去分析他的話，絕對是個死一萬遍不足惜的王八蛋，小氣的叛徒，跟法國一起裝大條嚇西班牙。結果羊肉沒吃到，惹了一身騷，因為在一五二七年，出於某種原因（細節各位可以找歷史書，或google「羅馬之劫」），哈布斯堡帝國的軍隊衝進羅馬（包括六千名如各位所想像的西班牙兵，一萬名啤酒喝到茫踢著正步的德國兵，兩千名佛萊明兵和一些打電話給**媽咪**的義大利兵），軍隊連帽子都沒有歪，就屠殺了四萬人，洗劫此地數個月。他們沒有將教皇吊在路燈柱子上，因為這位天主的代理人見勢頭不對腳底抹油，躲到聖天使城堡避風頭。

說真的，這是一段有點變態的歷史。

121 Zarzuela，西班牙說唱劇。

122 La batalla de Pavía，發生在一五二五年二月二十四日，義大利的帕維亞，法國國王法蘭索瓦一世親自帶領的法國軍隊，被西班牙哈布斯堡王朝軍隊擊潰，法國國王被俘虜後轉交給查理五世，最終兩國簽署馬德里協議他才重獲自由。

123 Javier Marías，1951~，西班牙小說家、翻譯家及專欄作家。

23 新教徒的抗議

我們現在還在查理五世的年代，他身為當年最強的皇帝，各位可以試想一下西班牙有多大尾：世界被西班牙用統治者及美洲運來的黃金白銀之力掌握在手中，還有強大的軍事實力（畢竟也打了八個世紀的摩爾人，加上土耳其、柏柏人海盜，和義大利的戰爭，累積了相當的作戰經驗），這些再加上西班牙人天生就有的小毛病，像是打人都不說對不起，於是同盟、皇帝的親戚開始起異心。這一切的後果是，西班牙的敵人有如雨後春筍，像是電視廣播裡的名嘴一樣無限增生。

然後有個從天而降的修士，降到敵人那邊。這位名叫馬丁・路德，他拜讀很多十六世紀最有影響力的知識份子、鹿特丹的伊拉斯謨[124]的大作，並激動發表了九十五篇論文，壞了羅馬教皇主持的天主教會利益，但路德還是冒著生命危險，搞了個「宗教改革」[125]。先是德國很多王子跟統治階層響應，因為他們發現此乃絕佳機會影響天主教會的生意、降低他們的影響力，尤其還可以反抗皇帝查理五世，他太鐵腕了。他們先從「國家教堂」做起，把羅馬教會搶的錢先攔截掉一大部分（可還不少唷），到最後還弄了個施馬爾卡爾登聯盟[126]，搞到整個烏煙瘴氣、烽煙四起。一開始沒那麼複雜，查理五世在米爾貝格戰役[127]還能贏得勝利，但之後事情就沒那麼簡單了。另一場位於因斯布魯克（Innsbruck）的戰役中（這地方現在是非常棒的滑雪勝地），他就被自己人莫里斯・馮・薩克森[128]背叛，差點輸到脫褲。

　四十年奔波征戰的辛苦，對抗新教、土耳其人，起義、背叛，還要用馬戲團的技巧維持內政的平衡；就像《三劍客》中的人物波爾多斯在洛馬里亞石窟所說的：「太沉重太難承受」，皇帝累了。他把德國的王位交給弟弟斐迪南，西班牙、拿坡里、荷蘭跟美洲交給他兒子腓力（西班牙最英勇且有意思的王位繼承者），就退休了。他跑到埃斯特雷馬杜拉的尤斯特修道院（el monasterio Yuste）讀些散文、小說什麼的。他走前留下一些尾巴，從長期看來其實對西班牙非常不利，並帶來極為嚴重

124 Erasmo de Rotterdam，1466~1536，尼德蘭（今荷蘭和比利時）著名的人文主義思想家和神學家，曾撰文尖銳地批評羅馬天主教會的驕奢腐敗，引發了歐洲各地教會呼籲變革的聲浪。

125 Reforma protestante，十六世紀至十七世紀的教派分裂及改革運動，也是新教形成的開端，主要由馬丁・路德、喀爾文、慈運理、亨利八世等神學家與政治領袖發起。一五一七年，路德發表的《九十五條論綱》引發了宗教改革的開始，即德意志宗教改革。

126 Liga de Esmalcalda，十六世紀中期，由神聖羅馬帝國中信仰路德宗的諸侯所組成的軍事防禦聯盟。該聯盟最初於宗教改革開始後建立，其目的是出於宗教動機，但此後其成員逐漸希望它能夠取代神聖羅馬帝國。

127 la batalla de Mühlberg，一五四七年，米爾貝格戰役使新教諸侯們在此之前結成的施馬爾卡爾登同盟土崩瓦解。

128 Mauricio de Sajonia，1521~1553，他原來幫助神聖羅馬帝國皇帝查理五世擊敗施馬爾卡爾登聯盟，並機巧地操縱各種爭端，終使韋廷王朝的阿爾布雷希特支系取代主家恩斯特系，在查理獎賞之下，獲得廣大的領地及選侯之位，但後來立刻背叛查理。

的後遺症，甚至至今西班牙仍在承擔其後果。

首先，西班牙還沒達到「現代國家」的標準，還在切割打磨階段就分心。另外帝國的義務使西班牙不得不摻和一些事不關己的歐洲麻煩，不但花光了從美洲帶來的財富，還向全歐洲的銀行舉債，西班牙浪費太多的力氣、心血跟青春在無關緊要的戰役（把這些心力用在國家進步有多好呀，浪費！），讓國家整個大失血，像是被宰的豬那樣滴啊滴止不住。尤其最嚴重的，是特倫托會議[129]所推動的反宗教改革，打壓伊拉斯謨主義，許多知識份子，像是巴爾德斯兄弟[130]、維渥斯[131]這樣人稱「激進派」的傳教士，被勝利一方的舊天主教會，用宗教裁判所名義不人道處理了。

結果就是因特倫托會議讓西班牙深陷泥淖，更準確的形容是「選錯上帝站錯邊」：本來有機會擁有繁榮、知性、工作和商業的未來遠景的，就像北邊的鄰居那樣，西班牙選了保守、狂熱和黑暗，導致現在某些方面仍深受其害。選擇順從布道壇跟懺悔室，讓西班牙落後、野蠻又懶惰，也讓接下來的四個世紀，用神光、聖水當藉口，輾壓、殺害無數知識和理性，屍坑和墓園填好填滿，讓自由變得遙不可及。

129 Concilio de Trento，天主教會於一五四五年至一五六三年間在北義大利的特倫托與波隆那召開的大公會議。由於馬丁·路德的宗教改革才促使舉辦該會議，所以也有人把這會議形容為反宗教改革的方案，因當中代表了天主教會對宗教改革的決定性回應。

130 hermanos Valdés，1490?~1541，人文主義者，胡安（Juan）是伊拉斯謨主義者和西班牙新教作家；阿方索（Alfonso）是作家兼皇家祕書。兩位可能是雙胞胎。

131 Juan Luis Vives，1492~1540，西班牙出生的人文教育學者。維渥斯曾為人文主義教育大家伊拉斯謨的學生，維氏是當時的人文教育家、心理學家及哲學家。

24 國王公務考核評鑑

好啦，我們終於來到了腓力二世（Felipe II）的年代啦。他是日不落帝國的繼承人，他的評價有褒有貶，是好是壞端看用什麼角度去看。（我盡量）客觀的說，他身上誇大的黑色傳說有部分是西班牙囂張太久、樹敵太多，對手花錢請的網軍帶風向灌的；很有可能就是統治英國那隻紅毛母狐狸，叫伊莉莎白一世（她想看西班牙倒楣很久了），或是新教徒、法國佬亨利二世、羅馬教皇跟一堆小人都有份，這些人可沒有半個是純潔無瑕的小天使。

別名「謹慎的」腓力二世雖有無數的缺點，但優點也不少。他有點宅、有點害羞，夫妻子女宮不太順遂，在一個沒有網路、沒有電話，甚至連像樣的郵政服務都沒有的年代，統治他繼承的跨洋國土，就算是在現代，無論是誰都管不完。事實上腓力二世的工作，他四十二年漫長的統治生涯，做的真得很辛苦。他天生愛好和平，卻必須經歷一場又一場的征戰，才能維持帝國和平，看看他參加過的戰役：法國、宗教領袖、荷蘭、阿勒普耶羅斯的摩爾人、英國、土耳其，他媽的還真多。這些大小戰役，再加上他家庭不和睦：他婚姻很不尋常，與四名女士結過四次婚，其中一任還是個比綠色的狗還要奇怪的英國女人；他一個兒子原本應該是繼承人，卻瘋瘋癲癲；他被一名有夠不要臉的祕書安東尼奧．佩雷斯背叛。沒有最慘只有更慘的是，當他去繼承葡萄牙王位（還記得前面說過的嗎？他老媽是葡萄牙美女公主），把反對者都切碎，史上稱阿爾坎塔拉戰役[132]，腓力二世犯了一個最大的錯誤（當然這是我個人觀點，我尊重不同的意見），可說是史上最爛招，還遺害至今：那就是他不把首都遷到古老又莊嚴的里斯本，不然就可以整天對著大西洋唱著法朵[133]，瞭望美洲新大陸，想想葡萄牙和西班牙加在一起多遼闊，多麼光輝燦爛的未來。

但他偏不，這個白痴國王硬要扎在半島中心，龜縮在埃斯科里亞爾修道院官邸[134]，修建就花掉很多西班牙的海外所得，再加上剛說過的，大大小小的戰役，也燒掉不少卡斯提亞的稅收（阿拉貢、加泰隆尼亞跟瓦倫西亞有特權，才不會付半毛錢咧！）他還整天派那些穿得黑漆漆，跋扈又討人厭西班牙外交官在歐洲走來走去，加上西班牙很嚇人的大方陣、盟友、聖人聖母小卡等等一大堆拉拉雜雜的，西班牙還是滿能嚇唬人的。

132 La batalla de Alcántara，一五七八年，葡萄牙陷入王位繼承危機，西班牙國王腓力二世與競爭者安東尼奧於葡萄牙里斯本郊區阿爾坎塔拉附近交戰，腓力二世勝利。

133 Fado，或稱葡萄牙怨曲，是一種音樂類型。

134 El Escorial，該修道院由西班牙國王菲利普二世下令修建，於一五六三年動工，一五八四年竣工，一九八四年被列為世界文化遺產。

總的來說，腓力二世以首長「公務」的角度分析還算不錯，政務得心應手，愛幹蠢事但私德還不錯，雖然是宗教狂，可是還算有文化，清醒，也不太奢侈。他生前在埃斯科里亞爾修道院居住和辦公，從他低調的房間就可見一斑。

他所面對的困境遠遠超出他能力所及的處理範圍。像我先前所說的，那些過多、沒用、熱血沸騰的戰役我們會在下一章討論。其他像是政務他還算克盡厥職以外，經濟和管理方面，他爛到應該要被追著打：他把殖民地的所得都花在槍枝跟火藥，除此之外，還向德國、熱那亞的銀行貸款，西班牙為此共破產三次，也因此接下來的世紀簡直是災難連連。然而此時的貴族跟神職人員竟然可以大剌剌享受免稅。需要大量金錢的結果就是開始出售貴族頭銜、官位跟所有可以賣的利益；然後買方為了要回本又分裝、轉售。因此國王和那一票人逐漸發展出一種全國性的汙錢作假帳系統，或是作假帳汙錢，形成西班牙亂七八糟的官僚體制，直到現在，五個世紀之後，我們仍然深受其害。

25 四處幹架

我沒記錯的話，我們的故事講到世界上有一半的國家都在跟西班牙的腓力二世對幹，沒打起來的那一半就都是西班牙的。到了這個時候，對於西班牙人短視所造成的白目，分不清誰能不能得罪，各位應該也有所體會了。後果就是十六世紀至今，所有的西班牙人到全部歐洲共同體，全部都對西班牙黑色傳說深信不疑。拿腓力二世來說，他雖然無聊、宗教狂了點，但還算得上是有能力的小夥子，公務方面也還處理得不錯；他收拾得掉的都是依法（憲法第十四條）處理，也沒有大肆屠殺路德派、喀爾文派，也不像土耳其人，或像法國佬在聖巴托羅繆的大屠殺[135]、或英國都鐸王朝的瑪麗（**血腥瑪麗**說的就是她）能殺多少新教徒是多少；還有伊莉莎白一世，除了臭不要臉的勾結海盜跟海上犯罪集團（那些人現在還變成民族英雄），也下令殺了不少天主教徒。這些優秀的履歷在史上著墨不多，而且都被壓箱底，極少人提及。

135 Matanza de San Bartolomé，發生於一五七二年八月二十四日，法國宗教戰爭期間，由宮廷內部針對新教徒胡格諾派領導人物的刺殺行動引發，暴民和軍隊屠殺了兩千多名胡格諾教徒，之後引發一連串暴動。

因為撰寫《歷史》的那幾個世紀，正值西班牙使壞又愛耍帥：有宗教裁判所（最好是歐洲其他國都沒有吼～）；有美洲殖民地（然後大家都想搶）；有紀律嚴謹、致命又仍然無敵的大方陣（結果大家都想學）。但西班牙一直以來都很笨拙的一點，就是從不試圖自己寫一些書，宣傳自己多美又多棒、大家多愛西班牙；偏偏就有夠白痴反其道而行，讓別人寫書別人印，更靠北的是還跟那三、四個印刷業繁榮的國家為敵（而且這些國家沒有主教大人在那邊機歪說什麼可以印什麼不行）。然後就這樣，我們一再受挫，儘管還是得承認，西班牙也因為是個虛榮、沒文化、壞心眼、暴力又偏執狂熱的混和體，才有如此這般的名聲。就算到了現代，「狂熱」從宗教轉移到像是足球、政治煽動、卑微的國家主義、集權派、自治派，除此之外，前述缺點都還保持不變，都還與西班牙同在。

反正，十六世紀西班牙黑色傳說有很多都要歸功於法蘭德斯，也就是現在的比利時、荷蘭與盧森堡，加上虔誠的腓力二世敗事有餘，他說：「就算失去國土，我才不要做異教徒之王。」當然，就真的都失去啦，而且不只是國土，還有該地所產的收益都化作泡影，讓西班牙幾個世紀都泡在苦海裡。法蘭德斯那邊不想繳賦稅，還說「我們被西班牙打劫」（這個口號有沒有很耳熟?!）而謹慎的腓力二世不但沒察覺到未來發展的趨勢，不聽經濟學者的勸，還相信那些懺悔司鐸的天花亂墜，加上他個性比墨西哥女作家瑪爾歌・葛蘭茲（Margo Glantz）寫的小說還要正經八百、無聊乏味沒重點，跟法蘭德斯的園遊會氣氛（笑聲、啤酒、海咪咪的金髮美女）格格不入。

當法蘭德斯發生一些襲擊天主教堂事件，並質疑「聖母馬利亞到底是不是處女」，腓力二世便派阿爾瓦公爵（duque de Alba）帶領大方陣前去討伐，歌德描寫「他們就像是裝有惡魔靈魂的機器人」，將叛亂份子殺無赦，就連艾格蒙（Egmont）和霍恩（Horn）家的伯爵也殺掉了。此舉極不明智，他們死後因此被視為革命先烈。在那場讓法蘭德斯到現在都還記得的殘酷鎮壓之後，後續又有一些紅蘿蔔與棍子的決策，最終將北邊分成新教喀爾文派的荷蘭，和對西班牙國王忠心耿耿還持續多年的天主教比利時[136]。

無論如何，這位悲哀的西班牙君主，整天關在埃斯科里亞爾修道院裡面，從來沒有、也從未試著了解這些離他很遙遠的臣民，這也可以解釋了為什麼西班牙當時、或是未來所產生的諸多弊端。關鍵可能就在亞奇瑞[137]被處決時，寫給腓力二世的內容：「你不能絲毫沒有耕耘，也沒讓在這片土地上揮汗辛苦的人滿意，就憑著國王的頭銜取走利益。」

136 這段描述的是《三十年戰爭》（*Guerra de los Treinta Años*），起因是馬丁．路德的宗教改革讓歐洲分成「天主教」與「新教」兩大陣營，此戰從內戰演變成大規模戰爭。艾格蒙伯爵就是因為支持新教被處決，在歌德的戲曲中，被塑造成拯救祖國的獨立運動領袖。

137 Lope de Aguirre，1511or1515~1561，綽號瘋子、暴君、朝聖者。西班牙探險家，為尋找傳說中的黃金，引發一連串謀殺，並試圖反叛王室，最後被處決。

26 土耳其、英國跟其他雜碎

我們的故事說到了官僚的腓力二世跟他懺悔司鐸顧問群；國王寧願選擇捍衛西班牙當時他口中「真正的宗教」，也沒做該做的事，像是把他的臣民塞進開往「現代化」的列車，反而想盡辦法把列車用到脫軌，總之，他不懂未來。他也不瞭解歐洲西北部有個島嶼的居民，叫做英國人，已經坐在現代的列車上，他們天生就準備以傲慢的姿態鬥爭，這種傲慢使他們成為歷史上的獨孤求敗，他們將會是西班牙帝國未來幾個世紀的夢魘，還緊咬著不放的那種。

西班牙儘管有廣大的海上事業，但卻從未將大海視為商業、戰爭和權力的利器，當他想要認真對待時，卻又被自己的腐敗、疏忽和無能阻礙；不像英國人（其實荷蘭人也是），他們很快就意識到充足的艦隊跟訓練有素的水手是拓展世界的絕佳工具；既然當時世界都是西班牙的，所以衝突便在所難免。美洲成為這場對抗的主要戰場，除此之外，英國海軍還來西班牙海岸引戰、掠奪；此舉使腓力二世決定發起名叫征服英格蘭（Empresa de Inglaterra）的懲罰遠征，計畫原本應該是「無敵艦隊」，登陸敵人的海岸，把伊莉莎白一世跟她忠實的擁護者切碎（那個時候英國已經不是天主教，

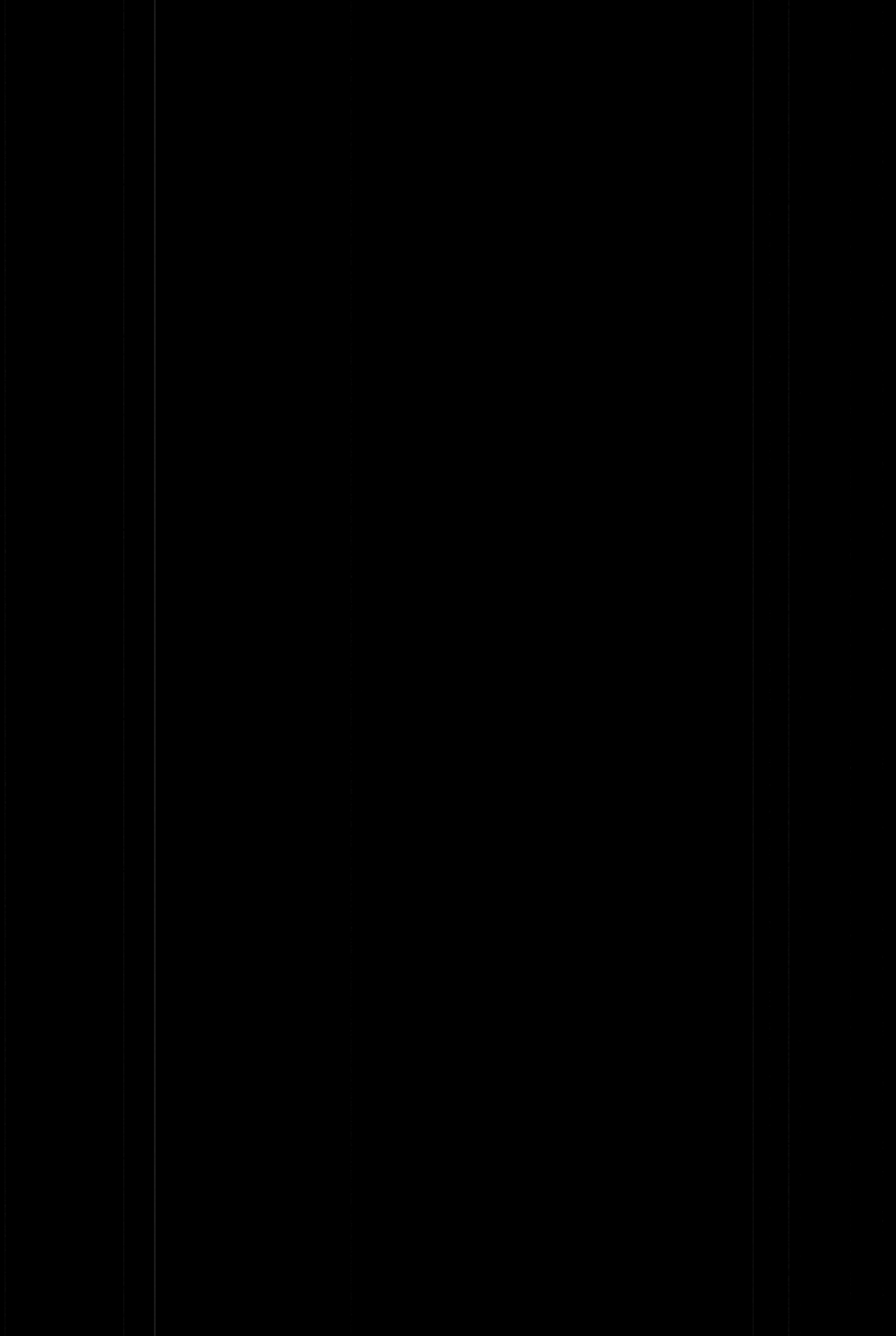

27 金子，少了；銀子，縮了

我們上一章說到「獨手人」塞萬提斯[139]。時間大概是十六至十七世紀，西班牙仍擁有全世界，但快要失去了；但也貢獻了自身最有價值的「文化」；它超越了當時西班牙令人驚嘆不已的軍事和外交實力，有別於美洲的黃金、歐洲和海外領地、古老的大方鎮；這項偉大的財富至今還在，取之不盡，用之不竭，隨時隨地，只要想都能擷取。當年的那個西班牙影響力就像現在的美國，領導時尚、文化風靡全歐洲；一個用掠奪、購買的手段，創造當時最出色、最好的國家（當時已經使用「國家」這詞，只不過跟現代的認知不太一樣），也培育出、或聘請了許多最好的畫家、雕塑家、藝術家，他們獲得王室和百姓滿滿的掌聲，今日他們名氣響亮，光輝了西班牙不怎麼幸福的歷史。

儘管「黃金時代」這詞有點不準確（黃金我們只見到了一點，白銀也很剛好而已），因為全部都燒在境外戰爭、奢侈的國王、懶散的貴族跟神職人員身上；我們不得不承認，西班牙的哈布斯堡

139 El Manco de Lepanto，勒班陀戰役中，塞萬提斯作為士兵參加戰鬥，火繩槍爆炸導致他胸部受創，另一處重傷在他的左手，他的左手從此殘廢了，因此在軍隊中贏得了「勒班陀的獨手人」稱號。

王朝在文字和藝術方面，都有許多出色的貢獻（只要別跟領航的宗教或宗教裁判所衝突）；至於科學、現代思考這種敏感議題，還是別提了，傷感情。教會權高望眾，對於「有違正統的」都奮力抗拒；關上了數不清的大門，打壓無數才華，如果還沒被燒死的話。因此，前一個世紀西班牙本來是歐洲最令人欽佩的地方，卻在知識和科學進步領域漸漸吊車尾。

腓力二世禁止西班牙學生出國進修（後果有多嚴重可想而知），教會的「出版許可」[140]也關上了外來書籍的大門。早在一五二三年，人文教育學者維渥斯就預見了未來會出包，而寫下了這段話：「在西班牙，沒有人能在可能被指責成異端、邪說、犯錯和猶太人的情況下，耕耘優質文學。這使學者們沉默不語。」無論是激進伊斯蘭教、極端猶太教或極端天主教派，宗教狂熱扯後腿，社會的虛偽、掌權者都泡在聖水裡，毒害所有手伸得到的範圍；這些也反映在繪畫和雕塑藝術作品中。

不像義大利、法國同行那樣，西班牙藝術家或外聘來西班牙的，例如祖巴蘭[141]、里貝拉[142]，只能畫些聖母、基督、聖人、修士等等（除了一些太過輝煌光亮的違法作品，像是維拉斯奎茲《鏡前的維納斯》、提香的《達娜伊》才能倖存）；只有最厲害的天才，才能把「天主教象徵、新約聖經、聖母之殤、懺悔的抹大拉的馬利亞」等能夠取悅主教與國王的題材，用畫筆、畫布隱藏起背後的深意，只讓有見識的人才觀察的到。藝術家利用他們的才能，假裝畫中人神魂超拔境界還是神蹟什麼的；事實上畫的是根本是高潮的表情（這點做的最好的是貝尼尼，他的作品《聖女大德蘭的神魂超拔》被鮮肉小天使用箭杆指向她的心臟，如果各位觀察到聖母的表情，可能有地方會硬硬的吧）。無論題材有沒有聖母，當時西班牙有許多才華洋溢的藝術家，例如維拉斯奎茲，有史以來最偉大的畫家，光是他一個人就足以證明這世紀曾有多輝煌。

而在文學方面西班牙的運氣也很好，的確教會的審查制度像是禿鷹一樣，在筆尖跟字句中盤旋騷擾；但作家數量之龐大多產，當中也很多傑作，關於這點我們下一章會說到。這個話題結束前也不能不提到，巴洛克文化的西班牙也曾照亮獨一無二的思想家，例如葛拉西安[143]，他的《智慧書》至今完全不過時，非常推薦給那些腦子裡想裝點料的人，例如：「盡可能的了解事實，這是我們最不容易看到的；我們太相信別人的信仰。耳朵是真理的後門，卻是謊言的大門。真理通常看的到，但罕被聽到。口耳相傳極少不加油添醋，從遠方來就更不可能了，總是會添加一些個人情感。」他雖然還不到，可是幾乎快要媲美法國的蒙田[144]了。

140 Nihil obstat，「天主教出版許可」源自拉丁文，意思是「無阻礙」、「無異議」，是不反對的聲明，審查某本書（例如羅馬天主教出版的書籍）後所發出的許可。

141 Francisco de Zurbarán，1598~1664，西班牙畫家，成名於宗教畫。擅長描繪僧侶、修女、殉道者以及靜物。

142 José de Ribera，1591~1652，西班牙畫家及版畫家。

143 Baltasar Gracián，1601~1658，西班牙耶穌會教士，同時也是一位思想家、哲學家。

144 Montaigne，1533~1592，法國在北方文藝復興時期最有標誌性的哲學家，以《隨筆集》（*Essais*）三卷留名後世。

28 真他媽有才

隨著馬蹄的踢踢躂躂，我們進入了十六至十七世紀，介於腓力二世至腓力三世的時期；介於仍然強大、令人畏懼，千辛萬苦才權握天下的西班牙，「整合國土」目標尚未實現（哈布斯堡王室無法聰明的解決源自特權和多樣性造成的不協調），就因為外戰而血流光了快要斷氣。西班牙令人難以置信，美洲的黃金並沒有善用在發展工業或有賺頭的生意，反而被用在裝闊、懶惰和不事生產（有沒有覺得耳熟？）西班牙沒有像北邊的鄰居，盎格魯－撒克遜人那樣建立起穩定、現代、有前景的社會經濟體系，創造了新世界；士兵、修士跟賊子不但不好好工作，還持之以恆的泡在女人跟毒品裡（或那個時代的替代品），花錢像流水。

想混飯吃、環遊世界或是去美洲的年輕人被徵招入大方陣，留下來的那些就能偷就偷；有毒的特倫托會議緊閉門窗、把大家都淹死在聖水中，知識份子進入休眠狀態；大學辯論的不是科學與進步，而是「聖母馬利亞的童貞」、「地獄是液體還是固體」；百姓餵養貪得無厭的官僚系統和可惡的國庫，都快喘不過氣；貴族和神職人員不用繳稅，但吸的是卑微的農民、不識字的印第安人、謙卑的工人、工匠和商人的血，他們才是為繁榮、財富盡一份心力的人，不像那群就憑「我的曾曾曾祖父曾經打退摩爾人／阿茲特克土著」的藉口，便腰上佩劍整日無所事事的米蟲。

因此，工作和誠實的反倒被輕視，任何一個無民小卒都想跟傳說沾上關係，所有想得到榮譽或好處的人都要證明自己沒有摩爾、猶太血統，也從未工作過；整個西班牙陷入一種「只要有錢什麼都可以買賣；用租的也可以」的狀態（好像之前就看過了對吧?!），再也沒有正義（正義也可以用錢或人情換）。

這樣，從國王開始上梁不正，腐敗制度下，國家亂象、機會主義、無恥成了西班牙的身分象徵；混混無賴甚至成為文學主角，而不是勇敢、有價值或誠實的人，成為閱讀且模仿的典範，形成有史以來最傑出西班牙文學形式：流浪漢小說，《小癩子》、《塞萊斯蒂娜》、《騙子外傳》、《古斯曼・德・阿爾法拉切》、《歐布雷貢的一生》成為西班牙主要文學代表作；而我們唯一的英雄，高貴的心遠高於上面那些主角，結果竟是一個被毆打的瘋子貴族。從這點就可見一斑。但也是如此，西班牙文學結出了最豐碩的果實，除了十八世紀的法國，從沒有哪一個國家有這麼豐富且才華洋溢的作家、散文家和詩人。

那個矛盾的西班牙，照亮了大西洋兩岸的小說、戲劇和詩歌，出了許多精湛作品：貢戈拉[145]、

145 Góngora，1561~1627，西班牙詩人。

胡安娜修女[146]、阿拉爾孔[147]、蒂爾索・德・莫利納[148]、卡爾德隆[149]、羅培[150]、奎維多[151]、塞萬提斯等那一票傢伙；幾乎都是同個時代，有些還住同個區，想像一下他們經過同樣的門、商店和小酒館，偶而遇到打個招呼「嗨，羅培」、「掰嘍~塞萬提斯」、「你好嗎？奎維多」。那個年代的傑出創作者多得驚人，身為西班牙人卻也不可免俗的用前所未聞的惡毒、刻薄的諷刺互相忌妒、憎恨；或用宗教裁判所告密；他們共同建立起一座巨大的、今天有五億五千萬人使用的語言紀念碑。想想那些去他媽的天才，假如他們是英國人或是法國人，他們的作品今日應該都是世界經典名著，他們的足跡也將被保存為國家歷史遺跡。不過各位看到這裡都已經知道，西班牙是什麼做的、怎麼做的跟想做什麼。不相信？那各位去馬德里時去看看文學區，羅培、卡爾德隆、奎維多、塞萬提斯都曾住那裡，各位就去找找他們的紀念碑、博物館、書店、圖書館吧。

你們知道最糟糕的是什麼嗎？就是西班牙人都不會覺得丟人！

146 Sor Juana，1648~1695，墨西哥作家，自學成才的學者，也是巴洛克藝術學派的科學思想家，哲學家，作曲家和詩人。她也是墨西哥聖哲羅姆派的修女，人稱「第十繆斯」，「美洲鳳凰」或「墨西哥鳳凰」。

147 Alarcón，1833~1891，西班牙詩人、小說家，主要文學成就在於小說。

148 Tirso de Molina，1579~1648，西班牙巴洛克劇作家，詩人和羅馬天主教修士。

149 Pedro Calderón de la Barca，1600~1681年，西班牙劇作家、詩人，一生寫了一百二十多齣喜劇、七十多齣宗教劇和二十多齣幕間短劇。

150 Lope de Vega，1562~1635年，西班牙劇作家、詩人；一生創作了三千多首十四行詩、三部小說、四篇短篇小說、九首敘事詩、三首教學詩以及大量的劇本，嘗試了除流浪漢小說外的所有文學創作類型。作家的人生經歷與其作品一樣極其的豐富。

151 Francisco de Quevedo，1580~1645年，西班牙黃金時代作家。作品除了詩、劇作、文章以外也有寫過政治、哲學、歷史類作品。

29 摩爾人背鍋

腓力三世的年代，目前還是用軍事跟外交實力把世界捏得緊緊的；因為跟叛逆的荷蘭簽署休戰協議，所以戰事很少；輕而易舉得來的美洲黃金持續維持軍力。問題也就出在那些金銀：來得快去得也快，一如往常的西班牙風格，從未投資在真正的財富和未來，像是發明、開創先進產業、研究現代化；而且也帶來更多來宗教裁判所的問題（塞萬提斯就曾寫過：「把男人放在火上烤／把女人送進在娼館裡。」）

反正因為錢財太容易，所有的必需品就用買的。西班牙王室太過依賴美洲的艦隊，向熱那亞銀行借太多錢而負債累累，導致的財務危機不止是被吸血，連骨髓都被吸乾了。英國、法國、荷蘭那樣的敵人，就賣給西班牙他們無法自行製造的物品，拿走印第安奴隸從礦坑挖出來的、用大型蓋倫帆船運送，途中躲避海盜、暴風雨才帶回來的西班牙金銀。但並不是所有的人都受益；因為卡斯提亞透過塞維亞壟斷美洲貿易，其他西班牙地區不要說分一杯羹，連味道都沒得聞。

另一方面，腓力三世正往鋪張浪費的路上前進，他喜歡節慶、舞會跟精緻禮物；加上西班牙的外交關係根本就是從上到下的賄賂，從國外部長到羅馬的教皇都要給錢。這些造成了大筆檯面下資金交易，而比較精明的就靠這波賺了一大筆（太陽底下果然沒有新鮮事啊）。萊爾馬公爵（duque de Lerma）就是其中一個發大財的，他是國王的寵臣，一個什麼都不會的廢物，所以在他退休後就跑去當牧師，還不是小咖的神父，而是紅衣主教喔，就為了避免因為自身的無恥被審判、絞死；那個白痴在國王的准許下，建立了一套大眾貪汙系統，為之後幾個世紀的風格立下標竿；隨便舉一個例子：他讓腓力三世跟宮廷搬了兩次首都，從馬德里遷到巴利亞多利德，然後又復都馬德里，因為地方商家為了拚經濟因而賄賂他。

為了更了解當時整個情勢，我就給各位一些經濟上的小細節：國家充滿不事生產的貴族、鄉紳、修女和修士，真正在工作的人被稅金壓得喘不過氣（聽起來很耳熟喔？）；國庫每年收到少到可笑的一千萬領地賦稅，這筆錢一半要拿去維持法蘭德斯軍隊，而國家欠銀行、供應商的錢卻多到嚇死人的七千萬。任何人都知道不能再這樣下去了，但西班牙似乎怕壞事不夠多似的，還搬石頭砸爛自己的腳：也就是驅逐摩爾人。

摩爾人早在格拉納達淪陷完全是自己的功勞後，就跑去阿勒普耶羅斯躲起來；照理說他們得到允許可以在那裡保存宗教和習慣，但各位應該猜到了，他們在地區牧師的監督下被強迫受洗、吃醃豬肉，又被步步逼迫，那些偷偷摸摸的穆斯林，又被宗教裁判所清得一乾二淨。絕望的摩爾人於一五六八年起義，又是一場血淋淋的內戰，叛亂份子雖然有法國跟土耳其的幫助，還是被結結實實的打了一頓，造成摩爾人四處逃散。

他們總是站在布道台下被挖苦，因此從沒真正融入過占多數的天主教，但他們很多是偉大的農民、手藝精湛的工匠，之所以擁有財富是因為他們刻苦、有創造力和節儉。結果小有積蓄就成了忌妒的理由「這些死摩爾仔一定在搞什麼」，最後用了「與沿海柏柏人勾結」的藉口（他們住沿海，難免會打交道），腓力三世下了驅逐令。一六〇九年，在西班牙龐大的可恥歷史中，「憑實力」又添了一筆恥辱。西班牙把摩爾人運往非洲，沿途還順便打劫。失去如此重要的生產力，帶來了毀滅性的經濟災難，尤其在阿拉貢和萊萬特地區。損失不但持續了幾個世紀，有些甚至從未恢復；但是注意唷，一九六一年我學校的歷史書上曾出現過這段自我安慰的字句：「對和平與宗教來說，好處仍是無可比擬。」（神父維森特・泰納寫的，天主教出版許可）

30 奧利瓦雷斯伯—公爵，強烈的無能為力

到了腓力四世，愛嫖妓與宗教狂綜合體的國王，此時西班牙靠祖蔭過活；隔著一定的距離時，西班牙虎威猶存，誰也看不出來這隻大貓有胃潰瘍，牙齒也蛀光了；再說名聲又不能拿來吃，而西班牙人越來越需要填飽肚子。靠著當年的餘威度日，雖然讓西班牙整個十七世紀沒那麼難過日子，但好日子總有結束的一天。

國王腓力四世遵循他老爸傳統，整天不是泡在彌撒，就是在泡劇院女伶，一天教堂一天床的過日子；他將權力交給他的寵臣，奧利瓦雷斯伯—公爵手上；不過這位還行，他有想法也還算聰明，雖然說管理這麼大的一鍋粥，對誰來說都不容易。奧利瓦雷斯雖然有點固執、傲慢，但也精明又努力，勤奮得很罕見；他想把國家做起來，計畫把西班牙改革成當時現代化國家的樣子，也就是說，一套集中、強大且有效的行政管理系統，而且所有人都認真執行；實施改革可會花上幾個世紀，但那些持續下去的國家後來都遙遙領先。

可惜的是，從腓尼基人到中世紀國王、摩爾人為止，就如我們前面二十九章所說，西班牙有其

獨特的運作方式，跟《今天暫時停止》一樣無限循環。讓我舉個例子說明，有咖啡，那每個人都得要發一杯，當然嘍，公平嘛；但與此同時，這個要黑咖啡，另一個要三分之一的牛奶，還有要拿鐵、美式、無咖啡因、土耳其、加點柚子皮的，我則要加薄荷精油。結果就是，就連安達魯西亞的梅迪納－西多尼亞公爵，也想搞點事，獨立什麼的。這個情況下，可能連上帝都救不了西班牙吧，更不要說奧利瓦雷斯了。他每當下一個決策都會有反對的聲音。

另一方面，要讓鄉紳滿街走的國家（就算不是也假裝是，奎維多就寫道：「就連鞋匠跟裁縫都自以為是老天主教徒；逛街都把劍別在腰上。」），重新開始從事農業、畜牧、商業，像是歐洲其他因此富饒的先進國家那樣，簡直就是枯木生花，痴心妄想，就跟要榆樹生梨子；要公證人誠實；要宗教裁判所慈悲為懷一樣，不可能！

我們的朋友奧利瓦雷斯在金融改革方面運勢也不好，卡斯提亞的貴族、上層階級雖然是美洲黃金直接受益群，但也因戰爭和賦稅損失人力與金錢。公爵想讓西班牙其他領土更參與國事，以換取利益跟一些有的沒的；結果被打槍「現在不可能！別想動我的特權！祖國母親只有一個，就是我這片土地；而你，奧利瓦雷斯，走在路上要小心」。結果就是卡斯提亞不論好壞都繼續照單全收；其他人依舊各自為營，巴塞隆納繼續跳他的民俗舞蹈沙當那舞、瓦倫西亞吃他的海鮮飯，阿拉貢則跳他的火踏舞。

奧利瓦雷斯非常清楚西班牙是怎麼樣的一群人，所以他不想採高壓手段，或像其他國家一樣不聽話就把腿打斷（就像黎希留那樣讓法國全面崛起，鞏固中央集權，也不用擔心路易十四），他只敢輕聲細語；但很可惜，歐洲爆發了三十年戰爭，西班牙被哈布斯堡親戚拖下水，後來卻被拋棄。奧利瓦雷斯想要加泰隆尼亞、瓦倫西亞、阿拉貢議會捐點軍事補貼金，瓦倫西亞、阿拉貢費盡唇舌，說好說歹後被說服了；但加泰隆尼亞卻在那邊唱「你是你我是我，縱然說了再多的話～也沒用，理由和藉口再多～也不付錢錢」，還高喊「我們被卡斯提亞打劫」。

沒有最糟只有更糟，跟荷蘭的休戰結束了，西班牙恢復與法蘭德斯的戰爭，需要更多的大方陣跟錢錢，因此奧利瓦雷斯最後想了個招數讓加泰隆尼亞身陷其中：從加泰隆尼亞地區的庇里牛斯山攻打法國；但是結果大大出乎意料：西班牙皇家軍跟加泰隆尼亞軍八字不和水火不容（加泰隆尼亞：「沒有人會喜歡上偷我們牛羊、摸我們聖女像的人，好嗎？」），下一章我會詳細道來他們怎麼互毆。

31 加泰隆尼亞內戰

大約在十七世紀中期，腓力四世還在位，西班牙開始像那首探戈的歌名一樣「下坡」。但這為了不落窠臼，所以來個「加泰隆尼亞內戰」吧。

實際上外戰戰況一開始還沒那麼糟糕，西班牙的大方陣步兵從法蘭德斯進軍，把法國佬打得哭爹喊娘；可能大家都不記得，不過西班牙幾乎快攻到巴黎；後世的德軍倒是解鎖了「侵占巴黎」成就，還打了個三四次，因為法國的路上都是樹，是攻擊最好的掩護。但檯面上看似順利，其實私底下驚濤駭浪。加泰隆尼亞可是一丁點兒也不想為此戰爭做出什麼貢獻，加上戰線又在此地；於是奧利瓦雷斯採取了對當時來講太前衛的手段，大約要一個半世紀後該方法才會開始流行：他打算不理會地方特權、稅賦優惠，結果事情變得更糟；此時西班牙動盪不安、充斥著暴亂、騷動。採取鎮壓的結果就是更多的暴動，最後在一六四〇年，巴塞隆納農民暴動，總督被殺，點燃戰火；奧利瓦雷斯採取「打到你們聽話為止」的高壓手段，此舉讓塔瑪利特和克拉里斯神父[152]的人馬更加有藉口騷亂（在西班牙什麼狗屁倒灶都有神職人員湊一腳）。從那個時候開始至今，無論是因為激情或是利益，也不管在安道爾有沒有開戶逃稅，激進份子總是鼓譟眾人，以維護自己利益。西班牙烽火四起，一邊是氣憤難平，節節敗退的西班牙皇家軍，另一邊是對西班牙大開殺戒的反叛軍；十二年的殘酷戰爭，西班牙失去了大半的加泰隆尼亞；而兩軍交鋒倒楣的永遠是夾在中間的百姓，這是定律。

西班牙原本在歐洲戰爭就打得如火如荼；但當敵軍逼近，西班牙只好撥一批大方陣對抗加泰隆尼亞，此時的反叛軍一聽到消息，不曉得是選擇性失憶，還是先無限延期「獨立」的目標，立馬投入法國國王的懷抱，被納在法國的羽翼下成了附屬國以求保護（我手上就有一本巴塞隆納出版，獻給親愛的尊貴的法國國王的書，姿態低到嚇死你），也毫無壓力的自稱「巴塞隆納伯爵」（這已經是最高的職稱了，因為有史以來只有阿拉貢有王國）。

加泰隆尼亞眼神真夠好的，把沒那麼專制的西班牙，換成歐洲當時最絕對專制、極權的法國路易十四（不信的話可以比比看四個世紀後的今天，西屬跟法屬的加泰隆尼亞地區雙方的自治程度）；這夥法國新晉臣屬國簡直就是搬石頭砸自己的腳，因為不久後他們就發現法國派來的人比之前西班牙的還要無情；感謝加泰隆尼亞搞了這麼一大齣戲，結果就是加泰隆尼亞（更廣泛的來說其實是西

152 Francesc de Tamarit，1600~1653，政治家。Claris，1586~1641，天主教神職人員、政治家，也是加泰隆尼亞議會成員。兩人是一六四〇年至一六五九年間加泰隆尼亞戰爭（又稱收割者戰爭）的關鍵人物，帶領加泰隆尼亞反西班牙。

班牙），永久失去了魯西永，也就是現今法屬加泰隆尼亞區；西班牙就這樣在世界的戰場上，被後方自家人炸了個屁股開花。

當時法國也想學西班牙當世界的主宰，盡可能的把握每一次機會，因為西班牙此刻要面對非常多的敵人：葡萄牙揭竿、英國人從美洲那邊挖牆腳，克倫威爾[153]那個他媽的混蛋竟然想把墨西哥變成英國殖民地；幸好隨著簽署《西發里亞和約》，結束了三十年戰爭，只剩下怒目相視的西班牙和法國。

西班牙終於能集中砲火，也決定要該清的清該丟的丟，於是腓力四世的親兒子——奧地利的璜．何西，「用**絕對的西班牙主義**，用鮮血和火焰再次征服」（這是歷史學家說的，不是我），從萊里達進攻；而加泰隆尼亞也受夠了他們的新國王法國的暴行和虐待，結果就是加泰隆尼亞所謂的「反西班牙」其實從未發生過。每次都這樣。

最後巴塞隆納投降了，勝利的西班牙軍隊以「解救被法國壓迫的解放者」受到熱烈歡迎，有點像一九三九年歡迎佛朗哥軍隊那樣，請自行搜尋照片，歷史就是這麼可笑。加泰隆尼亞的資產階級再次開張，地方特權跟以往一樣，結案！加泰隆尼亞至此又走回了老路子，維持了半個世紀。

153 Cromwell，1599~1658，他於一六四九年斬殺了國王查理一世後，出任英格蘭、蘇格蘭、愛爾蘭聯邦之護國公，統治了五年。他繼續執行伊莉莎白的政策，西班牙再次成為英國的首要敵人，對西班牙作戰也成了全國的神聖大業。

32 法蘭德斯的夕陽

如此，一天又一天，過去的世界的霸主、那個隨便一跺腳就全世界就地震、每次聯賽總冠軍的西班牙哈布斯堡王朝，現在「恰是一攤死水向溝流」。

假如我們開始細數，西班牙的無能之輩、不中用的政府、數不清的米蟲（牧師、修女、修士、貴族、鄉紳等）、內部的腐朽、誰有機會都想分一點好處，事實上能撐大約一個世紀半已經算滿久了。**國王只有一個但王國很多**，這些王權外的稅賦優惠和特權還維持一個世紀多都不能動，這種情況怎麼維持下去；很明顯西班牙當時沒有別的解決辦法，照老路子走下去西班牙沒有未來，所以才會改革，意欲終止這個荒謬至極、像《今天暫時停止》一樣無限循環，否則就算國家再怎麼團結強大還是會玩完。但結局卻是腓力四世要奧利瓦雷斯伯－公爵提早退休，去鄉下養老；最終西班牙現代化國家的夢想，經濟、政治和軍事上強大而集中的企圖（就像黎希留在法國所做的一切），就在多方勾心鬥角之下被五馬分屍了。

當時西班牙與半個歐洲在打仗，另外半個歐洲也對西班牙懷著高度懷疑；因為三十年戰爭、西荷戰爭、加泰隆尼亞內戰，造成西班牙元氣大傷又奄奄一息，引起拿坡里革命[154]；安達魯西亞的梅迪納─西多尼亞公爵、阿拉貢的伊哈公爵、納瓦拉的米格爾．伊都維德紛紛造反鬧獨立，加上最後一根稻草──由法國、英國和荷蘭聯合贊助的葡萄牙獨立戰爭（這幾個國家完全不想看到伊比利半島再次合體），戰線的後方又破了一個大洞，西班牙多災多難，幾欲滅頂，被世界排擠，稅目繁多，被剝奪權利，而理論上美洲殖民地應該可以提供一陣子的資源，也被敵方海盜騷擾，還要揹黑鍋。

一六四〇年，葡萄牙人決定在西班牙統治六十年後恢復獨立，他們對西班牙人說「你們去吃屎吧！」。於是布拉干薩公爵稱王，成為約翰四世[155]，開始了長達二十八年的戰爭，而西班牙賠了夫人又折兵。這場戰爭是由一系列長期的地方暴動，小規模衝突、入侵組成的，一開始趁著西班牙在其他地區戰事頻繁，無法派遣太多軍隊到葡萄牙，先把西班牙人跟支持者統統抓起來，然後把國務卿從窗戶推出去；此時的戰爭規模雖小但也很殘酷：充滿仇恨，就像鄰居之間的憎恨一樣，到處都是突襲、搶劫和謀殺，讓住在戰線地區、埃斯特雷馬杜拉的居民和農民不堪其苦。

而西班牙極其無能，軍隊節節敗退，在蒙蒂茹（Montijo）、埃爾瓦什（Elvas）、埃武拉（Évora）、撒爾加德拉（Salgadela）、蒙蒂斯克拉魯斯（Montes Claros）等地都被糊了滿臉的敗仗，因此很快的在一六六八年簽署《里斯本條約》之後，葡萄牙憑著一己之力而獨立，西班牙如今只留下以前曾是葡萄牙領地的休達。

同時，西班牙在歐洲戰爭上也是處境很不妙，一連串的妥協、放棄、損失；最後只剩下西班牙與強敵法國年輕國王路易十四，齜牙咧嘴的對決。從千辛萬苦打出來，鼎鼎大名的「西班牙路線」（Camino Español）——熱那亞、米蘭、瑞士，向法蘭德斯派軍，而西班牙大方陣步兵，在義大利和天主教法蘭德斯軍的支援下，在數個前線上跟法國拚個你死我活，把僅存的金錢和熱血都灑在那裡；最終法國贏了一場戰役，也就是大名鼎鼎的羅克魯瓦戰役[156]，此役沒有傳說中的重要，因為後來的幾場戰役有輸有贏，但仍成為西班牙衰弱的象徵：西班牙對戰經驗豐富、一個半個世紀威震全歐洲的大方陣，在戰場上，在陣形中，忠於他們的威名和榮耀，默默無謂的任自己被敵方絞碎。於是，曾是半個世界主宰的西班牙的太陽，也在法蘭德斯下山了（即便未來的兩個世紀多看起來領地還是很多，但名存實亡）。

154 一六四七年，因為不滿之前西班牙首相奧利瓦雷斯公爵的集權政策，拿坡里漁夫馬薩涅洛（Masaniello）發動了一次革命，創立了獨立的拿坡里共和國，不過幾個月後就恢復了西班牙人的統治。

155 Juan IV，1604~1656，稱王前稱號為布拉干薩公爵（Duque de Braganza），綽號「復國者約翰」，是葡萄牙的國王，使葡萄牙從西班牙統治中恢復獨立。他建立了葡萄牙的布拉干薩王朝，也結束了六十年的伊比利聯盟。

156 La batalla de Rocroi，發生於一六四三年五月十九日，三十年戰爭期間。交戰雙方為路易二世率領的法國軍隊和西班牙軍隊，地點在法國羅克魯瓦。該戰役以法國軍隊的獲勝告終。

33 王朝大拍賣

現在時間來到了卡洛斯二世（Carlos II）。如果說這個帝國在曾曾曾祖父查理五世在位期間，曾經到達了無與倫比的高度（唯一可媲美的可能只有羅馬帝國了吧），那麼現在，小卡二世在位期間，西班牙則處於谷底中的深坑，低到接近地心的境界。版圖曾經擴及南北半球的西班牙王朝，沒有理想中的和諧、繁榮、井然有序；反而像是詩人埃斯普龍塞達（Espronceda）的嘲諷：精疲力竭的卡斯提亞，周邊的一些附庸國，還有一些西班牙完全不在意的海外殖民地，其態度是「關我屁事，只要有定期運黃金白銀，讓我愛打誰就打誰」；但經濟危機還是讓西班牙減少建造的船隻數量，海軍軍力大幅削減，美洲交通也被英、法、荷海盜壓制。

現在西班牙已經不再宣戰，而是被宣戰的一方。海外殖民地不算的話，西班牙在歐洲幾乎失去了所有的領土，只剩不含葡萄牙在內的伊比利半島、義大利、現今的比利時跟一些零星地區。當然西班牙也還沒從國際舞台上消失啦，只是這個過去曾經充分發展，在歐洲集權、有力的政府，如今古老又疲憊的王朝，下滑到第二，甚至第三。不過就算西班牙想再崛起，也力不從心：一個世紀就有過三次瘟疫，戰爭和飢荒造成一百五十萬的人口死亡；驅逐三十萬摩爾人所造成的後果在此時特別明顯；西班牙半數以上都想當修士、修女，以期不用參戰還可以吃口熱食，因為天主教會是此時唯一不但沒有變衰弱，還蒸蒸日上的，在百姓的日常生活中份量頗大，仍然時不時的攪動「異端傳說」，國王跟他的懺悔司鐸和兩個神父睡同一間房，這樣才能保護自己免受魔鬼的侵擾；而就是在這些每晚往國王的床上灑聖水、禱告「國王快點生孩子」的手，於一六八〇年掐死知識份子興起。

十七世紀末西班牙人關注的並不是王朝的崩壞，而是王后生了沒，為此國王前後還娶過兩任呢。國王卡洛斯二世體弱多病，而且有點瘋癲；不過這也沒什麼好奇怪的，畢竟他是叔叔跟姪女結婚生下的兒子，而且他八個曾祖有五個是瘋女胡安娜的直系血親，所以各位可以試想一下他病歷的厚度和字數；而且他醜到爆！不過就算如此，他也是西班牙唯一的國王，所以還是得從他身上找種。第一任王后是法國來的，奧爾良的瑪麗．路易絲（María Luisa de Orleans），她沒有生，而且年紀輕輕就死了，不知道是被無聊死的還是噁心死的；於是第二任就特別找來家族女子個個都像兔子一樣多產的，德國諾伊堡的瑪麗安娜[157]（作家胡安．埃斯拉瓦．加蘭[158]用他一貫細緻的心理分析，描

157 Mariana de Neoburgo，1667~1740，卡洛斯二世的第二任王后。

158 Juan Eslava Galán，1948~，西班牙歷史作家、學者，對西班牙的中世紀史有深入研究，擅長寫歷史題材，自一九八七年發表的處女作《尋找獨角獸》大獲成功以來，一直筆耕不輟，著有數十部虛構及非虛構類作品，多為歷史題材。

述此女「野心勃勃、精於算計、傲慢自大、很難相處且性生活不滿足，非常適合到ＳＭ店當調教女王」，如此精闢，我都不用再補充說明。這位德國妞再怎麼努力（一想到她如何「努力」就讓人覺得很恐怖），就算有耶穌會修士跟顧問大臣在旁助陣，她都沒有懷孕，卡洛斯二世無嗣而終。

就像之前所說的，西班牙當時雖然已經退到第二，但是餘威猶存，還是有其份量；至於美洲殖民地嘛，如果能像北邊的英屬殖民地那樣管理得宜，學他們把印第安人趕盡殺絕，然後搞點賺錢的生意，看起來似乎前景光明。

卡洛斯殘生將盡的最後幾年，被一群人所主導的各類陰謀、詭計圍繞。包括王后和她的教會助手（這群人個個都自備湯杓隨時準備搶撈一杯羹）、法國和哈布斯堡貴族（他們很期待為新君主所用），以及腐敗的西班牙統治階級（他們在卡洛斯二世期間能汙就汙，能拿就拿，反正不論誰來他們都爽爽過）。十七世紀一開始，西班牙還是宇宙的主宰，不可一世；而在世紀的最後一年，一七〇〇年十一月，哈布斯堡最後一任君王被埋在冰冷的墓陵，王位虛懸，西班牙舉國悲慟、哀傷，好像死的是自己慈愛的親爹。

看樣子又要掀起一場內戰了，嘖，內戰是西班牙風俗、是習慣，你知不知道？沒看他們一個個的都在摩拳擦掌了嗎！

34 軍事、外交災難

前一章說到了卡洛斯二世死於一七〇〇年。他因為無嗣，快要死前就有一堆傢伙，在他耳朵邊拚命為「王位要留給誰」這個問題吵個不停，是法國的波旁呢，還是還是其他地方的哈布斯堡王室；最終他簽下「波旁王朝」後就兩腳一蹬，翹辮子了。

這位波旁家中了「西班牙王國」大獎的小朋友（這獎可真大！）叫做腓力五世，他是路易十四之孫，他不情不願的來西班牙，因為他感覺「有衰事即將發生」。

另一方面，被拒絕的另一位候選人，哈布斯堡王室的同宗，奧地利大公查理不爽了，而且他王室家人比他更不爽；英國這次沒有參加資格，但是他們一貫的政策就是反對歐洲強權、善政（所以他們才會參加歐盟，這樣才能從內部分裂他們），所以英國支持哈布斯堡以對抗法國，再加上是親戚也是盟友的西屬美洲，搞了個聲勢浩大。

繼承者戰爭就是這樣開始的，打了十二年，最後還轟轟烈烈變成全歐洲的戰爭（因這這一大票傢伙喜歡選邊站）。雖然大家都參加了，但是買單的都是西班牙：奧地利、英國和荷蘭人像禿鷹一樣盤旋觀望，一有機會動靜就蓄勢待發；西班牙在義大利的領地被侵占，安達魯西亞海岸被搶，往來美洲的艦隊被攻擊，里斯本海岸也停靠了擁護哈布斯堡家、準備攻打伊比利半島的軍力。這種昏天黑地的日子既殘酷又漫長，還犧牲頗多，因為戰線大多都在西班牙，不只這樣，就連西班牙內部省份，也依個人的財務利益情況各自為政，卡斯提亞、納瓦拉跟巴斯克地區站在法國腓力五世那邊，另一方面瓦倫西亞、阿拉貢王國、包括加泰隆尼亞，則是站在奧地利大公查理那邊。

哈布斯堡軍駐紮巴塞隆納和馬德里，在阿爾曼薩（Almansa）、布里韋加（Brihuega）、比利亞維西奧薩（Villaviciosa）等地打了幾場戰役。最終結果是由法國波旁王室在西班牙獲得勝利；腓力五世損「西」利己的勝利，犧牲的是西班牙，軍事和外交崩壞殆盡，就連輸家奧地利大公查理都得到一些好處。隨著簽署《烏得勒支和約》[159]，迎來了和平，所有的國家都分得一杯羹：法國依舊是歐洲第一強，但西班牙所有的歐洲領地都被瓜分掉了：比利時、盧森堡、薩丁島、拿坡里和米蘭掰掰；梅諾卡島和直布羅陀也被英國人留下來當作他們地中海艦隊的海軍基地。而西班牙只剩下嚴重的內部分裂，簡單來說是「加泰隆尼亞紛爭」。

可能是半個世紀前被法國統治過造成的陰影，加泰隆尼亞支持的是奧地利大公查理；再加上之前腓力四世在「光復」加泰隆尼亞時，可是把法國佬蹂躪的很慘；所以用膝蓋想也知道路易十四會怎麼要他乖孫「處理」該區的特權、稅賦優惠什麼的；更何況現在波旁王室想將這自古就魑魅魍魎、各自肚腸之地重新集權化，腓力五世就頒了像這樣的法令：「由於我希望西班牙所有的王國減少相異，所有法律、方式、習慣、法庭皆統一同卡斯提亞王國，因此我認為廢除、取消一切特權乃為上策。」

此令一出，把原本支持哈布斯堡還是波旁的立場問題，演化成又一場內戰，之前開牌後可是連阿拉貢王國都乖乖的承認腓力五世，然而因為加泰隆尼亞、巴利阿里群島押錯邊後不服輸，為西班牙老是犯傻耍白痴的歷史，又增添了一次紀錄。巴塞隆納還在那邊痴痴等待永遠沒來的英國援助，不但如此，老盟友這次還封鎖他們的海路，他們被所有人拋棄，攻擊、轟炸，悲情又壯烈的防守，最後當然是輸嘍。輸了就要付出一些代價：腓力五世為了解恨，將加泰隆尼亞所有特權、稅賦優惠統統取消（一直到第二共和國時期才恢復）；但巴斯克、納瓦拉因為發誓效忠波旁王室，所以特予保留。

不過令人羨慕的是，戰敗隔天加泰隆尼亞又開始工作了（雖然被取消了特權，但也給了些好處，像是得以與美洲貿易），展開了三個世紀的經濟發展，成就如今（或曾經？）眾所皆知、繁榮勤奮的加泰隆尼亞。

159 Paz de Utrecht，一七一三年四月至五月由歐洲多國於荷蘭烏得勒支簽署的和約，旨在結束西班牙王位繼承戰爭。該和約不是單一的文件，而是一系列和平條約的總稱。

35 外來的不良主張

波旁王室在西班牙的第一任國王腓力五世，老實說也不是什麼聖王賢人。他因為神經兮兮，後來禪位給兒子路易斯一世，這兔崽子無恥又愛喝花酒，還好他死得早，十八歲就嗝屁，真是不幸中的大幸；腓力五世只好復位，不過只是掛個名，事實上管事的是他老婆埃麗莎貝塔．法爾內塞[160]王后，加上紅衣主教阿爾貝羅尼（Cardenal Alberoni）跟羅德里達男爵（Barón de Riperdá）的支持。

局勢像是在走高空鋼索，西班牙隨時會跌得粉身碎骨，但這次還滿幸運，因為時代改變了。歐洲緩緩地朝向理性與未來前進，西班牙新王朝也與法國聯手開啟國家大門，引進新觀念；我之前提過好幾次的高中二年級教科書中就寫道：「外來的不良主張滲透我國。」（再次聲明，此書有天主教出版許可，維森特．德納牧師所著）事實上滲透的還不夠，再滲透多一點就好了；不過有總比沒有好。

教會的頑石跟西班牙貴族階層不可能永遠阻礙歷史進展；歐洲開始湧現許多新思想，開始出現有知識、有見識的智者；比起在那邊爭論「地獄是固體、液體還是氣體？」，他們對牛頓的《自然哲學的數學原理》還更有興趣；那些想藉由科學和進步來達到現代化的人，終於出現在庇里牛斯山脈以南這個蛇鼠一窩的黑暗地了！終於！

社會逐漸發展成適合進步的環境，隨著時間流逝，變得更明顯；腓力五世執政的兩個時期，由於西班牙王室與法國同宗而有所聯繫，因此被捲入幾次與自身無關的歐洲衝突裡，想也知道沒什麼好處；雖說如此，但內政方面還是有所改善，或者說開始想改善，在十八世紀初，西班牙首次將「宗教」與「司法」分開，並且至少想嘗試將「犯罪」與「罪孽」分開定義。開始有一些不錯的公務員，像是睿智的官員、部長，甚至軍人，他們會閱讀，懂科學，也比較會聽智者、哲學家的意見，而不是盡信懺悔司鐸，他們比較擔心活人的生活，勝過死後的靈魂。西班牙人口當時少到剩六百萬，其中有五分之一是乞丐，剩下的幾乎都是修士、修女、鄉紳、收租的跟遊手好閒的人，然而這麼個財務、國際信譽都破產的國家，漸漸地抬起頭來。

在一七四六年，情況更加好轉，腓力五世的兒子，新國王斐迪南六世，勇敢的對戰爭說「不」，而且繼續任用適任的官員，一些有能力、有知識、有工作意願跟有遠見的人；儘管十八世紀還是有些權力與政治方面的紛擾，但這可能是讓聞者傷心、聽者流淚的西班牙歷史上，最有希望的時期。

160 Isabel de Farnesio，1692~1766，腓力五世的第二任妻子，她對當時西班牙的外交政策有很大的影響力，她在一七一四年至一七四六年是西班牙實際上的統治者，並於一七五九年至一七六〇年擔任攝政太后。

在前半個世紀，科學、藝術受到重視，西班牙建立了現代、有為的海軍，並在國家和王室的保護下，建立了語言學院、歷史學院、醫學院和國家圖書館；讓有效率且傑出的部長、官員上任，像是國務卿帕帝紐[161]、恩塞納達侯爵[162]，說到後者就不得不提，恩塞納達侯爵就是一個大寫的鶴立雞群：這廝有知識、有能力、活躍積極，乃賢臣之典範也。他與歐洲最傑出的科學家、哲學家往來，鼓勵農業發展，開放灌溉渠道，改善運輸和通訊，恢復皇家軍隊，維護科學與藝術相關事項；總之就是位不得了的大人物，惠及全西班牙，功德無量。不過為了維持優良傳統，現代全西班牙的小學生沒人知道他是誰，嘖！

不過這些進步、現代化過程並非一帆風順，有兩大勢力在其間不斷阻礙西班牙的復甦：首先外在因素是英國，整個十八世紀西班牙最邪惡卑鄙的敵手；另一個則是國內，跟前述一樣無恥，表現得最極端、反動的天主教會，他們認為「啟蒙運動」簡直是撒旦的化身，不過我們把它留到下一章再討論。

161 José Patiño y Rosales，1666~1736，於一七三四年至一七三六年被任命為國務卿。

162 Marqués de la Ensenada，1702~1782，恩塞納達侯爵曾先後在兩任王廷效力。一七四三年，恩塞納達侯爵被腓力五世任命為首相，當時只有四十一歲。斐迪南六世即位以後不計前嫌（侯爵原本是支持埃麗莎貝塔・法爾內塞王后），仍然任用他為首相，完成多方面的改革。

36 理性退散！

我們說到了十八世紀，介於國王斐迪南六世和卡洛斯三世，此時歐洲的啟蒙運動和現代主義勢不可擋，西班牙也逐漸從泥沼中脫身，建立了「經濟社會乃國人之友」觀念，開始流行科學、文化和進步。

然而進步的潮流與天主教會的極端保守派互相牴觸，教會死命壓著浸在聖水裡幾個世紀的西班牙，就算快被淹死也不想放手；因此，激進派的就利用布道台和懺悔室，拚了命的詆毀「現代化」，還把地獄所有的懲罰都留給它。值得慶幸的是教會之中還是有些有學識、思想進步愛閱讀的**革新者**，讓情況逐漸有所改變。

因為新世紀的神——科學，會讓宗教蒙上一層陰影，神學家和宗教裁判所不願失去他們的影響力，只好向孟加拉虎一樣張牙舞爪繼續捍衛自己。所以當英國和法國的科學受到關注和尊重的同時，西班牙的科學家只敢輕聲細語低調做人，因為要是他們的科學研究膽敢挑戰信仰的教條，非常有可能引來宗教裁判所。這使知識淵博之人謹慎的保持緘默，「兄弟，還是別惹麻煩吧」，甚至還造成一些混亂，像是豪爾赫．胡安和烏略亞，兩位當時傑出的海軍、科學家，在美洲測量子午線的過程中，不得不自我審查一些結論，以免與神學家相矛盾；或是在有點危險可能會被注意到的情況，某些科學書籍會出現下列奇怪的警告：「此事雖然似乎已被證實，但不可相信以免違反天主教教義」，真是機車！

這就是為什麼其他國家有洛克、牛頓、萊布尼茲、伏爾泰、盧梭或達朗伯，就連法國也有《百科全書》，而西班牙只有費赫神父（el padre Feijoo）所編寫的《萬物綜合評論》[163]；有人敢寫就感激涕零了，因為當時大家都害怕被陳舊、卻是大學和布道壇主流的亞里斯多德主義、排他主義的思想家、神學家跟道德魔人指責；他們害怕把才華、夢想和未來扼殺在那個沒有出路、惡名昭彰的泥淖裡。

如此，當其他國家在物理、解剖、植物、地理和自然歷史發展神速，西班牙就像霍維利亞諾斯[164]描寫的「我們折斷脖子，在教室裡大吼大叫，爭論著『實體究竟是個體還是類似』」。像這樣的迂迴曲折、九拐十八彎，讓西班牙離實際的進步漸行漸遠，那些博學多聞、還要很勇敢的人，追求真理的道路更加蜿蜒崎曲。但即使困難重重，他們仍舊想辦法跨越阻礙和危險（說句公道話，當時也有不少值得尊敬的神職人員）。當時政府決定在大學新增牛頓的物理學說，卻遭到大部分校長跟教授反對；或是當卡斯提亞議會請比利亞爾潘多的方濟嘉布遣會，在大學新增新興科學時，老師卻拒教新內容。就這樣，西班牙在「進步、現代化」的道路上不但走得比別人慢、跌跌撞撞，還打一下走一步、不情不願。

當時所有歐洲主要的文本幾乎都被列在「禁書目錄」。對於那些想讓西班牙走出困境、展望未來的人來說，似乎只剩下兩條路可以走：一是加入歐洲知識精英交流、參考他們閱讀的書籍，並伺機將公認的權威專業工、發明家、工程師、教師和智者引進西班牙；另一個辦法就是出國留學、考察，去歐洲主要城市，看看人家是怎麼融合科學與進步，然後帶著嶄新的思想，願意在西班牙實施應用。不過這實在是少之又少。

一邊是保守、排外，用激進手段維護王權、祭壇和本土主義；另一邊則是開明，願意為理性、文化和進步敞開大門，這兩種意識形態將會在十八世紀形成巨大的鴻溝；而大部分的西班牙人、普通百姓，大多都沒受過教育、野蠻又冷感，他們哪邊都不在意也不支持。

163 Teatro crítico universal，以一零八篇論述構成，試圖糾正或質疑（當時）舊的迷信、偏見和習慣之書，涵蓋的主題很廣：語言、物理、自然科學、醫學、經濟、法律等，是十八世紀飽受爭議但非常受歡迎的作品。

164 Jovellanos，1744~1811，西班牙新古典主義政治家，作家，哲學家，也是西班牙啟蒙運動時代的重要人物。

37 背信棄義的阿爾比恩[165]

西班牙十八世紀的敵人還真不少，其中威脅最大的外敵就屬英國了。英國最大的願望大概是歐洲永遠不要有好政府，尤其是他們海上的死對頭，海上霸主西班牙帝國。再說西班牙在美洲的財產令人垂涎三尺，更不用說在大西洋上的黃金航線，令人心動更想行動。儘管西班牙在逐漸恢復，但因為缺乏工業，幾乎所有的東西都只能靠被奴役的原住民從礦坑開採，然後用由蓋倫帆船運回西班牙的大量黃金、白銀購買；重點在此，倫敦市有很多財富都是從西班牙和其殖民地身上挖的，西班牙龐大的利益造成了大家爭先奪後哄搶。

西班牙壟斷美洲貿易讓英國商很看不下去，所以就派出官方海盜（顧名思義就是英國王室授權的海盜）、海盜（自己想搶的）跟走私商。大家爭相想搶西班牙船，還會因為排隊秩序問題搶到大打出手、拳打腳踢，深怕排到最後一個；西班牙一出船就像是賣場黑色星期五特價限量商品，總是造成哄搶。當然受益的也有居住在北美英屬殖民地的，他們資產階級興隆得很，自己的跟走私的生意都大幅增長，還一邊殺光當地原住民，賺了一個盆滿缽滿，富得流油，使他們開始考慮脫離英國。

而西班牙雖然從哈布斯堡王室離去時的災難中恢復不少元氣，嘗試推廣「啟蒙運動」也讓西班牙有點未來，公共工程、先進科學、郵政、通訊大幅進展，但仍未完全東山再起。此刻幸好有一些像恩塞納達侯爵那樣不錯的人物，正面對決英國，改革西班牙皇家海軍，並且配備了優秀的艦艇和出色的軍官；雖然西班牙重返一線強國的時機已經太晚，但此政策讓西班牙至少在十八世紀下半場的海上實力能受到尊重。能夠證明恩塞納達侯爵的政策方向正確的，就是英國不斷挖坑、搞陰謀和用賄賂的手段，直到國王將他解職（只能說這就是西班牙，英國對其弱點瞭若指掌）。英國大使還寫了一封信致倫敦歡慶他倒台，沒有什麼比這封信更能證明侯爵的功績，同時也證明了西班牙多丟人：「皇家海軍的主要推廣項目已經暫停；西班牙也將不再建造船」。

不過無論如何，不管恩塞納達侯爵在不在職，十八世紀的西班牙在海上實力堅強，一直到特拉法加海戰才一敗塗地。問題就出在於西班牙即便擁有強大、精良的船隻，有受過科學和航海訓練的精英軍官，但就是缺少優秀的船員；因為海軍招募制度惡名昭彰，薪水低到嚇死人，如果因公傷殘那餘生就只能又慘又窮；不像英國的海軍，人家的待遇跟福利都超好，而相較之下西班牙船員一毛錢都看不到，導致一些經驗豐富的水手都不會去皇家海軍，商船、漁船、甚至外國海軍都是更好的選擇，就跟現代情況一樣。但是呢，無論哪個年代都會出一些愛國又有膽量的人，即便政府他媽的

165 Albión，大不列顛島的古稱。

夠爛夠腐敗，還是有一些脫穎而出的水手、船員，在海上、在陸地上表現輝煌，常常糊英國人一臉泥巴；像是鋼鐵般的布萊斯・德・烈索[166]，在卡塔赫納戰役中，讓英國的費農上將[167]敗得灰頭土臉；貝拉斯科[168]像是猛虎般捍衛哈瓦那；而因彭薩科拉戰役而永生的加爾維斯[169]，成為美國的英雄，雖然在西班牙卻鮮為人知；《光榮號》（*el Glorioso*）在被擊敗前更是讓英國人付出了昂貴的代價；就連偉大的霍雷肖・納爾遜[170]在企圖登陸西班牙特內里費島（Tenerife）時，可能因為他鬼鬼祟祟、看起來一臉欠揍，讓島民很不爽，也可能是島民當時還不太習慣觀光客，反正他就是被揍翻，成了獨臂人（英國歷史學家好像羞於提起這段黑歷史）。

因為當時的年代背景、他們的國籍、他們的效忠對象，還有他們同胞太不知感激，這些人的功績應該要翻倍計算才公平。

166 Blas de Lezo，1689~1741，西班牙軍中的傳奇人物。烈索和費農初見於一七〇四年的一場戰役，一顆炮彈奪去了烈索的左腿，兩年後一個彈片弄瞎了他的左眼，不久一顆步槍子彈又命中了他的左前臂；所以才有「半人」的綽號。

167 Edward Vernon，1664~1757，卡塔赫納戰役，英國軍隊的艦隊司令。

168 Luis Vicente de Velasco，1711~1762，西班牙皇家海軍的軍官和海軍司令，一七六二年英國入侵時，捍衛哈瓦那英勇防守而聞名。

169 Bernardo de Gálvez，1746~1786，西班牙軍人和政治家，彭薩科拉戰役（la toma de Pensacola, 1779~1783）的英雄，新西班牙總督，並且死後是美國榮譽公民。

170 Horacio Nelson，1758~1805，英國著名海軍將領及軍事家，他在一八〇五年的特拉法加戰役擊潰法國及西班牙組成的聯合艦隊，但自己在戰事進行期間中彈陣亡。

38 一些好人

卡洛斯三世除了在能力所及的範圍內，將馬德里和西班牙其他地方變漂亮以外，他還是一位還滿可愛的國王，不是說他很有個人魅力、會說笑話（這位波旁氏也沒什麼特別的），而是他的意圖和舉止；不論用了什麼陰謀手段，他先成了拿坡里國王，然後由該地將新潮的興趣、思想跟方式引進西班牙，當然，這跟此地黑暗、墨守成規的反動派理念不和，他們成了進步最大的阻力；但是即使如此，在卡洛斯三世統治的二十九年中，他也竭盡所能，盡最大努力治理。

他是一位理性的國王，盡量選賢與能；如果我們在報紙期刊閱覽室，調閱那個年代的馬德里官報，一定會嚇到吃手手，然後欽佩這位頗有建樹的波旁氏的勇氣，他透過許多公正、恰逢其時的法律，打開西班牙的窗戶，試圖讓這個地方通風透氣，淡化此地的陳腐香燭怪味。

當時研究、科學得到了支持，遠本荒廢的地區也重新湧入居民，有效的法律幫弱勢團體伸張正義，讓公司行號走出故步自封，讓下一代能抬頭挺胸的工作，也是此時女人才開始有了以前不被允許的工作機會。總之，看樣子西班牙似乎也能「今非昔比」；這個脫胎換骨的西班牙讓眾人燃起了無比的希望。

不過花無百日紅，像是戰事一發生，日子就難過了。因為與法國的親戚關係，以及支持北美洲獨立叛逆份子（西班牙真是火眼金睛，現在支持的之後就會拋棄我們了），西班牙跟英國打了幾場戰役，有些輸有些贏，依照慣例，西班牙總要全部買單，而且直布羅陀永遠要不回來了。

至於宗教方面，國王卡洛斯三世身邊的理性改革者依舊努力修剪宗教的翅膀，讓天主教會繼續待在雞舍裡；並且努力教育百姓，希望他們能脫離迷信，跟巴洛克主義式的停滯。彼時那些智者最痛恨的就是強大的耶穌會：知識份子、教皇的支持、教育貴族和富翁累積的龐大人脈、懺悔司鐸對國王、王后的影響力。於是當時爆發一場針對改革派大臣埃斯奎拉奇侯爵[171]（這位義大利大臣可能沒搞清楚西班牙人的德行）跟耶穌會也有關係的暴亂，於是卡洛斯三世便將耶穌會驅逐出境。不過天主教會跟其他宗教團體仍然牢握著特權、巴著布道壇跟懺悔室（其實他們看到競爭對手被踢出去還滿開心，這就是西班牙天性），至於宗教裁判則在奧利瓦雷斯被逮捕起訴後更加猖獗。這位大臣被控訴太過前衛、執行改革，雖然其實是國王命令他幹的，但當這些宗教黑烏鴉鋪天蓋地降臨時，就連國王也對他棄之敝屣，這也是卡洛斯三世最不討喜的一點。

奧利瓦雷斯的下場嚇壞了眾人和改革者，他們雖然依舊堅持自己的主張，但變得更小心翼翼；這也是為什麼很多改革都零零散散修改或只是補丁，而不是一氣呵成、一脫到底。值得一提的是一項有趣的嘗試，將該年代最受歡迎的大眾娛樂：劇院（就像現在的電視），轉變成簡單易懂的教育利器，推廣改善陋習、勤奮愛國；戲裡有模範公民、廉潔的法官、勤奮的資產階級、誠實的工匠跟有分寸的父母。可惜，不出所料，收視率不高。大家愛看的還是內容低俗不用腦的獨幕笑劇[172]，而且這個「大家」不只那些無知又看不到未來的百姓，包括了輕浮、部分水準很低的貴族也看得津津有味；這些貴族他們注重王室血統，相信彌撒，只愛跟流行追求時尚，一點都沒跟上歐洲啟蒙運動盛行國家，那裡的理性、進步與好品味早已風行。

171 Marqués de Esquilache，1699~1785，義大利外交官和政治家，效命於那不勒斯和西班牙的卡洛斯三世。

172 sainetes，相當於現代的搞笑綜藝。

39 再次崩壞

十八世紀末，隨著卡洛斯三世和他理性群臣的消失，「西班牙成為一個像樣的地方」的夢想再次破滅。

西班牙的進步，社會、科學主動性，和依據當時歐洲「現代國家」標準的有效中央集權，幾乎持續了三十年。但也保留了彌撒、玫瑰念珠、鬥牛和低俗的獨幕笑劇，一直以來西班牙總是被自身的怠惰拖累，明明殖民地很多卻從從未善加利用，總是被無所事事的貴族、誓死也要捍衛自己特權的天主教會束縛；但幸好有聰明、清醒的有心人推動對抗此風氣，西班牙才漸漸地抬起頭來。

西班牙從未像此刻，如此團結卻也如此多樣化。當時有專制、集權的的君主、大臣，但卻是史上第一次不是國王、王室或貴族吃獨食，而是利於整個國家。加泰隆尼亞得以與美洲貿易，而且生意蒸蒸日上，他們很高興，「特權你要你拿去，然後給我現金」；巴斯克區參與了國家商業、行政、軍力（當時大規模戰爭的參戰者有許多巴斯克人的姓氏），當時他們聲稱從未懷疑過血液中的西班牙基因，絕對沒有。剩下雜七雜八的也都是這麼覺得。西班牙開始緩慢而顯著地尊重自己，儘管國家和美洲殖民地仍然有一大堆待解決的問題，但未來似乎充滿希望。

然後，這塊土地除了過往的種種不幸，似乎還被下了類似、或者根本就是聖經式的詛咒，熱愛摧毀之前所建構的一切。卡洛斯三世的王位由他的白痴兒子卡洛斯四世繼承，法國也即將面臨一場會震撼全歐洲的血腥革命，一切都將再次深陷地獄。

西班牙第四代卡洛斯，看似和氣，但是個實打實寡情薄倖的狗屁東西，西班牙對他來說太過龐大，更糟的是他娶了他表妹，帕爾馬的瑪麗亞·路易莎，此女除了是歐洲最醜的公主外，還淫蕩得很；這種組合已經看似沒有好下場了，偏偏還要加上曼努埃爾·戈多伊[173]，一位高大、親切又英俊得體的宮廷近衛軍，跟天王巨星一樣帥氣，不但得到國王寵信、睡了王后，還當上了位高權重的首相。

畸形的三人行手中掌握著西班牙，國家正好在風雨飄搖，最需要好船長之際。因為當時法國爆發了他媽的嚇死人的革命，搞到斷頭台嚴重不足：先是貴族，後來雜魚，最後連跟卡洛斯四世一樣軟爛的路易十四，也連同他的牽手瑪麗·安東妮統統被砍了。此事在全歐洲先是引起恐慌，後來則是戰意；歐洲王室決定聯手向弒君的法國宣戰；西班牙還能怎麼辦？只能也參戰嘍。

不得不承認，這些值得紀念的革命法國佬看起來還挺熱愛祖國，高唱《馬賽曲》，給西班牙來

173 Manuel de Godoy，1767~1851，西班牙政治人物、軍人，曾兩度出任西班牙首相，卡洛斯四世和王后瑪麗亞·路易莎的寵臣。

個「滅絕一擊」，最後占領畢爾包、聖塞巴斯提安跟菲格雷斯。

因為害怕「革命病毒」會傳到西班牙，他們立刻死鎖邊境，一聽到「啟蒙運動、進步與現代」就馬上派人去查水表；腐敗、老人味的天主教會又開始摩拳擦掌，躍躍欲試，準備搞事。西班牙再次跪舔王室、宗教。

但改革已經勢不可擋，也不得不說曼努埃爾．戈多伊還不算爛的太徹底，首相的職位對他來說太大，於是他分權給科學家、文學團體跟啟蒙運動者；但即便如此，自由和現代化還是受影響大幅下降。當時提倡政治改革的都被當成嫌疑犯放大審查，了解西班牙本性的都藏鋒守拙，深怕被放在火架上烤。不但如此，西班牙的新盟友，英國，不但一如既往的對歐洲的動盪和戰爭感到開心，對西班牙小動作不斷一整個世紀，又趁兵荒馬亂之際想指染美洲殖民地、航線跟能力所及的範圍。

最後，各位女士，各位先生，這一章的最後讓我們一起歡迎「原本可以做得更好，但最後不了了之」的西班牙，以及從法國來的拿破崙先生。

40 拿破崙給的傷害

戈多伊不是一個爛咖，他還算精明還算努力，只是他是靠爬床上位這點令人詬病；彼時的西班牙荊棘滿途，各位試想難以捉摸的王后，溫和愚蠢的國王，強硬的天主教會，沒文化上不了檯面的貴族，被法國大革命斷頭台嚇到龜縮的進步派，百姓素質低、對周遭也漠不關心，他們只喜歡那些沒什麼內容，也不會傳遞好學或勤奮價值觀的玩意，像是鬥牛、親民的獨幕笑劇、打油詩句，直到現在也差不多是這副德行。這種組合要如何成就大事。此外，還要加上大不列顛一直以來的不懷好意。他們的商人總是貪婪的瞪著西班牙美洲殖民地跟地中海貿易，秉持一貫英式無恥風格，有機會就多汙一點利益，而身處歐洲危機的西班牙，舉棋不定、不善管理，讓趁火打劫變得很容易。

戈多伊是個跟得上潮流的小夥子，他保護像是莫拉汀[174]這類的啟蒙運動者；但無論他本意再好，卻總是在英國跟法國之間搖擺不定、左右為難，英國蓋了西班牙好幾次布袋，而征服法國的拿破崙

174 Moratín，1760~1828，西班牙詩人、劇作家。

暴政也令人難以忍受。總之各種的同盟與反目成仇讓西班牙無所適從，像是原本跟法國劍拔弩張後來卻共同聯手對付英國（當然，依照慣例還是由西班牙買單）。

西班牙也與葡萄牙打了一場輕而易舉的戰役，橘子戰爭[175]；英國的王八蛋納爾遜企圖占領特內里費島時，被加納利島民廢掉一隻手臂跟糊了一臉的教訓，於是他在一八〇五年特拉法加戰役，讓西班牙灰頭土臉，誰叫戈多伊缺乏政治手腕，使西班牙不得不忍受蠢貨法國佬維爾納夫上將[176]的指揮。納爾遜報了一臂之仇，雖然他也在這場戰役中嗝屁了。

特拉法加戰役因為種種原因，對西班牙影響很重大：西班牙戰敗，沒有船可以保持與美洲殖民的往來，把海上霸主拱手讓給英國一個半世紀之久，除此之外西班牙海軍被摧毀到所剩無幾，當時的指揮軍官可都是菁英，像是丘魯卡、格拉維納、阿爾卡拉加利亞諾[177]，這些支持啟蒙運動的海軍、科學家，繼承久負盛名豪爾赫・胡安[178]的承傳，他們會讀書，知道牛頓是誰，就連他們的敵人都尊重他們。特拉法加戰役把西班牙的船、人甚至未來都毀於一旦，面對新世紀即將來臨的災難，西班牙卻千瘡百孔，更慘的是還分成兩派：一邊進步的思想「百科全書派」，另一邊是「就算世界末日也要支持國王支持神壇派」，這兩股勢力會隨著時間的推進，成形更大的拉鋸。

西班牙已經發生了許多積極的變化，甚至在守舊的反動派系裡也感受到了現代化的必然性，就連美洲殖民地亦是如此，當時他們還沒開始懷疑該不該屬於西班牙。美洲殖民的的獨立原本可以按照其歷史節奏，以一種自然、友好方式實現，但是戈多伊政治無能與拿破崙狂妄的個性，製造了一個死亡陷阱。法國利用橘子戰爭征服葡萄牙當藉口，將法軍引進西班牙，而後廢除了西班牙史上最落魄、卑躬屈膝、姿態低如塵埃沒有之一的王室；之後發生非常討厭戈多伊的王儲斐迪南王子，煽動人民起義；後來王室成員被「邀請」到法國貝永作客，但實際上被囚禁，西班牙的老國王跟小王子在那個時候，把「天家無親情」、「支離破碎的家庭」展現的淋漓盡致，到現在提起來都覺得丟人。

拿破崙允許先是由斐迪南七世繼位，但其實他只是魁儡；整個伊比利半島都是法國兵。然後這位法國皇帝在沒有深思熟慮，搞不清楚西班牙人的個性之前，就決定將波旁王朝踢出西班牙，改用他哥哥當國王。他寫了一份仔細的心理分析報告，寫道「一群由牧師統治的羔羊沒有戰鬥力」，而且深信不疑。只能說拿破崙身為軍事家、皇帝他可真是鉅細靡遺；但身為預言家喔，他知道個屁！

175 La guerra de las Naranjas，西班牙在法國拿破崙慫恿下，於一八〇一年四月派兵攻占葡萄牙的奧利文薩鎮（歐洲的蜜橘產地，此戰役因此命名），西班牙在法國的支持下很快就戰勝，但它是半島戰爭的前兆。

176 Villeneuve，1763~1806，拿破崙戰爭期間的法國海軍將領，在特拉法加海戰中指揮法國和西班牙艦隊對抗英國納爾遜作戰。

177 Churruca，1761~1805，西班牙巴斯克貴族，西班牙皇家艦隊海軍上將，死於特拉法加海戰。Gravina，1756 ~1806，是西班牙水手和軍人，西班牙皇家海軍的第十二任上尉。特拉法加海戰受傷，失去一隻手臂，並幾個月以後因傷死亡。Alcalá Galiano，1760~1805，西班牙皇家海軍傑出的水手，軍事和科學家，在特拉法加海戰中表現英勇，最後死於戰役。

178 Jorge Juan y Santacilia，1713~1773，西班牙數學家，科學家，海軍軍官和水手。

41 經年累月之怒

現在，悲劇來臨。對當時的某些西班牙人來說，這一章發生的事讓他們痛不欲生又心碎。各位可以試著想像一下，自己是一位聰明有知識的西班牙人，讀過書，對這個世界有自己的見解，相信理性，相信歐洲流行的光明和進步將會解救西班牙於險惡的深淵，相信終於可以擺脫西班牙好幾個世紀的沒路用國王、狂熱的牧師、偷搶拐騙的傢伙跟投機者；你同時也覺得西班牙有心進取，相信那跨越庇里牛斯山的革命兒女，已經受到知識和波拿巴智慧的淬鍊，拿破崙統治的法國，肯定是學習效仿對象，他們一定可以像燈塔一樣，為西班牙指引方向，抖落為時已久，名為「悲慘」的灰塵，進而成為一個現代又有未來的國家：有書籍、科學、公民義務、知識份子責任、批判精神、思想辯論自由等。而你，善良的西班牙人，得知西班牙跟法國結盟的消息多麼開心！「從此雙方就手連手心連心，為國家開啟邁向康莊的大門」，家園從此團結一心，可以吸口沒有香燭味、牢房臭的空氣。

想像這位西班牙仁兄，滿懷希望，看著應當是盟友的法國軍，進入西班牙時一副「歐洲的主人在此」的踐樣；然後又看到國王卡洛斯四世、他親生蠢兒子斐迪南跟大臣戈多伊（天線寶寶全員到齊了！），名義上是作客，但實際上是人質；而拿破崙還想把西班牙國王換成他哥。「這傢伙是哪根蔥啊？」，西班牙人當然吞不下這口氣，越想越生氣。之後臭法國軍在劇院、鬥牛場跟咖啡店拔刀相向、摸佛朗明哥女舞者的屁股時，西班牙人從一開始的碎碎念，演變成大吵大鬧。

西班牙人個個都像是炮仗，隨便的小火花都會爆炸，更不用說最底層的百姓都沒素養、粗魯野蠻、一無所有所以天不怕地不怕，這些人展開七段彈簧刀時會發出清脆的「喀、喀、喀」，然後迅雷不及掩耳朝對方腹部插下去。西班牙人暴躁又愛舞刀弄槍，法國人就是這樣搞不清楚狀況，才搞得戰爭一觸即發。一八〇八年五月二日，馬德里驚天動地起義，一開始只是一些貧民和馬德里高級區居民對法國人大開殺戒，其他的人接到命令待在家裡看熱鬧，而西班牙領導階級跪舔法軍，導致事情越演越烈。壞人頭目繆拉[179]下令「全部殺光光」，「愛帝國」之心大幅成長，就連和平不搞事的人也燃起怒火，神職人員因為法國人帶來自由風氣所以也站在反法立場，起義像野火一發不可收拾，西班牙忠於一貫風格，全民競相全副武裝（慢一點的是娘娘腔），全國伏屍百萬，流血漂櫓。

而這就是知識份子跟智者最大的悲哀，因為他們知道西班牙對抗的法國並非真正的敵人，西班

179 Murat，1767~1815，法蘭西第一帝國軍事家、元帥。後成為拿坡里國王。他本希望能當上西班牙的國王，但當他殘酷地平息了馬德里五月二日起義後，美夢破碎了。六月十五日，他離開西班牙。

牙斬殺的其實是未來，而人民維護的是野蠻、有陳年陋習的王室和神壇。所以試想一下智者的為難：帶來現代化的成了敵人，而同胞為錯誤的理由而戰；他們面臨兩難抉擇：是要當「愛國仔」還是「舔法派」，是要支持侵略者，被同胞唾棄呢，還是跟風與同胞站在同一陣線好?!因為不論再怎麼支持理性，當侵略者殺你鄰居、強姦你弟妹時，你怎麼可能待在家繼續看書?!

就這樣，當時許多明明知道法國那一套才有未來、才是希望的人，出於尊嚴或者被迫拿起槍枝，加入像是民變那樣的農民兵，對抗自己的理想、信念；亂民看起來像游擊兵，脖子上掛著十字架或加持過的聖母像，牧師也信誓旦旦的說「法國人是撒旦惡魔的化身」。

而那場名不副實的「獨立戰爭」（因為西班牙從沒能從自身之惡中獨立），最可憐的就是那些相信自由、光明快要來到西班牙的人。戰爭在西班牙交織成一個巨大的陷阱，無論對在地人還是法國人皆是如此。

42 血浴西班牙

在西班牙名為「獨立戰爭」，加泰隆尼亞叫「法國戰爭」的這場血腥戰役，殘酷、漫長又密集的屠宰過程，非常具有西班牙特色。一開始走的是一個內戰風格，還沒有很明確的定義；後來隨著時間推進，慢慢分為「愛國派」，和忠於那個法國人國王酒瓶培培[180]的「西班牙舔法軍」（無論是被迫還是自願），雖然那邊人數較少，但實力較強。至於這場戰役的風格，就像我說過的，可是非常的西班牙。哥雅[181]有一系列震撼人心的版畫作品《戰爭的災難》，是史上最好的戰爭紀錄，忠實的呈現出當時種種，所以各位有空可以看看，網路上就找得到了，我就可以不用花太多時間解釋當時雙方的行為舉止。

180 Pepe Botella，約瑟夫・波拿巴（José I Bonaparte）在西班牙的綽號，Pepe 是 José 的暱稱，botella 是瓶子；雖然他也沒有過酗酒紀載，可是當年在西班牙大家就這樣叫他。

181 Francisco José de Goya，1746~1828，西班牙浪漫主義畫派畫家。他是西班牙王室的宮廷畫家，半島戰爭時留在馬德里，繪製了西班牙王位覬覦者約瑟夫・波拿巴的像，也用畫作記錄了戰爭，即在研究上仍有很多歧見的《戰爭的災難》（*Los desastres de la guerra*）。

當時全歐洲都臣服於拿破崙，所以他相信西班牙民變用四個砲彈大概就能解決了，總之他太不明究裡。一開始全西班牙都跟法國兵作對，搞得法國有夠不順，還在拜倫輸到脫褲子，被抓了兩萬法國戰俘。薩拉戈薩跟吉隆納也拚了老命抵抗法國侵略，寧死不降，這裡也是一場雙方死傷慘重血流成河的圍困戰，戰況慘不忍睹到拿破崙大大不得不親自前來西班牙指揮。他從索莫謝拉進到馬德里，而他哥哥，那位被西班牙人笑稱「酒瓶培培」的國王，在西班牙愛國軍逼近馬德里前，早就夾著尾巴溜之大吉。

法國軍看似步步逼近，逐漸占領西班牙，但是有些城市他們完全攻不下，或是只能占領很短的時間就放棄；例如加的斯，從頭到尾頑強抵抗，法國軍隊始終無法成功破城而入，也成了西班牙愛國軍喘息、避難之地。而西班牙檯面上被法國統治，但事實是絕大部分地區並非如此，西班牙人對於法國統治的回應非常具有西班牙風格，而且這種獨樹一幟的天性，讓很多外文字典上的「游擊隊」，都直接沿用西班牙文guerrilla。

游擊隊員一個比一個要彪悍、刁戾，成員通常是土匪、農民、走私販。一開始是集結各區域的狠角色，因為看不慣法國軍，或是因為房子被燒了、家裡女人被姦這類的冤仇，想算這筆帳。後來越來越多人加入，甚至開始有軍隊的逃兵。這些兵平時戰場上不堪一擊，因為西班牙是出了名的沒組織沒紀律，但是在戰場上輸了，他們會逃到山裡，集結一下又再次戰鬥。西班牙就是用這種不知疲倦、敢死隊的精神，「你膽敢惹我、我追到天涯海角都殺死你」的刁戾天性，彌補資源和軍事能力不足。

這場獨立戰爭，西班牙軍隊看似節節敗退，可是他們一點也不在乎，反正沒死就繼續打。就這樣，散漫、沒秩序的西班牙軍比打不死的蟑螂還要頑強；游擊隊在戰場或小路上偏好速戰速決，對落單的法國佬來個「開腸破肚」；搞到法國軍心情很低迷，連睡覺都得要睜一隻眼睛，而且只敢龜縮在城市或是自家的駐軍地，要出堡壘一定要結伴同行，嚇得連自己老爸都不相信。這對法國兵簡直是夢魘，背景音樂應該是帕科．德．盧西亞（Paco de Lucía）的木吉他演奏。各位可以想像一下，一個法國兵，名叫杜邦，或是隨便你喜歡怎麼叫那個白痴都行，他達達的馬蹄聲在德斯潘納佩羅斯響起。他嚇到睪丸快萎進肚子裡，戰戰兢兢看向峽谷的高處，汗如雨下，恨不得生對翅膀馬上飛到馬德里，趕快把任務交一交，晚上去找酒家女好好放鬆一下。突然從路上殺出一個黝黑的矮子，身上掛滿了聖人聖母像跟平安符，鬢角濃密，手持雷筒、折刀。各位可以想像一個長的一臉匪氣的人看著他，微笑說：「小夥子，下馬！俺要跟你好好聊聊。」此時他最大的幸運，就是心臟病發死去，省的被抓後的生不如死。聽說淒厲慘叫聲餘音繞梁，三日不絕。

43 《嫗嫗憲》萬歲

故事說到西班牙跟法國打仗，整個國家斷垣殘壁、坑坑巴巴。田野滿是屍體的田野，苦難和飢餓的黑影籠罩著國人；西班牙國家軍各自為營，派系分明，然後互相仇視彼此將領（雙方壁壘分明，就跟現在的政客一樣）。將領跟人肉盾牌吃了一場又一場的敗仗，但從沒放棄，持久不懈的殺人與敢死隊風格自殺式攻擊，在西班牙如此典型；這是一貫相同的手法，不論是砍敵人或是對付鄰居。

英國一向是法國拿破崙的死敵，因此派援兵到伊比利半島，威靈頓公爵是援軍的最高統帥，此舉稍微改善了西班牙軍的一致性。戰役有大有小，但都很血腥；例如奧布維拉[182]、巴羅薩戰役[183]，英軍持著一貫的勇氣和效率，表現出類拔萃；由此我們也得知，西班牙軍隊既硬派也有戰鬥勇氣，如果有好指揮好紀律，其實也可以表現得很好，只不過這種機會少之又少。英軍的確超乎想像的勇敢，但也很傲慢、殘忍。他們看不起西班牙人；也多次擅自侵略法屬城鎮，像是巴達霍斯、聖塞巴斯提安，還表現過激：燒殺、擄掠、姦淫，帝國軍似乎不像是對盟友而是仇敵。

於是在這遍布火藥、汗水，當然還有無數鮮血之地，法軍開始棄甲曳兵，偕同支持法軍的西班牙人，夾著尾巴逃向庇里牛斯山，而無論是因為忠於自己理想、或只是投機主義，這些支持「酒瓶培培」的，都被叫做「舔法狗」。他們倉皇出逃，因為勝利軍（既然贏了就不叫他們「游擊隊」了）剝敵軍的皮剝得好不開心，而且依照慣例，四面八方都出現見風轉舵的愛國者，幫助勝利軍，還趁機舉報看不順眼的鄰居、教訓不聽話的美女、把因為他太胖我看了不爽的傢伙或是我的債主順便也統統關進牢裡。如此風氣，讓科學家、藝術家、知識份子，走上了流亡的道路，而且「流亡」這條路承先啟後，將來還會有很多人走。這個系列的悲劇，可以用詩人莫拉汀在波爾多（Burdeos）寫給朋友的一封信作個總結：「昨天哥雅到了，又老又病，一句法文都沒說。」

幸好也不是所有的啟蒙運動者都支持法國人，多虧了英國軍的幫助，其防衛的才智和勇氣，加的斯才得以抵抗法國佬的襲擊，成為西班牙愛國軍的避難所；於是在國王斐迪南七世缺席的情況下（因為被關在法國，我們將在其他章節中看到這個天殺狗日的大王八），佐以曼薩尼亞雪莉酒和伊比利火腿，西班牙政治保守派跟進步派竟然達成了協議（這對西班牙人來說太不可思議了），他們起

182 La batalla de La Albuera，一八一一年五月十六日，西班牙巴達霍斯南邊的小鎮奧布維拉，一支英國、西班牙、葡萄牙組成的多國部隊遇到法國軍。雙方在接下來的戰鬥中激烈的拉鋸。法國最後終於在五月十八日撤退。

183 La batalla de Chiclana，英國人稱為 la batalla de Barrosa，一八一一年三月五日在加的斯附近，法軍進攻，最後被英軍打敗。

草了一部憲法，規範王室和國家主權未來；並在一八一二年三月十九日，法國還在圍攻時，莊嚴地公開了，這也是為什麼它被暱稱為《姵姵憲》[184]，而且不僅是西班牙代表，就連美洲殖民地也參與這次會議，當時他們似乎有點想獨立，可是還沒開始懷疑西班牙是不是祖國。

這部憲法承載了許多美好和理想，以至於當時難以實行。它限制了國王的權力，所以事實上保守派簽署時不情不願，要不是自由派、進步主義威脅「不簽就叫百姓制裁你」，他們才不會同意；「唉呀不管了現在先簽下去；等有機會，無論是《姵姵憲》還是自由主義，統統給我下地獄」，進步派還不知道他們未來會有多少的鮮血和屈辱。在接下來兩百年，西班牙的巨大鴻溝，在此刻已經逐漸成形。

法國人走了，戰爭結束了，拿破崙給西班牙一個惡毒的禮物，他把西班牙歷史上最爛的國王還給西班牙，而保皇派跟宗教狂得以藉機清算進步派。真是甜美芬芳的報復啊！

184 三月十九日在西班牙是聖荷西(San José)節；而José在西班牙暱稱為「Pepe」（培培）；《憲法》在西班牙文中為陰性名詞，所以「Pepe」變陰性「Pepa」（姵姵）。

44 枷鎖萬歲

「經過了激烈的討論，一八一二年三月，西班牙通過了無用的憲法，應當要施行，……」這段摘自事件過後一個半世紀，佛朗哥政權時期出版的課本，反映出了加的斯議會中，保守派的立場，及反動派對未來的長期預測。當然，也道出了後續；聽不懂嗎?!沒關係，簡單的說就是事情會照著西班牙一貫的脈絡發展，「神壇」、「折刀」、「仇恨」、「鮮血」元素皆有之。

戰爭結束時，西班牙已經產生了不可避免的分裂。一邊是所謂的自由主義派，他們是憲法的靈魂，當時進步思想的支持者，企圖通過議會以限制王室貴族、教會的權力；另外一派，專制派或者奴性堅強的，支持舊式王權、布道壇。兩派當然玩不到一起。自由派主義的傲慢、不可一世，一副「我最好我最棒」，再三催促精疲力竭、情勢複雜之西班牙的步調，又跟擁皇派的貴族跟宗教狂有過節，他們把希望投注在年輕的斐迪南七世，他剛被拿破崙釋放，一切都能跟以往一樣。

而在兩派人馬之間，西班牙百姓一如以往，很多是沒讀書的文盲，虔誠甚至迷信，剛從戰爭的蹂躪中走出來。無論是自由派的慷慨激昂，或是布道會，都能激起他們的熱血沸騰，前一天他們揮舞、喝采著《憲法》，隔天視他們搖擺的程度，很可能會一看到自由派就抓起來吊在路燈下。

而這正好就是波旁家的斐迪南七世回西班牙發生的狀況，這個西班牙有史以來最操蛋的王八國王，整場戰爭他只管跪舔拿破崙的腳趾頭，而他的臣民傻傻的在為他拚命；感謝牧師訓練庶民得宜，他回西班牙時受到百姓熱烈的歡迎，強烈呼喊「**枷鎖萬歲!!**」，甚至在馬車駛進馬德里時，附近的庶民還蜂擁而上，代替騾子拉馬車，證明了當時西班牙人似乎比較喜歡當奴隸。

而有遠見的自由派看到這一幕，已經預見自己可能會被放在火上烤，便開始準備往法國、英國旅程的行李；而那些天真無邪的小傻瓜，站在國王面前，還以為斐迪南會平靜的接受《佩佩憲》，不介意權力受限，不在乎主教、神職人員被禁止向國王進讒言（斐迪南邪惡的首席顧問正好就是神職人員，叫做埃斯科奎茲[185]），結果全都迅雷不及掩耳被處理掉：廢除憲法、解散議會、關閉大學，將那群支持憲法、受「酒瓶培培」影響的舔法狗統統關起來；就像上一篇提到的，就連哥雅都得逃到法國。每個人都趕快宣稱自己深愛國王奴性堅強，然後檢舉鄰居，西班牙又開始秋後算帳。

轟轟烈烈的鎮壓；鬥牛、蕾絲頭紗跟摺扇，還有低俗的獨幕笑劇，又重回到西班牙人的日常，知識份子不是遭到處決、流放不然就是入獄，王室貴族完全浸泡在聖水裡，天主教、使徒跟羅馬教廷回歸到無藥可救的西班牙。當時歌王馬諾洛．埃斯科瓦爾當然還沒出生，所以他的名曲《我的車》、《碰碰呸碰》也還沒問世，但他歌中《西班牙萬歲》的西班牙就是這副德性[186]。

當然，還是會有些好人：有理想、有膽量，反對專制和無恥的王室；但警察國家[187]之下，這些「自由主義的陰謀」，都以致命的方式結束。他們有些參加過獨立戰爭，像是前游擊隊領導米納[188]，戰後他被丟雞蛋，誣賴指責說「就是因為你沒為西班牙打了六年戰爭，國家才會這麼慘」；每一次進步的嘗試都是血淋淋的殘酷收尾，像這樣的西班牙式卑鄙，我還有另一個令人作嘔的例子：「頑強的人」[189]，一位曾很受歡迎的游擊隊領導，這位抗法將軍、國家英雄，因為參與了自由起義，被殘忍的處決了，在驢子上前往斷頭台的路兩旁，原本為他歡呼的百姓現在辱罵他，割他的耳朵汙辱他。

185 Escóiquiz，1747~1820，作家、教師和教士，曾試圖拍戈多伊馬屁來贏得權力，最後被選為斐迪南的導師。

186 Manolo Escobar，1931~2013，縱橫西班牙歌壇半世紀的歌王，也是演員、主持人，在西班牙廣為人知。他最著名的歌曲除了《我的車》（*Mi carro*）、《碰碰呸碰》（*El porompompero*）之外，《西班牙萬歲》（*Y Viva España*）被形容為西班牙的第二國歌，每逢喜慶都會拿出來唱，是一首廣大民眾熟知的愛國歌曲。

187 警察國家，英語：Police state，又譯警察社會，為政治學及社會學術語，描述一種政府自稱為「人民的監護者」及擁有法定權力，在缺乏法律程序的前提下，以軍警力量控制人民的社會。

188 Francisco Espoz y Mina，1781~1836，西班牙游擊隊領導人，在戰場上米納不是一個優秀的指揮官，但表現出極大的組織能力，能夠搞到財務支助游擊隊。

189 Juan Martín Díez，胡安·馬丁·迪亞茲，綽號「頑強的人」（el Empecinado），是西班牙獨立戰爭的英雄，傳奇游擊隊的領導人之一。

45 空前絕後的王八蛋

綽號「大鼻子」的斐迪南七世除了那張醜陋、鬆弛又凶惡的臉，可惡至極，像是流水線工廠製造的完美壞蛋；如果西班牙有莎士比亞的話，那麼依照斐迪南七世所刻劃的主角，一定會把《理查三世》襯托得像是鄰家的頑童、小淘氣。斐迪南七世有張機掰臉，這不是他的錯沒人會怪他，除此之外，這位西班牙國王還很沒膽、卑鄙、厚顏無恥、虛偽、精蟲衝腦、下流、下三濫、背信棄義、謊話連篇、愛記仇又復仇心重。總之就是一個特大號的王八蛋，大概比鴕鳥蛋還大吧。

斐迪南七世以粗暴的專制，惡毒的背叛了那些英勇卻愚蠢的憨人，他們相信西班牙自由而去對抗法國人；他對沾染《憲法》氣息的人事物趕盡殺絕；他把西班牙的未來送進棺材、封上棺釘，埋葬國家接下來的兩個世紀；甚至至今西班牙還散發著那種不祥氣息，彷彿在警告「此地，該隱之詛咒已經融入基因，邪惡永垂不朽」。當然，根據「禍害遺萬年」定律，大鼻子國王在他床上壽終正寢。但他統治西班牙的二十年絕對是場災難，此時和接下來的世紀，讓西班牙以破爛不堪姿態面對即將來臨的禍殃和內戰，「破落戶」成了西班牙的註冊商標。

在教會、保守派蠢貨，加上一票不是文盲就是投機主義的顧問團支持下，這個波旁氏建立了一個警察國家，其唯一目標是不計代價的維持政權。而這跟自由派的理念、作法背道而馳，涇渭分明到它們無法繼續保持沉默或是逃亡，於是他們開始大量密謀。西班牙當時集結了各種素材：陰謀、黑暗降臨、起義、美麗又勇敢的女士繡著憲法旗幟，只可惜沒有一位像是大仲馬那樣的小說家（西班牙雖然有加爾多斯[190]，可是不同類別），不然如此豐富且應有盡有的題材，絕對可以名利雙收。

這二十年來，就像新片預告傳單上的電影一樣，是部「典型西班牙悲劇」：邪惡的反派、愚蠢的好人英雄，在野蠻、沒文化又不思進取的小村莊，村民耳根軟又沒主見；只要給他們鄉村舞曲、一場鬥牛、星期日的彌撒、或是「來參加就免費送香菸」的露天廣場演講，他們就會被收買，改而支持你。

不幸的是所有反對專制皇權的自由派起義，都被殘酷鎮壓。不過到了一八二〇年，西班牙不得不派大量兵力到美洲殖民地，鎮壓當地獨立起義（此點容待後文詳述）；可能國王覺得西班牙的自

190 Benito Pérez Galdós，1843~1920，西班牙小說家、劇作家、編年史家和政治家。他被認為是十九世紀寫實小說的最佳代表之一，他改變了當時的西班牙小說場景，脫離潮流浪漫主義，追求自然主義，並賦予了敘事極大的表達力和心理深度。各方面的專家和學者都認為他是繼塞萬提斯後最偉大的小說家。他是西班牙著名小說家中的多產作家，共著有七十八部小說、二十四部劇本、十五部其他作品。

由派，比阿亞庫喬戰役[191]的自由派還來的可愛順眼；結果在西班牙，里耶哥[192]將軍帶領「里耶哥政變」，國王不得不賭上剩下的兵力派去鎮壓。事情變得有點棘手，因為起義的風氣開始蔓延全國，最後大鼻子國王不得不吞咽他自己吐出來的東西：宣誓他六年前廢止的《憲法》，還敢不要臉的說出這段虛偽、讓人不齒的誓詞「由我領先，帶領各位一起走在憲法的道路上」。

之後，開啟了西班牙「自由的三年」[193]，用現代政治解釋的話，就是三年的左派政府，有點笨拙卻有其價值；而且若公正的評論立憲革命失敗的原因，有一部分得要歸咎國王，他因為不甘心，在檯面下屢次搞小動作。此外自由派也時不時犯蠢，明明還沒到對王室和教廷趕盡殺絕的時機，偏偏喜歡採取煽動性、過激反應。結果就是溫和、有遠見的自由主義，他們理性的話語，被（現代政治稱為）極左和極右派的聲音給淹沒、攻擊。

三年就足以讓「自由的春天」變成「地獄的氣息」，革命的過激行為讓所有人都感到不舒服，政府也像無頭蒼蠅，毫無目標治理國家，當歐洲強國，派遣法軍「十萬聖路易之子」[194]討伐革命政府，恢復絕對君主制，許多原本真心支持革命的人都鬆一口氣。

西班牙又再次換邊站：六年前原本人人喊打，看到就殺的法國軍，現在進入西班牙受到英雄式的呼聲歡迎；當然，囚禁在加的斯的國王被釋放，西班牙又再一次陷入了永恆的黑夜。有夠了無新意！

191 La batalla de Ayacucho，一八二四年十二月九日拉丁美洲獨立戰爭期間，祕魯戰爭的最決定性戰役。愛國主義者在祕魯阿亞庫喬附近的高原戰勝親西班牙派，此役結束了西班牙的殖民統治。

192 Rafael del Riego，1784~1823，西班牙將軍和自由主義政治家。

193 Trienio Liberal，西班牙立憲革命是一八二〇年在西班牙發生的革命運動，是反對西班牙波旁王朝絕對君主制的自由主義運動，建立的自由體制在一八二三年結束。

194 Cien Mil Hijos de San Luis，在法文稱為l'expédition d'Espagne（西班牙討伐軍），一八二三年由法軍及西班牙志願軍組成，捍衛舊制波旁王權專制主義，結束了「自由的三年」。

46 美洲再見

好，我們故事說到斐迪南七世是他奶奶的大混蛋，而西班牙幾乎失去所有美洲殖民地。從獨立戰爭起，到一八三六年之間，除了古巴跟波多黎哥，西班牙失去了大部分的殖民地。不過從大殖民時代王國的決策笨拙與缺乏遠見，這事很早就有跡可循；而就算加的斯議會跟一八一二年的《姵姵憲》，美洲殖民地議員都參與其中，依然無法避免分離。

半島發生戰爭是美洲的愛國者脫離「西班牙是母國」的契機，各位可以去參考克里歐[195]貴族所寫的文獻，他們當然想追求自己的生活，西班牙想收稅？吃大便吧！），讓許多殖民地開始各自為營，除此之外，大鼻子國王從法國回西班牙後，變得更保守封閉，就連已經蔓延到美洲的自由都想打壓，真是有夠愚蠢的決定。不過在此之前，還發生了一個小插曲；英國人隨時伺機想要吃下拉丁美洲，在一八〇六年和一八〇七年，從銀河流域襲擊了布宜諾斯艾利斯兩次。但是當時西班牙人加上阿根廷當地人，狠狠的教訓了英國人，就跟納爾遜企圖占領特內里費島時一樣，為歷史添上光榮的一筆；不過英國人非常「死要面子」，每當他們搬石頭砸爛自己的腳時，就會試圖掩蓋歷史。

可惜這美麗的小插曲，團結一心的情緒稍縱即逝；接下來的幾年，英國和美國趁著西班牙局勢混亂，派遣雇傭兵到西屬美洲、煽動政變並大發災難財。西班牙自從特拉法加海戰後至此刻，連船隻都不夠，只能任人宰割。雖然如此，南美洲爭取獨立的過程卻也很艱辛、困難又殘酷，幾乎是內戰等級的對峙；而且哥倫布登陸美洲大陸已經三個世紀多了，無論是「西班牙母國派」或是「我們的美洲派」，大部分都已經是出生在美洲的居民，像是在阿亞庫喬，在西班牙出生的皇家士兵不超過九百位；再加上一八二〇年「里耶哥政變」後，西班牙便不再派軍隊到殖民地（事實上是士兵不願意去），美洲的總督有事只能自己想辦法。無論如何，戰事極度暴力殘酷：戰鬥、處決囚犯、互相報復，直到阿亞庫喬戰役（祕魯，一八二四年）、坦皮科戰役（墨西哥，一八二九年）和一八三六年西班牙宣布放棄（斐迪南七世嗝屁後第三年，那個王八蛋終於死了！）才告一個段落。

總之這不是小打小鬧的戰役，也不非常不容易，雙方都有輸有贏，過程都很崎嶇，就連皇家軍一度甚至還起了內鬨，哼哼，這就是西班牙風格。戰事中有人展現極大的勇氣，但也有懦弱、背叛的事情。最初西班牙跟法國打獨立戰爭時，為了填補無政府狀態而成立的「政務委員會」，逐漸成為各國政府，然後在漫長持久的戰爭中，渴望起自由，於是用鮮血塑造出新拉丁美洲國家。

195 Criollo，殖民時期父母親為西班牙人，在拉丁美洲出生的歐裔第二代，廣意也包括原白混血的麥士蒂索人（Mestizo），但往往遭到西班牙本土的歧視，以至於後續發生很多「民族認同」的問題。

像是曾在西班牙對抗過法軍的啟蒙運動者聖馬丁將軍[196]，或是偉大的西蒙．玻利瓦[197]，他們皆為偉大的軍事家，狠狠打擊了西班牙軍力。聖馬丁將軍越過了安地斯山脈，對阿根廷、智利及祕魯的獨立至關重要，然後他將軍隊交給西蒙．玻利瓦，讓他完成了祕魯獨立，解放委內瑞拉、新格拉納達，建立了波利維亞、哥倫比亞共和國；此外他的元帥蘇克雷[198]，在阿亞庫喬戰役痛擊西班牙皇家軍。

玻利瓦曾試圖創立「拉美聯邦政府」，像是美國那樣的體系；但是情況有點複雜，因為那邊已經受了西班牙祖國太多的不良影響，多少學到了他們的不團結又見不得別人好的天性。就像那句俗諺「狗都只會舔自己的卵蛋」那樣，所以不太可能有「聯邦」，不過還是有新「國家」，不過這對庶民百姓、原住民來講只不過是換了個主人，絲毫沒有改善他們的生活；只除了一點小小的不同：因為已經實現了「自由、解放夢」，從今以後，再也不能把錯推給西班牙母國，是說他們至今也獨立兩百年了。

196 San Martín，1778~1850，阿根廷將軍、南美洲思想家、政治家、南美西班牙殖民地獨立戰爭的領袖之一。他將南美洲南部從西班牙統治中解放，與西蒙．玻利瓦一道被譽為美洲的解放者，被視為國家英雄。

197 Simón Bolívar，1783~1830，拉丁美洲革命家、軍事家、政治家、思想家，他與聖馬丁遙相呼應，為南美洲脫離西班牙帝國統治爭取獨立，發揮了關鍵作用。

198 Sucre，1795~1830，十九世紀南美洲獨立領袖、將軍和政治家，也是西蒙．玻利瓦最親密的朋友之一。

47 上帝、國土、國王

你若問當時西班牙人覺得最丟臉的事是什麼，那答案絕對是「斐迪南七世竟然在他床上壽終正寢」，現代的西班牙人理應同感，可見繼承的可不只是金錢，也可以是恥辱。

十九世紀的西班牙還有三分之二的時間，因為整個歐洲趨勢所趨，在工業、經濟和政治持續進步；但是西班牙局勢非常不穩定，加上內戰和殖民地揭竿起義，彼世紀的災難甚至影響到二十世紀：一九三六年西班牙內戰跟佛朗哥獨裁政權，就是那時所遺留下的負面效應。

一切都要從斐迪南七世死後開始說起，國王的合法繼承人伊莎貝拉才三歲，尚未成年，於是國王的遺孀瑪麗亞．克莉絲汀攝政。然後有人就不爽了：他是已故國王的弟弟，也是哥雅的畫《查理四世的一家》中的那個年輕人，叫做卡洛斯閣下，他說王位應該是他的。宮廷氣氛變得風譎云詭，所有的意見、聲音都參雜在一起，分不清到底是為了權力，還是真心的為國家、社會的進步改變著想；然後事情最終變成了西班牙式的壁壘分明：只有「我們」跟「敵人」，你不支持我們這邊，就是我們的敵人。於是西班牙就演變成「卡洛斯派」跟攝政王后「克莉絲汀派」，之後女王長大就從王后派變成「伊莎貝拉派」，用白話解釋，就是理念截然不同的「保守派」對「自由派」。

現代化的資產階級，跟知道「開放才有未來」的人支持所謂「自由派」，兩種不太可能團結的類型（如果團結了豈不是破壞西班牙古老的「分裂」傳統，怎麼可以忘祖背宗呢！真是的！）自由派還可以分成兩種：比較低調，目標不明確，語氣溫和手段溫吞，離王后跟她女兒比較近，被叫做「溫和型」；至於那些比較認真的，甚至有些是革命者，想讓西班牙改頭換面、煥然一新，無論方法是平靜或是激進，則被叫做「進步派」。

進步派的對面，自然就是永不妥協的守舊份子，用盡全力支持王室跟熱愛上帝；圍繞在卡洛斯身邊，呼喊：**上帝**、**國土**、**國王**（注意到了嗎？上帝在前面唷，呵呵），簡單來說，他們是所有反動成份的集結體。當然在老人臭的卡洛斯派陣營裡，一定有教會（或是「大部分的教會」，因為在他們的眼中，所有自由派、憲法主義者，身上都散發濃濃的地獄硫磺味）；尤其是在納瓦拉、巴斯克地區、加泰隆尼亞和阿拉貢，這些地區不惜一切代價，想繼續保持中世紀以來的地區特權和稅賦優惠；儘管當時「現代化統一」已經是歐洲各地的趨勢，但兩個世紀以來仍遭這些地區的大力反對。

如此拉鋸，最終導致卡洛斯戰爭爆發（此點容待後文詳述），以及接下來一連串的政變、暴動、革命，未來的女王伊莎貝拉二世還沒長大，西班牙卻陷入了水深火熱，甚至到女王執政都仍然持續動盪不安，不過說實在的她的政績不提也罷。這些混亂一部分是攝政王后瑪麗亞·克莉絲汀造成的，由於卡洛斯派的威脅，她不得不尋求自由派的支持；一開始是找「溫和型」，結果被激進份子蹭熱度攀親帶故；政治黨派拉鋸戰，社會嚴重動盪不安：甚至發生屠殺神父、燒教堂的事件。一八三七年誕生了一部新憲法，因為一八一二年的《姵姵憲》已經不夠刺激了。

進步派提出最致命的一擊叫「土地徵收政策」：某位很有膽的政府首長，讓國家沒收不事生產的教會土地（當時西班牙三分之一的土地都屬於教會），然後將沒收來的土地，拍賣給我們現代稱為「創業家」、「勞工」的中產階級，讓他們善用土地，然後創造稅收（當然這是美好的理論啦）。而此舉對教會來說無疑是個連環巴掌，更加深了反動派「恐自由派症」。

然而這幅光景只是前奏曲，西班牙又再次用他們對戰爭一貫的熱情，在接下來的一個半世紀裡，漸漸走向一場惡名遠播、漫長又篇幅宏大的內戰，參與其中的人物在未來的西班牙有著強大的政治影響力：對，我在說軍隊跟將軍。

48 大尾軍閥、金錢和暴徒牧師

十九世紀總共爆發了三次卡洛斯戰爭，不但讓西班牙幾乎分崩離析，接著又面臨不知道能不能算第四次卡洛斯戰爭、極度殘酷的一九三六年內戰，（其實還可以算到第五次，二十世紀的恐怖組織埃塔（ETA），由一群蠢不可及的巴斯克人及神職人員，以及桑蒂・博多斯（Santi Potros）、帕基托（Pakito）、德內拉（Josu Ternera）等殺人狂領導，簡直就是卡洛斯黨將軍轉世）。這些我們待後文詳述，現在故事說到一八三三年，事情剛開始的時候。

卡洛斯閣下身邊聚集了王位、布道壇的支持者，一部分人是因為強烈反對政教分離，有些則是因為受不了萬萬稅，特別是西班牙北部地區：巴斯克地區、納瓦拉、阿拉貢和加泰隆尼亞等區域，到瓦倫西亞為止，都很想恢復腓力五世時代被廢止的免稅優惠及特權（不過這些地區的大城市還是自由派較多）。

暴動大多始於農村地區，損失慘重的小地主、不識字的農民，在地方神職人員的鼓譟下很容易被繞進去；每個星期日鄉下神父都會婊一遍進步派：「你們只能說巴斯克語！卡斯提亞語是自由派跟魔鬼才會說的。」我現在想不起來這段描述是出現在小說家皮奧・巴羅哈還是作家烏納穆諾的作品裡，應該可以想像的出來這票傢伙的德性跟當時的情況，還有他們奇妙的思想。

另一邊，攝政王后瑪麗亞・克莉絲汀跟還是小女孩的伊莎貝拉身邊圍繞著進步派政客、高階軍官、城市中的資產階級、工業化、現代化、社會進步的支持者；簡單的說，就是商人、有劍的、有錢的。等伊莎貝拉長大後，不論是政績還是她的私生活，都讓西班牙人好不光彩。而且基於「雞蛋不要放在一個籃子裡」原則，天主教會還是有些高階神職人員身在國家權力中心，雖然他們的心可能比較嚮往「上帝、國土、國王」這一套；而且他們對那些粗魯、不刮鬍子的鄉下牧師也沒有什麼好感：「這些傢伙根本就是戴紅貝雷帽的持槍暴徒牧師，嘖，還四處鼓譟民眾射殺自由份子」，他們一丁點都不在乎那些溫和主教的勸告，他們發的「勸勉宣言書」也被拿去擦屁股。

卡洛斯叛變簡單來講（對細節有興趣的請自己找書，各位不會以為這些三四頁說的完吧?!），最終演變成敵我兩方、壁壘分明的對抗：城市對農村、特權份子對集權主義、傳統對現代化、宗教狂對自由派等等，而且一如往常的屍山血海，非常經典；不但維持西班牙原本的一貫的暴力、仇恨、愛記仇跟詆毀告發風格，現在更是一分為二；許多打著支持黨派的名義清算私人恩怨，誰管你是哪一派，甚至有些混蛋很過分，連敵方家中的婦孺都不放過。

下面的人打得不亦樂乎，至於上面呢，無論是卡洛斯、攝政王后或將來的女王，或是離他們比較近的政客、將軍，不管扛的是不是紅旗，雙方共同的目的都一樣：先奪權，然後建立一個禁錮西班牙人一輩子的虛偽專制制度；那些是連骨髓都不放過的寄生蟲、吸血鬼，而且還想吸個千秋萬世直到永遠。

加爾多斯曾在他的歷史小說《民族紀事》中好好的描述了如此光景：「可憐那一如既往的西班牙歷史走不出陳規陋習，就只是把同樣的金狗鍊套在不同的狗脖子上罷了。」

然後呢，由於卡洛斯在西班牙歷史中非常重要，所以我們把蘇馬拉卡雷吉[199]、卡布雷拉[200]、埃斯帕特羅[201]等人留到下一章再詳述；現在我們先來看另一位巴斯克作家，皮奧·巴羅哈，在他的作品中也提及此事，他用兩句話形容卡洛斯黨：**其一、卡洛斯黨是種有紅冠的生物，平時棲息在山上，偶爾會高喊「窩草~~」然後衝下山攻擊人類；第二、「閱讀」、「憂國憂民」和「增廣見聞」可有效治療「卡洛斯症」**；其實還可以延伸到第三點，而且任何黨派都適用：**歐洲的界線其實是庇里牛斯山以北**。

當然嘍，皮奧·巴羅哈為了躲避卡洛斯黨，不得不在一九三六年逃往法國，因為他們想「謝謝」巴羅哈的金玉良言，雖然他住在共和黨地區，可是就怕子彈就算沒射中他，也有可能波及他人。不過像巴羅哈這種誠實的「無差別批評」，不論是哪一黨派，遲早都會被惱羞成怒的兩邊人馬給殺了，反正兩邊都把他記在「最該殺的死亡名單」上了，這就是西班牙，呵呵。

199 Tomás de Zumalacárregui，1788~1835，第一次卡洛斯戰爭之將軍，通常被認為是西班牙烘蛋的發明／推廣者。

200 Ramón Cabrera，1806~1877，西班牙軍人，有名的卡洛斯黨領袖，參加了前兩次的卡洛斯戰爭。

201 Baldomero Espartero，1793~1879，西班牙軍人、政治家，曾三次出任西班牙首相，並於一八四〇年至一八四三年擔任西班牙攝政，十九世紀上半葉西班牙激進自由主義派別的代表人物。

49 秋後算帳

好啦，我們故事說到第一次卡洛斯戰爭，西班牙果真孜孜不倦維持好戰的優良傳統。而這章，在西班牙已經有夠荒謬的歷史上，添了一筆奇怪的悖論：王位競爭者卡洛斯閣下，明明就虔誠又保守（他吃三餐、睡前都會禱告，還支持專制中央集權）；而他的支持者，納瓦拉、巴斯克、加泰隆尼亞等，講白一點，都是些更熱衷於追求自身的特權和政治、經濟自治權的；換句話說，大部分卡洛斯軍隊的目標就只是推翻馬德里的自由派政府，似乎沒想到如果卡洛斯當上國王，該地的特權對他來講根本是屁，放完就忘記。

不過各位回想一下，讀到目前為止，每一段美妙又有啟發性的西班牙歷史，無論是「邏輯」還是「條理」，任何用到腦細胞思考過的決定，在西班牙可真是鳳毛麟角、寥寥無幾。在西班牙，不管有沒有內戰，也不管是先禮還是先兵，無論是卡洛斯黨還是自由派，最要緊的就是「秋後算帳」，這點倒是全民同心；除了足球之外，大概就是「報復心」最能激起西班人牙東奔西走的熱情了。

由於對抗拿破崙時有過充分的練習，卡洛斯黨又以拿手的「游擊隊」和「叛亂」揭開序幕，之後才由零散政黨組成軍隊，西班牙北部由卡洛斯黨蘇馬拉卡雷吉將軍帶領，阿拉貢、加泰隆尼亞則是由卡布雷拉領軍；他們在這些地區受到大多數農民的支持；但城市裡的資產階級、或思想比較先進的，都還是站在年輕女王伊莎貝拉二世這邊。所以卡洛斯閣下急需要一座城市，因為（他覺得）有可能將來他的王國會需要首都，於是他堅持要攻下畢爾包，但是此地負隅頑抗，而且蘇馬拉卡雷吉將軍在攻城戰中喪生，成了「已故的」卓越英雄。

至於另一位英雄卡布雷拉，綽號「美斯特拉格之虎」，聽這個綽號就知道他可是實打實野蠻沒人性。例如當敵方（也就是政府官員，他們對付敵人的手段其實一樣野蠻沒人性）毫無理由的斃掉卡布雷拉的媽媽，於是卡布雷拉就抓了幾個官員的家眷，然後帶她們去城牆邊，以牙還牙以眼還眼，事後還抽起雪茄。此類型的「無限循環報復」就是整體戰事的風格調性，多麼的「西班牙」呀！任何西班牙人看到都會因為熟悉而揚起溫柔的微笑「喔～這就是家鄉的感覺」（各位如果想看戰爭影像的可以在網路上搜尋「費雷爾・達爾茂（Ferrer Dalmau）」，他畫了不少幅關於卡洛斯戰爭的作品）。

另一方面，外強勢力當然不會錯過這個混水摸魚、趁火打劫的機會。歐洲支持卡洛斯黨的當然是一些理念相同的專制國家，像是俄國、普魯士[202]、奧地利；而支持伊莎貝拉二世的自由派政府，

202　Prusia，乃中世紀至第二次世界大戰結束為止，存在於中北部歐洲的一個國家或地區，第二次世界大戰後，普魯士的西部地區併入西德，中部併入東德，地理意義上的普魯士已不復存在。

有葡萄牙、英國和法國，甚至派軍支援。值得一提的是，不論是卡洛斯黨這邊或是自由派政府，遇到敵方，就算是外國軍力，也都一視同仁的公平「處理」，沒有在跟你客氣的；此舉當然就會引起別國抗議，尤其是英國（他們很容易大驚小怪），不過想也知道這些抗議西班牙可是不痛不癢，拜託～這可是西班牙！就連作家理察．福特[203]在描寫卡洛斯戰爭時，都寫道：「西班牙人一直都很殘忍；他們認為軍事法庭很『野蠻』，但評論漢尼拔時卻覺得他『不那麼善良但很凶猛』」。補充另一段讓各位更加了解：「每次情況有異時，西班牙就會殺光囚犯，因為他們說這樣才是『管好犯人』」。

好啦，西班牙就在這樣愉快的氣氛中，發生了不只一次，而是三次，三次的卡洛斯戰爭；而對西班牙接下來的政治影響重大，而且是不好的影響。

第一次卡洛斯戰爭是自由派的埃斯帕特羅將軍戰勝後，簽署《貝爾加拉協定》（*Abrazo de Vergara*）而落幕；卡洛斯派的馬洛多[204]與自由派的埃斯帕特羅，兩人突然感情變超好，好到都可以共穿一條內褲了唷，兩人表面上說著：「事到如今過去就讓它過去，我們將來要和睦相處相親相愛唷～～」同時小聲說：「我的好處呢？」

第二次的卡洛斯戰爭較傷亡較低，起因是因為伊莎貝拉二世與卡洛斯閣下的兒子聯姻未果。而第三次，又是伊莎貝拉那個胖子：一八七二年政變推翻伊莎貝拉二世，又開始革命、硝煙彈雨；但其間發生的事容我待後文詳述，但其中的重點是「卡洛斯戰爭導致軍方大量干預政治」。

就像先知灼見的拉臘[205]所描寫：「上帝請保佑我們別再落入英雄之手中。」

203 Richard Ford，1944~，美國小說作家。他的長篇小說《獨立日》曾經獲得普立茲獎。

204 Rafael Maroto，1783~1853，西班牙將軍，曾參加第一次卡洛斯戰爭，《貝爾加拉協定》的簽署人之一。

205 Mariano José de Larra，1809~1837，西班牙十九世紀浪漫時期的作家，以其多產的批判性諷刺短文聞名。他的《短篇集》(*Articulos*)即為由多篇短文所組成的作品，在每篇文章中拉臘都使用幽默詼諧的方式來論述他生活周遭所發生的事情，並且藉由這些事情來批判西班牙的社會以及其民族性例如：懶惰、無知、沒有教養等等。

50 落入英雄手中

西班牙人看自家的十九世紀的歷史很少會覺得無聊，光是歷史年表之豐富程度，就可以想像當年是何種光景。十八世紀西班牙一共經歷了五個國王，不過不論好壞，幸好政體都只有一種。但十九世紀，除了有國王、攝政王、女王、女王的男朋友（們）、國王的男朋友（們）、共和國總統跟將軍，加上卡洛斯戰爭跟殖民戰爭，西班牙當時大概經歷了兩百種政體：影子政府、混和政府、對立政府、聯合政府和暫時侵占政府。可謂「吃像最難看」的權利鬥爭時代，無出其右。

著名的「土地徵收政策」，只是理論上很美好很公平，實際上資產、土地只是從「教會」手中轉移到「少數人」手裡，讓寡頭政治中的特權階級更加呼風喚雨，叱吒風雲；但是農民更加貧窮。此外一些較大的城市的工業化也造成大量的無產階級，待遇低得不合理、工人餓肚子，當然會造成民怨。

我們把鏡頭轉回馬德里，女王伊莎貝拉二世（她的朋友、軍官情人、想當她入幕之賓的都叫她「小伊莎貝拉」）沒有他爸斐迪南七世那麼混蛋（他可是開天闢地以來級數最高的王八蛋，就連在西班牙也難以找到可與其媲美的了），不過那個死八婆完全繼承了她混蛋爸爸的表裡不一跟荒淫。即使如此，西班牙仍在繁榮的道路上持續前進。

但從女王結婚後情況開始走下坡。她老公，也是她堂哥弗朗西斯科．波旁，這位老兄可不只是普通的同性戀，是那種可以奪得「全球娘娘腔冠軍錦標賽」還連任冠軍，結婚那天新郎禮服上的蕾絲花邊比女王還要唯美浪漫。這種情況平常沒什麼，畢竟每個人愛怎麼做、爽怎麼穿都是自由；但這是王室，而且西班牙正值多災多難飄搖不定，這場婚姻帶來了許多後遺症、驕奢淫逸還有醜聞風波。一方面小弗殿下這邊有他自己的顧問、親友團，還有嘍囉跟班，讓王室更加聲名狼藉。另一方面，王室婚姻都是以「確保繼承人之正統方以延續家族之權力、金錢及資產」為最主要目的，再加上女王一丁點都不像跟她同名、柔弱纖細的西西皇后[206]（她們兩位可是差了十萬八千里），她可是非常喜歡肉體的交流，並且快要開始「睡遍皇宮染指年輕小弟弟」的生活。當時教皇庇護九世對這位女王的評論也很有意思：「她很淫蕩，但虔誠。」

她後來的十一個孩子只活了六個，爸爸似乎都不同人，真是有夠全力以赴呀；孩子的父親有皇宮中的人，也有軍官（女王可是睡了不少將軍）和一位私人祕書。由於將來阿方索十二世在西班牙史上也有些重要性（他還有一部電影《你要去哪裡？》），所以我們特別提一下他爸爸，是一位非常

206 Sissi，1837~1898，奧匈帝國法蘭茲．約瑟夫一世的皇后，以美貌聞名，晚年遭無政府主義者刺殺身亡。

帥的軍事工程師，叫做恩里克・普伊莫多（Enrique Puigmoltó）。

政治方面，女王不像現在的不太干政，而是什麼都愛插一腳，尤其動不動就換政府：有時是情勢所需，但有些時候只是她個人的異想天開。總之她就如此任性妄為的一個女子。又加上在卡洛斯戰爭展頭露角的軍人（拉臘曾建議女王不要信任這些「英雄」），這些人在伊莎貝拉二世執政時代不斷搞政變、不服從命令、胡搞瞎搞，讓已經有夠荒誕可笑的政壇更加複雜。

第一次卡洛斯戰爭結束對西班牙來講很莫名其妙：這是史上唯一一次沒有分出勝負的內戰；因為簽署《貝爾加拉協定》之後，卡洛斯黨的軍官加入國家軍隊，讓他們的工作和薪水得以保持下去，此舉不但代表和解，同時尊重敵人有智慧，堪稱典範。可惜的是一直到一九七六年都沒再發生過這種好事，而且二〇一九年似乎又要再次引爆危機。

總之，「軍人病毒」已經蟄伏在西班牙的政治體系。一些將領、將軍開始積極參與政治；其中比較有名的有：埃斯帕特羅、奧堂奈[207]、納爾瓦埃斯[208]（馬德里有幾條街道因他們得名；是說會不會有哪天被改成「人性街」、「博愛路」、「平易近人街」之類的，以彌補一下這幾位性格上的缺失），我們會在下一章同樣激情，但令人惋惜的西班牙歷史繼續討論他們。

207 Leopoldo O'Donnell，1809~1867，西班牙貴族，軍人和政治人物，非常有名。
208 Ramón María Narváez，1800~1868，西班牙將軍和政治家，曾多次擔任西班牙首相。

51 特權階級得利

伊莎貝拉二世的統治時期是一連串的震撼衝擊，充斥著亂七八糟的骯髒金錢交易和刀劍錚錚不絕於耳。當時的概況就是：幾乎不識字的女王個性驕縱任性，喜歡找宮廷中的雄性人類交配；不安分又野心勃勃的將軍，再加上全都很貪汙腐敗沒有例外的政治人物（將軍也算在內），這些人常常互看不順眼，不過倒是可以在老牌高級餐廳一起享用大餐，一邊瓜分利益。就像消防員的那句老話「同行別互扯後腿」。經過多次的鬥爭拉鋸、小政變、小革命（雖然都是只是演戲，就算出現斷頭台也只是道具），西班牙政壇兩位大頭奧堂奈和納爾瓦埃斯，分別創立兩個政黨：「自由黨」和「溫和黨」，在第三方埃斯帕特羅的同意下，兩黨輪流執政，這樣大家就能輪流快活輪流享受。輪到的政黨一旦執政，首先就是把對方的人馬的官員辭退（這叫暫退），然後把自家親戚、朋友、合作夥伴安插個職位；然後等到下次另一個政黨執政，又是同樣的流程，不斷輪迴。

那幫無恥的流氓割據瓜分西班牙利益好一段時間，其中包括被外國銀行家賄賂的首相，用「買票」、「脅迫」贏的假選舉（不選我就揍翻你），可憐國家都屁股開花了。但總是有幾位權力脈絡沒那麼盤根錯節的，甚至有些正直的人，雖然很少；社會爭議、高漲的負面情緒，時常有刀光劍影、暴動、起義等等；通常解決的方式不外乎鎮壓或流放：北非、加納利群島或是菲律賓，當時西班牙還有剩些殖民地的。整個詳細過程，各位可以參考加爾多斯所著的《民族紀事》，或是巴列因克蘭[209]所寫的《伊比利舞台》系列歷史小說，都可以讓我省下贅述細節時間。

當時全歐洲不斷進步，西班牙看起來也緊追在後，整體經濟看起來確實是大有改善（至少有產有權的都混的不錯）。加泰隆尼亞的特權階級因為紡織業興盛，每個都富的流油，腰纏萬貫黃金；當時說自己是「西班牙人」比較划算，也還不用去安道爾、列支敦斯登開戶避稅；當然飢餓、被剝削的工人是不安因素，不過巴塞隆納動盪、起義什麼的，用炸彈處理一下就萬事大吉（埃斯帕特羅向巴塞隆納丟了一千枚炸彈；不過普里姆將軍[210]身為加泰隆尼亞人，卻炸了同鄉五千枚）。

另一方面，在當時還叫巴斯克加達省（Provincias Vascongadas）的巴斯克地區，除了一些卡洛斯黨餘孽，大致上都很平靜。工業化時代，尤其是鋼鐵產業發展蓬勃，該地區有工作機會，還算富裕；加上薩維諾．阿拉納[211]這個白痴還沒開始胡說八道什麼「西班牙壞壞巴斯克讚」；沒有人在乎「獨立」、也還沒想到要射殺警察和支持西班牙主義的人等等。總之，重點是巴斯克地區跟加泰隆尼亞的特權、資產階級，跟西班牙其他地區一樣，都跟上了這股賺錢風潮，他們雖然偶爾會動盪不穩，但還算繁榮有前景。

當時鐵路、礦業和銀行興起，權貴地主、金融家、投機者握有大權；其次是資產階級增多，使中產階級也有所成長；但這一切的背後有一部分不見天日的黑暗面，也就是廣大的勞工階級和農民。他們沒受過教育，被老闆或地主壓榨、操縱；這場一點都不公平的「舉國歡慶經濟起飛」把他們完全排除在外，他們的生活沒有未來和前景；他們的孩子只能耕種，或在工廠用血汗換取微薄的收入，但一有戰爭發生，所有家中的勞動人口還會被送去戰場；他們的怒氣、憤恨因此日漸高漲，但所有的抗議、不滿都會被警察、收賄的法官無情鎮壓；更糟糕的是政客煽動、利用這些不滿的負面情緒來打擊對手，一點都不在乎要解決他們的問題或幫他們脫離困境。

我引用某人的言論舉例說明這種不負責到極點，都可以算是犯罪行為的言論，這人叫路易斯·龔薩雷茲·布拉沃[212]，他是西班牙政府官員，同時也是記者，披著政治人物的皮，實際上打壓自由風氣；他執政時期是政府的老鼠屎，死了都要支持卡洛斯黨。他說：「我覺得這種小規模、只是跟

209 Ramón del Valle-Inclán，1866~1936，西班牙劇作家、小說家和詩人，西班牙九八世代的代表人物之一。

210 Juan Prim，1814~1870，西班牙將軍和政治人物。

211 Sabino Arana，1865~1903，西班牙巴斯克地區出身的作家和巴斯克民族主義黨（PNV）的創始人；阿拉納主義（aranismo）強調種族主義、獨立主義和天主教教義；阿拉納為巴斯克語制定了正書法，他剔除了許多與西班牙語有關的字母和發音，為保持語言的純淨化。

212 Luis González Bravo，1811~1871，西班牙政客和記者，曾任內政部副部長，內閣大臣，里斯本和倫敦的大使，以及內政部主席。

警察的抗爭很煩人，我們應該搞一齣轟轟烈烈的，然後抓住敵人搞死他們。」這是他在某場演說中非常自然毫不臉紅的話，原汁原味沒刪減。是不是很不負責的混蛋？

52 民之所欲

在伊莎貝拉二世統治的最後幾年，西班牙政治、道德墮落腐敗，使君主立憲制政府變成了一部怪誕的小說。

投機者利用不當手段、假破產、詐欺因而致富，卻逍遙法外；市政當局仍掌握在腐敗的政治領導人手中；新聞自由？不可能！憲法保障的權利被政府拿去擦屁股，沒有一條被執行；**民眾受煽動而戰鬥，戰勝後就被遺忘在角落**；這些政治人物就只是一群虛偽、只出一張嘴、連自己的親生老媽都敢騙的傢伙。

議會裡的傢伙為爭權奪利打到頭破血流，然後變成一大票政治流氓，這種選舉騙局鬧劇總是建立在底層民眾悲慘的情況上，在一八三六年至一八六八年之間層出不窮。一群肆無忌憚、高調虛榮的政客、銀行家和無恥軍中領將合謀（這些人汙辱了「民主」一詞），他們被任命「長官」、「將軍」駐紮在各地，是「武力支持」還是「反抗起義」完全只是看他們的喜好、心情或野心。人民的呼聲越來越高，但上面不但沒有人要聽，還以棍棒、煽動罪、流放跟槍決回應百姓的吶喊。每當有戰爭爆發，窮人的孩子就得去打仗，但有錢的家庭卻可以付錢雇一個窮人代替。更何況那時期所有莫名其妙的外戰，例如侵略摩洛哥、太平洋戰爭、西墨戰爭、交趾支那[213]戰役和幫教皇國打義大利，大部分的情況下西班牙只是去幫大國提鞋，對國家一點好處也沒有。

自從失去大部分的美洲殖民地以後，西班牙就從強國桌上的主位被擠到旁邊去了。而大名鼎鼎的普里姆將軍（就是那位把加泰隆尼亞軍都打包帶走的將軍，到現在有些人提到他都還是會生氣），他在北非戰勝的消息，跟西班牙太平洋艦隊沒個屁用的英雄事蹟，都被吹捧成「愛國、戰爭壯舉」，被執政者收買的媒體大肆宣傳報導，但其實都是為了掩人耳目，更加坐實了「激進的愛國主義根本就是無恥政客轉移焦點的避難所」。

但在這群垃圾王公貴族、政客、投資者跟軍人的檯面下，情況漸漸改變。開始有一些真正的英雄，有男有女，建立大眾教育的體系，因為他們相信「文盲百姓就算有投票箱也毫無意義」，「群眾受教育才是改革的唯一途徑」，而且已經開始有人提議「共和國」可以代替「君主制」。他們偷偷摸摸的在祕密基地讓農民與勞工學習書寫、閱讀、藝術和工業應用科學、婦女解放等。在沒有廣播、電視的年代，利用戲劇來發揮很大的成效。當時各種類型的印刷品、書籍、小說等廣大流傳，有些甚至可以糊弄審查制度。隨報附贈的系列小冊子開始很流行，資產階級跟底層的民眾對於閱讀熱情高漲。就像歷史學家豐塔納[214]所描述的「一種基於對現存社會的批評的文化，並帶有大量的反軍事主義和反宗教主義」

就這樣，除了一直以來的零星抗爭，西班牙也爆發了事態嚴重的革命，像是「一八五四革命」[215]、「聖吉爾砲兵營起義」[216]，都是以武力、槍決收場的等級，當然，依照慣例，百姓被帶頭的拋下，獨自面對槍林彈雨；勞資衝突不斷加劇，像是從加泰隆尼亞開始蔓延的、西班牙史上第一次大罷工，紅色橫幅標語上寫著「麵包・工作」，宣告了君主立憲制的落幕開始倒數計時。

無論鄉村還是城市都接連發生殘酷鎮壓的暴行，加上西班牙一直以來都沒有司法正義，許多倒楣鬼不得不像俠盜一樣躲進山中，只不過他們不像電視上那麼帥，也沒有主題曲。由於這些動盪、抗爭讓當時政府有點擔心，於是「西班牙國民警衛隊」因應而生：他們是保護鄉村地區的安全的憲兵，不過比較常被用來鎮壓百姓。君主制開始分崩離析，政治人物意識到，再不改變他們的利益可

213 Cochinchina，是中南半島的一個歷史地名，位於現今越南南部，占越南南部面積的三分之一。

214 Josep Fontana，1931~2018，西班牙歷史學家，著有《為帝國好，自一九四五年後的世界史》，被認為是二〇一一年最好的歷史書籍，能夠全面了解第二次世界大戰後所有歷史事件。

215 Revolución española de 1854，也被稱為 Vicalvarada，一開始是武裝軍變，後來演變成大規模的起義。此次過後政府由「溫和」過渡到「激進」。

216 Sublevación del cuartel de San Gil，一八六六年六月二十二日在馬德里，針對伊莎貝拉二世女王的暴動，由進步政黨和民主政黨主持，旨在推翻君主制。

能會脫序搞砸，於是他們聯合起來，幫舊酒換個新包裝，不過還是換湯不換藥，由此吹起「革命」的號角。終於啊！

53 走馬赴任，觀望，閃人

可是各位不覺得奇怪嗎？伊莎貝拉二世、埃斯帕特羅所在的西班牙政府像一齣搞笑鬧劇，已經搖搖欲墜了，但是歐洲列強中，西班牙卻還沒有用「革命」掀翻御座上的王：英國的查理一世、法國的路易十六都被砍了，若這不是革命，那什麼才是。德國、甚至對天主教死忠的義大利都開始對「共和國」感興趣；可是西班牙勒？他們不是很桀驁不馴、很有男子氣概嗎？旅遊書上都把「陽剛、血性」當作觀光賣點了，果然廣告不可盡信。

在這個無知、順從、每天禱告的西班牙，正常的國王少之又少，若不是罪大惡極，就是軟弱無能，而且越該死的越是壽終正寢，像是最討人厭的斐迪南七世就是，不過這次他女兒伊莎貝拉二世可能就沒這麼好運。這個女人任性、敗事有餘；軍營中也有一堆亂七八糟的事情；無恥政客不是被銀行收買，就是跟銀行合作，因而造成金融風暴經濟危機。西班牙就像快要淹過吃水線的超載船隻，點整面牆的光明燈也難以挽救沉沒的命運。敗事有餘的女王老愛安插她的情人在政府部門，遭到所有人的反對。因此由名聲響亮的普里姆將軍帶領的政軍菁英，加上革命委員會、窮途末路的農民、失業的勞工的支持，發動武裝軍變[217]。「阿爾科萊亞橋之戰」[218]之後，皇家軍戰敗，而我們親愛的女王伊莎貝拉跟大臣馬佛立[219]，原本還在西班牙北部度假（這個死八婆的最後一次假期），他們只得包袱款款，跑路法國。

革命戰勝後，很多人都會先解決幾個私人恩怨，紓壓一下（大家還以為革命會帶來改變～傻蛋！）；像是戰勝後將軍立刻解散革命委員會，對他們說：「對～兄弟～對，你說的都對，革命萬歲；不過現在你先回你家，乖乖休息一下，星期天去鬥牛場逛逛；接下來交給專家（也就是我們！）處理，你放心。共和國？喔我當然不會忘記，可是這件事還要從長計議，現在我們先『暫時』找個國王，共和國我們就且行且看，懂嗎兄弟？」於是，革命政軍菁英就真的開始為西班牙找尋另一個國王，這次是「君主較輕憲較重」的君主立憲制，加上一點進步主義，還有一瓶蓋的熊寶貝柔軟精；事實上跟之前差不多，不過看起來比較現代化罷了，不過女人當然還不能投票啦，於是這些光榮革命軍官，和他們背後的財團合夥人，又再次掌握住西班牙的生殺大權。

負責此事的加泰隆尼亞人將軍，胡安．普里姆閣下，便開始這段荒唐、莫名其妙的「找尋國王」；我之所以說它「荒唐」，是因為十七世紀末時曾因多方搶奪西班牙王位，而發生過「繼承者戰爭」，現在那個御座送人都沒有人要，「我才不要勒！誰愛誰去接燙手山芋，你不會去問你爸？」最後，普里姆將軍成功騙來了義大利薩伏依王朝國王的兒子阿瑪迪奧（Amadeo de Saboya），他可能被灌醉，又聽說「你如果來就買機車給你」才糊塗答應；可憐這傢伙被罵到狗血淋頭：支持女王伊莎貝拉跟他兒子阿方索的說他是「篡位者」，卡洛斯黨也這樣叫他；支持共和國的傢伙覺得自己被騙；天主教徒則因為他老爸為了統一義大利而逼迫教廷，也看他不順眼；其他普通百姓則是覺得他太胖看他不爽。

事實上阿瑪迪奧是個本質善良的自由派，跟獨立戰爭時的約瑟夫．波拿巴相似，原則上算是個不錯的傢伙。但是，西班牙一直是折刀、暴力、忌妒、居心不良之地，像他這種人在此地不會有出息。貴族對他愛理不理，公爵夫人也拒絕進宮當女官，還戴上她們的蕾絲頭紗以表自己的「民族自豪」，那票傢伙還會嘲笑阿瑪迪奧的義大利口音跟民主理念，更糟的是說服他來西班牙的普里姆將軍，在他上任前就被一槍斃命。

西班牙糟糕到一個靠北，阿瑪迪奧收拾好行李，圓潤的滾了，揮一揮衣袖，不帶走一片雲彩，倒是留下了他對西班牙理性、清晰的批評，而且該診斷甚至一個半世紀後依然準確：「如果西班牙

217 一八六八年九月十九日，由普里姆、弗朗西斯科．塞拉諾和包蒂斯塔．托佩特等將軍在加的斯港口發動暴亂，幾天後全國的叛軍迅速響應，史稱「西班牙光榮革命」。革命直接結束了伊莎貝拉二世女王的統治，在十月八日成立了塞拉諾將軍臨時政府。普里姆於一八六九年六月上任首相。

218 Batalla del puente de Alcolea，一八六八年九月二十八日，保皇軍敗，女王伊莎貝拉二世因此流亡法國。

219 Carlos Marfori，1821~1892，女王伊莎貝拉二世的寵臣，相傳是她的情人。

的敵人都是外來的也就罷了，但並非如此。所有的刀光劍影，口誅筆伐，持續加重傷害民族的，皆為西班牙人。」

54 共和國呀垮下來，垮下來……

咚咚隆咚鏘，各位先生，各位女士，隨著女王落跑到法國，讓我們一起歡迎西班牙第一共和國～共和國，以及它後續問題抵達了西班牙。這個國家每十個人就有六個文盲（法國才三個），而且一三四〇五位市議會議員和四六七位市長不識字。貧窮西班牙受制於將軍、主教和投機的金融家，政治掌握在沒有軍力也沒有章程的政黨領袖手中，選舉根本是在搞笑。由於政治階層該死的漠不關心，公眾教育嚴重失敗：教會繼續誤人子弟，六千個村莊沒有學校，一萬兩千名登錄在案的老師，有一半被官方列為「缺乏教學訓練」。總之，一言難盡。

假借「自由主義征服者」名義，寡頭政治、經濟，農地的新主人（他們指責別人都很大聲，直到土地變成他們就都不說話了），摧毀農民生計，更糟的是貴族、教會統治下的糟糕處境，成了壓垮農民的最後一根稻草。至於歐洲其他國家積極高效率的工業化，在西班牙只限於加泰隆尼亞、巴斯克以及一些周邊地區，例如馬拉加、阿爾科伊、塞維亞等，這些大多是由私人企業投注的心力，歷史學家豐塔納就曾指出：「他們完全無法影響那些不但不支持工業化，反而對工業化保持懷疑態度的領導人」。而這種懷疑，正是出自於對「革命」的恐懼，當時西班牙的統治階級眼裡，作坊和工廠是勞工的地盤，要小心；尤其是歐洲社會主義風氣正盛，像是血腥收場的巴黎公社事件，讓特權階級有點抖。

因此，西班牙工業落後，人民無法脫離務農和窮困的情況，並不單純是國家疏忽，而是絕大部分的政治階層刻意造成的（因為這樣比較好控制，只要叫地方首長、警察或棍棒就可輕鬆鎮壓）；根據馬丁內斯·德拉羅薩[220]的想法，還好西班牙缺乏工廠和作坊，「煽動低下階層的不良教義，幸好不像其他國家那樣普遍」。就在這種對未來不抱期望的氣氛下，以二五八票贊成和三十二票反對（奇怪的是共和國只有七十七名議員，其他的票不知道是怎麼混進來的），西班牙第一共和國成立了，而且不幸的只會維持十一個月，因為西班牙的政治、軍事、宗教、金融甚至是大眾力量，從一開始就計畫有系統的瓦解它。

由於有些人想要統一，但也有人想要聯邦制，於是在事情尚未明朗前，有些傢伙就自行宣告「聯邦主張」，沒有計畫、組織，甚至連個能配合新制度的新憲法都沒有。而在某些人的觀念裡，「聯邦」是一種全國性的協定，但另一些人又覺得應該是「區域自治制度」，又有一些人覺得這根本是各自為營、「各自極權」，也有人認為這是一場「社會革命」，可是沒人說得出來為了什麼而戰、該如何組成，也說不出要送誰上斷頭台。

議會根本就亂七八糟，比八點檔鄉土劇還要撲朔迷離，百姓越來越不耐煩政客的敷衍和胡說八道。最後在阿爾科伊發生動真格的勞工反抗；更棒的是古巴這邊也來火上加油，發起獨立起義；西班牙非常會挑時機作亂的卡洛斯黨，也認為天主教價值觀、特權優惠、還有一些拉拉雜雜的小事受到威脅，於是再次整裝待發，呼喊著「上帝、國土、特權、國王」，邁向「第三次卡洛斯戰爭」（這次會打很兇也打很久唷）。而一群各擁其主的政府軍，每個都不忘為自己打算，完全不服從上級，像是來搞笑的，只有一名叫做杜隆（José Turón y Prats）的將軍，他的軍事生涯中從沒有背叛國民軍，說不定他的同袍還背後批評他是「膽小如鼠、沉默無趣、娘娘腔」咧。

所以，也難怪後來許多地方宣稱自己是「聯邦」甚至「獨立」，史稱「州郡叛亂」，這段故事我們待下章再詳述。

220 Martínez de la Rosa，1787~1862，西班牙詩人、劇作家、政治家和詩人。一八三四年一月十五日至一八三五年六月七日，出任西班牙第一任政府主席。

55 州郡之亂

無論是左派還是右派的歷史學家，都一致認同「西班牙第一共和國根本是私娼寮」這點。在歷時十一個月的時間裡，就換了四位總統；保守派策畫陰謀，而共和軍內鬥到不可開交。剛出爐的西班牙共和國只有當時還很小咖的美國跟瑞士承認，其他國家都準備好爆米花看西班牙笑話；而西班牙國內，因為第三次卡洛斯戰爭和古巴獨立戰爭而焦頭爛額，起草了一部從未實行的憲法：宣稱西班牙聯邦國有**十七個州**、**五地區**；但是實際上數量比憲法上所說的還要多：因為三十多個省、城都各自宣布獨立，互相對立，有的甚至都開始進行外交事務；例如格拉納達就對鄰近城市哈恩開戰，或是卡塔赫納對馬德里和普魯士宣戰，膽子真肥呀。

這些亂七八糟的事情在歷史上被稱作「州郡叛亂」（La insurrección cantonal）：在一個暴力、危險、混亂的環境中，聯邦主義、州主義、社會主義、無政府主義、反資本主義和民主交織，群魔亂舞，甚至連總統都得落跑到國外去，再發辭職電報回西班牙。其中一個還寫道：「他媽的我受夠了！」

但這些主張和理論都是空話、幻想且無法實現；在西班牙，執政者總是遮遮掩掩閃爍其詞，然後民眾最壞的猜想往往成真。議員根本不知道大眾的訴求是什麼，更不要說「實現」了，因為他們總覺得「干我屁事！」，結果就是那些沒受過教育只受過苦的基層民眾，嚴重被剝奪自由跟應得的權力而滿腔怒火。

當時的議會記錄上，充斥著煽動、不合理、不負責任，令人起雞皮疙瘩的政策。議會座位上什麼人都有，無論是激進的左派或是大主教，人人都要插一腳，就像哲學家胡立安．馬里亞斯[221]在他的作品《明白易懂西班牙》（*España inteligible*）中所寫的：「在那邊，只要內容沒有意義，只要不切實際，就可以想說什麼就說什麼。」

好處是，西班牙終於允許宗教自由，這讓天主教會非常憤怒，可以合法離婚，並且廢除死刑（雖然很短暫）；但另一方面，在那個支離破碎，四分五裂，充滿民兵、軍旗、煽動、胡說八道，理智蕩然無存的西班牙，政府也不敢用武力鎮壓，因為國民軍菁英已經臭名昭彰，再說大家也不願服從他們的指揮。

221 Julián Marías，1914~2005，西班牙作家、哲學家，是西班牙哲學家奧特嘉的學生，自一九六四年以來便為西班牙皇家學院院士。並在一九七七年至一九七九年間被皇家任命為參議員。他從一九七九年創立以來一直擔任社會學研究基金會（FUNDES）的主席，直到他去世為止。

文謅謅又肉麻到讓人受不了的西班牙詩人加斯帕・努涅斯・德・阿爾賽[222]，在他精雕細琢的詩句中描述了當時西班牙的光景：「可敬的自由下海賣身／你們快聽那土狼嚎聲／在阿爾科伊、在蒙蒂利亞、在卡塔赫納。」卡塔赫納就是叛亂最活躍之地，左派中的左派，非常好戰，甚至最終政府決定收拾那群亂七八糟的土匪頭子時，他們便化身為米高梅電影開頭的獅子，拚命抵抗；加上該地城池堅固，又有自己的軍隊，因此「州郡叛亂」在該地和安達魯西亞便持續了好一陣子，直到當時政府說「幹！你們不要太過分喔！」，派了馬丁內斯・坎波斯[223]、帕維亞[224]將軍，用雷厲風行的方式解決：大砲射你個乾淨俐落！

同時，因為議會沒有半點鳥用，所以議員根本也不出席了，於是在一八七三年九月至一八七四年一月議會休會；當這些人恢復上班時，帕維亞將軍（他被歷史學家描寫為「發情種馬、沒什麼腦袋瓜子的人」）在右翼保守派、麾下軍隊以及西班牙國民警衛隊的支持下，包圍了眾議院（一個世紀以後特赫羅中校在二月二十三日做了一樣的事，老實說他跟帕維亞差不多笨）。

面臨如此威脅，西班牙第一共和國議員一開始發誓「寧願英勇犧牲，也決不屈服背叛國家」，但在第一聲槍響後什麼原則都是屁，全都逃之夭夭，有的還從窗戶跳出去。所以剛出生不久、不幸的西班牙第一共和國，就以如此荒唐、無腦鬧劇的方式收場。

222 Gaspar Núñez de Arce，1834~1903，西班牙詩人，劇作家和政治家。他曾五次獲得諾貝爾文學獎提名。

223 Martínez Campos，1831~1900，西班牙軍人、政治家，一八七四年的軍事革命中反抗西班牙第一共和國，恢復了西班牙的波旁王朝。後來，他成為古巴的統帥。

224 Manuel Pavía，1827~1895，西班牙將軍，第一共和國結束始作俑者之一。

56 賤民奮起吧！

象徵了對「自由」的試驗的西班牙第一共和國，由無恥的政客和無知、不負責任的百姓聯手，在一八七四年崩壞殆盡：基層百姓因為希望破滅而失望沮喪，一些領導者極端舉止，另一些則深怕「革命」再次發生；社會動盪導致整個西班牙兵荒馬亂，驚動了有錢有權的階級，於是用粗暴的手段結束了這個短暫的實驗。但這整個過程讓西班牙社會幾乎停擺；人民也只想要過平靜、安穩的日子，「可以溫飽、有熱食就好；自由什麼的代價太高」，於是放棄了許多重要的事情。西班牙就由見縫插針很厲害的塞拉諾[225]將軍暫時統率革命後的獨裁政權；他將必要的改革和目標無限延期，愚蠢的停滯不前；最糟糕的是他完全沒有從「州郡叛亂」、第一共和國的混亂中學到任何教訓。

但是世界在改變，最基層的人民漸漸睜開眼；有些地方也因為教育、書籍而開始有所覺悟，原本已經放棄的窮苦賤民也開始想要改變、奮起。尤其是一個之前不存在的機構「國際勞工協會」在五年前出現，其中也有西班牙的會員。西班牙與其他歐洲國家一樣，在經濟和工業進步之下，資產階級持續增長茁壯；同時，互相傳遞交流書本和思想的勞工也開始組織起來，雖然結構還不算健全，但仍以簡陋的方式來改善工廠和作坊的工作條件。

簡單來說，西班牙已經出現了兩種左派傾向：社會主義，試圖以較和平的手段來達到他們的訴求；以及無政府主義，**既無上帝也沒主人**，他們認為手槍和炸藥是清除資產階級社會腐朽唯一有效的方法。於是「無政府主義」一詞，成為我們現代社會價值觀中「恐怖份子」的同義詞，並在之後的幾十年，主導許多「砲聲隆隆、噠噠噠」案件，不斷上報紙頭條，驚動了政府，也派警察鎮壓。

有個重要的細節順道一提，就在資產階級和工業化發展的全盛時期，在巴斯克地區，例如阿斯圖里亞斯，尤其是加泰隆尼亞地區，投入了大量資金，所以巴塞隆納、薩瓦德爾、曼雷薩、塔拉薩等城市的紡織業，加上與歐洲接壤的地利之便，越來越有錢，於是便產生了一種「不同於西班牙」的虛榮心及優越感；雖然還沒發展成像現代的分離主義（而且巴塞隆納圍城戰發生在一七一四年，也年代久遠），不過倒是很支持「地方分權」主義（像法國雅各賓黨[226]的共和派，在西班牙想都不要想了），也很支持歐洲正在流行的工業化、資本主義和資產階級。至於國家是否一盤散沙？不好意思，耶穌基督只說我們應該視彼此為兄弟，可是又不是親的。

225 Francisco Serrano y Domínguez，1810~1885，西班牙政治家、軍人，曾擔任攝政王、首相及西班牙第一共和國總統。

226 Estado jacobino，是法國大革命發展期間在政治上最有名的和最有影響力的俱樂部，後來從俱樂部成長為全國性的共和運動。他們支持共和黨，捍衛人民主權，因此主張普選，為了捍衛一個強大而集權的國家。

就這樣，一步步逐漸形成「現代加泰隆尼亞主義」（以及其未來的後遺症）。講到這就順道一提，一位加泰隆尼亞富二代政治家，普拉特．德拉里巴[227]，曾精準的刻劃描寫西班牙，而且非常高瞻遠矚：「兩個西班牙：外圍的鮮活、進步、精力充沛；中央的官僚、荒蕪、昏昏欲睡；外圍的是現實，但中央的卻是公認官方」。這段話把獨立戰爭後就錯失良機的西班牙描寫的很好，歷屆政府都沒能讓「進步」領引國家前進。反觀英國、法國、德國在學校就開始宣傳「愛國」神話，以確保老師會向未來的公民灌輸「公民精神」和「團結精神」；反觀西班牙人對教育問題漠不關心，隨著時間的流逝，將導致非常嚴重的後果：名譽掃地的軍隊、迷失方向卻又冷漠無情的民眾、大部分被天主教會掌握住的教育體系、群眾對「西班牙」認知混亂，難以下定義，也讓西班牙的過去、現在和未來，很容易就被騙子和無恥之徒操縱。

227 Prat de la Riba，1870~1917，西班牙加泰隆尼亞主義的政治家和作家。

57《阿方索十二世你要去哪裡？》

十九世紀的西班牙簡直是大寫、粗體的雜亂無序：跟法國打了場凶殘的戰爭；有個冷血、卑鄙、背信的國王（斐迪南七世）；他女兒（伊莎貝拉）無能、任性、水性楊花；一個被當笑話看的假國王（阿瑪迪奧一世）；輸了一場沒有兵的戰役後失去美洲大部分殖民地；古巴起義；州郡叛亂；第一共和國像是馬戲團小丑爭吵而告終；暴亂；接連不斷的軍事政變；不但永遠達不成共識，還被用來攻擊政治對手或鄰居的幾個名詞：西班牙、國家，民族，中央集權，聯邦主義，是說這裡的一切皆是如此。大眾沒文化更加劇了西班牙原本與生俱來的忌妒心、仇恨跟卑鄙。

不過如果用數據來看西班牙，這裡嘗試民主化才十五年，怎麼對抗六十六年的守舊、教廷、刀劍和反動派，選舉也是被操縱的假投票；一直到不久前，都是先叛亂、政變，才得以改變政體。而其他的正常民眾百姓，早就不堪其擾，非常賭爛，他們對混亂、投機主義和政治冒險家深惡痛絕。人民只想要穩定、正常的生活，能有工作，能吃點熱食，兒女能安穩平安長大。有些政治家政治嗅覺靈敏，堪稱人精，他們開始考慮恢復君主制的可能性，前提是底子要先打好；他們注意到跑路在外伊莎貝拉二世的兒子，波旁王朝的阿方索，這個小夥子才十八歲，外表矮小、黝黑、有鬢角，看似討人喜歡、懂事且受過良好教育。

軍隊因為已經習慣了當老大，所以不想附議；但一位名叫卡諾瓦斯[228]的政治家說服了一些人加入，最終他的計畫得以實行，這傢伙可說是當代最精明、能幹的人物。雖說他當時用了一些「沒有很民主」的手段，不過當時群龍無首，加上有塞拉諾將軍千秋萬世的獨裁政府，議會不但完全沒有作用還很腐敗骯髒。卡諾瓦斯的想法還算合理，他覺得這些黨派「任誰上位都一樣爛，乾脆全部砍掉重練」。於是一八七四年十二月於薩貢托，馬丁內斯．坎波斯將軍當眾宣布阿方索十二世為國王，結果這個決定大受好評，塞拉諾只好收拾行李；而波旁男孩也從法國馬賽出發，先經過瓦倫西亞而後抵達巴塞隆納（人家得先探探這些大腕軍閥是不是真心想支持自己）。

一八七五年初，阿方索莊嚴肅穆進入馬德里，受到群眾熱烈激情的歡迎，跟一年前他老母被噓「婊子、妓女」時同樣高分貝的熱烈。在各位看來這只是重蹈覆轍，換湯不換藥；但只要畫個大餅、編些故事，基層百姓很容易相信，而且還信好信滿，因為他們什麼都沒有，只剩下信心，還有天真、愚蠢跟無知。反正阿方索十二世被視為乾旱的甘霖、國家的及時雨，不過大家會是這種反應也是有其原因。

首先，我剛說過，卡諾瓦斯是位了不起的政治家（現代的政治家都應該向他學習的那種典範人物，雖然他們可能不知道卡諾瓦斯是誰）；其次，這位年輕的君主看起來還算不錯，除了愛美人勝過江山這點以外，他算還知時識務，知道自己該做什麼。阿方索十二世因為真愛，還是娶了他老媽的政敵，蒙彭席耶公爵的女兒梅塞德斯[229]（想要知道更多的細節，除了看書，也可以參考電影《阿方索十二世你要去哪裡？》，雖然拍的有點甜膩，可是還不錯看）；這位王后年輕、豐滿、美麗，擄獲所有愛八卦、愛看戲群眾的心。

這對可愛的夫妻廣受好評，而提升了大眾對國家的信心；而這種樂觀情緒也讓經濟更繁榮。卡諾瓦斯巧妙的布局，西班牙看似上了軌道，甚至終於結束第三次卡洛斯戰爭。而國王就像是全民的摯友，他和藹親民，受到全民的愛戴。而且當皇后梅塞德斯的早逝，令這位年輕國王的痛不欲生（那場告別式令人悲傷不已），全民都成了他的死忠粉，西班牙從未有過一個如此受歡迎的國王。

歷史似乎給了西班牙一個新的機會，問題是這一絲光明能夠維持多久？

228 Cánovas del Castillo，1828~1897，西班牙政治家和歷史學家，六次擔任西班牙首相，支持恢復波旁家族在西班牙的王位，後被一個無政府主義者米歇爾・安焦利洛（Michele Angiolillo）所刺殺。在他的政府領導下，一八七六年《憲法》獲得批准，他因「和平移交制度」貢獻極大，因為藉由這個制度，他創造了民主的面貌，從而終止西班牙前幾十年的政治動盪。

229 María de las Mercedes de Orleans, 1860~1878，國王阿方索十二世第一任王后。她同時是法國公主和西班牙王女（她母親是伊莎貝拉二世的妹妹；父親是法國國王路易－菲利普一世的幼子）。

57 《阿方索十二世你要去哪裡？》

58 似敵更是友

阿方索十二世於一八八五年英年早逝，還非常年輕，他在位時間很短，僅短短十年；西班牙進入了繁榮的階段，甚至在政治上也取得了還算合理的平衡（儘管是以犧牲普通百姓為代價）；商業、礦產、資產階級也離當時的歐洲模式越來越近。結論是，西班牙人出國旅行再也不用覺得丟臉了。這般光景是由幾個因素所組成的，但在這邊詳述細節未免也太無趣，這是歷史學家的工作，我不能讓他們對不起薪水，所以我只大概說明。

阿方索十二世被戲稱為「和事佬」，不過也滿適合他的。古巴戰爭逐漸趨緩平靜，第三次卡洛斯戰爭中，卡洛斯閣下差點連內褲都輸了，他只好說「再見我的愛」然後落跑到國外。甚至連逃亡到倫敦的混蛋老不修卡布雷拉將軍，都表態支持新君；直到一九三六年，卡洛斯黨餘孽都沒再作亂。

而經濟方面，阿方索十二世的寶座可以說是用「巴斯克地區的鍛造鋼鐵為基底，燃燒阿斯圖里亞斯的煤礦，再裹上加泰隆尼亞編織的絨布」，因為西班牙整個周邊地區對這位國王很滿意，尤其是巴斯克地區，鋼鐵業發展的如火如荼，而加泰隆尼亞的統治階級，也因為走私黑奴跟當時還維持的古巴貿易，分紅讓他們每個都賺了個盆滿缽滿，肥得流油好一陣子。

政治方面，掌權的也很低眉順眼，乖順的很，對議會制君主立憲制感到很滿意，尤其是共和黨議員，畢竟他們不久前的政治實驗搞的烏煙瘴氣，現在他們打死也不敢相信「共和國」了。總之就是「王朝萬歲」。

一八七六年頒布了一部憲法，該憲法運行了半個世紀，直到一九二三年為止，西班牙再次嘗試採用歐洲現代模式「愛國統一」，根據該憲法，每個西班牙人都有義務保衛國家，並分擔國家、省和市政府的開支。與此同時，也宣布了「理念自由、思想自由、教育自由和言論自由」，不過該政策只是紙上談兵，因為並沒有落實。

但故事到這裡，順便說一個決定性的事實：西班牙此時有兩個權勢極大的政黨領導，分別有兩位手腕超群，才智過人的大人物，讓桑傑士、拉霍伊、薩帕特羅、阿茲納等人幫他倆提鞋都不配（我只是隨便列出四位比較現代的首相喔）。首先是卡諾瓦斯，保守黨的領導人；第二個是自由派或進步派的領導人薩加斯塔[230]。這兩位簡直是平衡高手，走高空鋼絲可以翻跟斗的那種，兩人說好了要以和平建設的方式分配權力，以確保他們跟身邊的人的權益；歷史上稱之為「輪流（很久）時期」

230 Sagasta y Escolar，1825~1903，土木工程師，也是西班牙政治家，自由進步黨的成員，多次擔任首相，並以他的修辭天賦而聞名。

或「政府交替」。他們倆從未質疑王室，只是其中一個統治一段時期，安置好他家人馬，之後就輪到另一個，再換成他的人馬，依此類推；一切都非常和平，我分河東你分河西。這幫無恥之徒賺了個盆滿缽滿，反正屁股開花的不是國家就是人民，但也不得不承認它帶來了社會和平和穩定，幫助商業發展，提高民眾對政府的信心。

問題出在於這兩人輪流交替，把真實的現況、民眾「正義、麵包、工作」的吶喊排除在外；況且西班牙當時還有很多新生黨派，未來可能會嶄露頭角，但被他倆忘得一乾二淨；對於此刻的政府及王室還算幸運的是，「民怨沸騰、怒火滔天的西班牙」現在還在襁褓中，不過隨著時間演變，還是會一步步走向分裂，反正西班牙人自史前時代就是不斷的內鬨。

在將來，新興的「正港」左派會找到他們的盟友——天主教會；天主教會非常忠於自我，而且只要感受到一絲絲的「進步、公共教育、普選權、宗教自由、離婚合法、布道壇懺悔室全員解放」氣息，馬上支持封閉，反對改革。而這些當然會激起眾怒，甚至造成過激的反天主教暴動，並且在接下來的半個世紀以一種悲慘的方式結束。

59 投票箱和文盲選民

阿方索十二世年紀很輕就死於肺結核，他死太早了，不過他跟這個世界說再見前，倒是來得及留下一個崽子給他第二任妻子，哈布斯堡的瑪麗亞・克里斯蒂娜（María Cristina de Habsburgo）。他只活了二十八個年頭，留下懷孕的寡婦攝政王，卡諾瓦斯和薩加斯塔和他們的生意夥伴，在很爛的眾議院繼續輪流執政；西班牙社會不公不義，國家意識還很薄弱，人民普遍教育水準偏低，卻又得承受軍隊依照他們的心情好壞而決定施加的壓力，只顧自己的寡頭壟斷，最後還有住海邊管很寬的天主教會：生活、思想、教育，什麼都想伸手管一管。

由於國家沒辦法維持一個像樣的國民教育體系（所以才有句話說「比老師還窮」）。只好讓天主教會來處理；結果當然可想而知，呵呵；他們可不是致力培育「好公民」喔，而是「好天主教徒」，看到了沒？上帝駕凌於國土之上。西班牙孩童的上學機會，就這樣被浪費在幫聖母馬利亞的鮮花換水和暮時課誦經；完全違背了更早之前加的斯議會基於自由主義思想所起草的《嫄嫄憲》，所試圖傳遞的「民主、自由和民族尊嚴」理念。

就這樣，一連串史詩級的玩忽職守，西班牙再次一步步邁向摧毀；歐洲一片現代化中，西班牙又再次吊車尾。就連卡諾瓦斯都曾開過這種惡意的玩笑：「一事無成就只能當西班牙人」，尤其是這些人為什麼不能好好利用西班牙豐富多彩的歷史，利用過去所發生的事件、教訓，編織成對他們有好處的文字或口號，在當時可是非常缺乏「愛國主義養成計畫」、「政治社會化」、「民族融合」這類型的故事、標語。

西班牙所謂「愛國主義」（如果也能稱其為「愛國」的話），上至全國下至州郡，都是比水母還無腦的廉價民粹主義，由「民間傳說」和「情緒」所架構而成，沒有任何理性，因此才會這麼容易就任由一個有才華、會說話、或有資源的無恥之徒操控，外加不是有政黨色彩、就是不負責的媒體（事實求事的公正媒體少之又少）。

但另一方面西班牙也是有一些好牌。熙攘活躍的資產階級；歷史主題的畫作成為時尚；本土、翻譯小說成為真正的暢銷書，使文學能夠更加觸及大眾，甚至開始發行「西班牙經典鉅著文庫」；閱讀、學習新知成為一股流行風氣；一部分的勞工因為閱讀知識越來越廣，而且就快要嶄露鋒芒。

但這還不夠。人民普遍缺乏樂觀情緒、集體意識，尤其是缺乏文化和教育；缺乏有前瞻性、合宜的中長期政策。我舉個例子說明這種怠惰、不思進取：一八七七年在法國出版了學校規定必讀的故事書《兩個孩子的法國之行》（*La tour de la France par deux enfants*），一八八六年義大利出版了愛德蒙多·

德．亞米契斯所著的《愛的教育》，但反觀西班牙，在一九二一年試圖舉行「給兒童的愛國文學競賽」，然後就沒有然後了。

然而面對這種冷漠，還是有一些睿智的聲音：他們提倡自由的新教育方式，以培育未來世代有文化和負責任的西班牙公民。這些知識份子認為，如果不提高教育水準，西班牙將永遠不會有經濟上的改善。換句話說，如果投下選票的民智未開，那要投票箱幹嘛?!把公民換成騾子、豬仔或是綿羊結果還不是一樣?!國家怎麼會進步?!

從瑪麗亞．克里斯蒂娜攝政、阿方索十三世、第二共和國期間，這些令人欽佩的人所做的努力，涵蓋面廣，非常不容易，直到一九三六至一九三九年的內戰悲劇。這些知識份子，很多最後的下場是流放，要不就是監禁，或是處死。古老又黑暗的西班牙，怨恨總是豐沛有餘，永遠不忘清算對手。

不過我們也不用預告下一場的悲劇，因為在那之前還有幾個悲劇還沒發生。

60 沒有尊嚴沒有船

各位先生，各位女士，歡迎各位來到西班牙殖民黑暗年。西班牙可是從公元一五〇〇年就把世界捏在手上，在成長了一個半世紀後，接下來三個世紀的縮水就像洗太多次的劣質地攤衣物，於是縮成此刻的模樣，面對一八九八年的災難；最後再加上古巴戰爭和菲律賓戰爭。

年幼的阿方索十三世跟他老媽攝政王后瑪麗亞・克里斯蒂娜，國家的烏雲開始慢慢攏聚。因為西班牙的勞工和農民，一個比一個還要他媽的自私自利，快要發展成共產主義的社會主義不太適合這裡的風氣，大家更喜歡無政府主義，每個人管好自己就可以。這讓掌權的政客很開心，反正下面的鷸蚌相爭，上面的漁翁得利，但是古巴、菲律賓卻帶來暴風雨。

古巴再次起義，成千上萬的西班牙人在那邊不是有商業往來就是有親戚，都遭到無情的鎮壓，套一段又矮又壞心眼的魏勒[231]將軍說過的話：「我殺了太多囚犯？沒錯！不過他們身為縱火犯和殺人犯而該死，而不是單純的囚犯。」這種手段無疑是在火上加油，讓事情更難收拾。首先美國已經成長茁壯，而且很想併吞西屬的加勒比海地區；其次，包括了加泰隆尼亞地區在內的上層資產階級的愚蠢、腐敗、頑固跟商業利益，以及廉價的愛國主義、不負責任的媒體，淹沒古巴訴求「合理地位」的聲音。

結果各位用膝蓋都猜的出來：這是一場永遠打不贏的戰役（反正富人可以用錢買一個倒楣鬼省了麻煩），美國介入了，而塞韋拉[232]上將領導的西班牙艦隊，被封鎖在古巴的聖地亞哥。馬德里下了一道見鬼的指令：「不惜一切代價為西班牙的榮譽挺身而戰」，然後在西班牙當地的那個星期天，大家沒事似的跑去看鬥牛賽。西班牙水手明明知道挺身而出只是送人頭，卻還是執行了命令，就像當年的特拉法加海戰那樣。不幸的水手在可憐的軍艦上，一個接一個挺身而出，然後被美國戰艦殲滅。西班牙根本就武力不足，反擊能力全無，裝甲巡洋艦哥倫布號上根本連大砲都沒有！唯一的防護就是馬德里－阿卡拉總主教完全不會不好意思的祝福信：「願聖地亞哥，聖泰爾莫和聖賴蒙多擋在你們身前，使你們免受敵人子彈的傷害」。看到了吧？西班牙的防禦力。

而不只是這樣而已，還要再加上西班牙本土的政客跟媒體；例如羅梅羅・羅布萊多[233]在眾議院

231 Valeriano Weyler，1838~1930，西班牙軍人、政治家。一八九五年古巴人民再度反叛，魏勒將軍宣布一切軍法處理，並且濫捕人民到集中營。

232 Pascual Cervera y Topete，1839~1909，西班牙海軍將領，曾任海軍大臣、參謀長等職，於美西戰爭期間作為艦隊指揮官與美國對戰。

233 Romero Robledo，1838~1906，西班牙律師和政治家，阿瑪迪奧一世統治時期的公共工程部長，阿方索十二世統治時期的內政部長，瑪麗亞・克里斯蒂娜・德・哈布斯堡－洛雷娜（攝政王）攝政期間的海外和恩典司法部部長。

咆嘯著幹話：「艦隊本來就應該要戰鬥」；而主張議和的像是內政部長莫雷特[234]，卻在自家門口遇襲。西班牙歷史上很少像這樣：高貴的情操和卑鄙下流兩種有天壤之別的東西同時存在。

看起來沒什麼份量、被大國拋棄的西班牙，在此戰後，放棄了古巴、波多黎各跟菲律賓，其中波多黎各人還與西班牙人並肩作戰哨，隔年西班牙還不得不把太平洋的加羅林群島和帛琉群島賣給德意志帝國。至於菲律賓（根據歷史學家拉蒙．維利亞雷斯[235]的描述，該地是「由修道士和軍人統治的殖民地」）跟古巴發生差不多的事：起義，被暴力殘酷鎮壓，美國介入，西班牙的太平洋艦隊在甲米地海灣被美國打到潰不成軍。

至於陸戰也跟古巴大同小異，可憐的西班牙兵，沒有武器，生病、餓肚子，離家鄉幾萬公里，大多數仍然以善良、忠實的士兵的價值和勇氣，用盡全力而戰鬥（我的祖父曾對我形容過，一艘艘遠渡重洋的船隻，載回那些傷殘、重病，瘦弱得只剩一口氣的士兵的悲慘景象）。有些士兵堅毅得不像人類，在菲律賓的一個小鎮巴萊爾（Baler），永遠沒收到和平的消息，一群人與世隔絕，杳無音信，繼續堅守戰鬥了一年，因為他們以為戰事仍然持續，甚至得花了很多力氣來說服他們一切都結束了[236]。

作為這個故事的最高潮，最具西班牙風格的結尾，就是這些所剩無幾的戰爭英雄倖存者，會在一九三六年被一群民兵或長槍黨（隨便哪都可以，這兩個其實本質上一樣）拖出家門，這些可憐的老人還會用他無用的舊勳章試圖喚起些許仁慈，然後被一槍斃命。

234 Segismundo Moret，1838~1913，西班牙政治家和作家。
235 Ramón Villares，1951~，西班牙歷史學家。
236 這事件被拍成電影《1898：最後的菲律賓人》。

61 資本、波旁吃子彈

各位先生各位女士，非常遺憾，西班牙丟了古巴、菲律賓、波多黎各，丟最大的就是國家的臉了，只剩下萎縮的半島，以及非洲零星地區。幾世紀以前那些只配幫西班牙提鞋的國家，如今在他們不屑的視線中，西班牙進入了她非常有事的二十世紀。

王后瑪麗亞．克里斯蒂娜她兒子不再只是阿方索，而是「阿方索十三世」，不過這位國王並不是張好牌，因為他不適合即將來臨的動盪時代。他親民和藹，這點可能是家族遺傳，從他阿嬤伊莎貝拉到他孫子胡安．卡洛斯都一樣，同時他也誠摯熱愛西班牙；問題（之一）是，當時情勢太複雜，而他太沒個性控不住場。就像胡安．埃斯拉瓦．加蘭所述，「他喜好精細」：車子、馬、奢華又充滿繁文縟禮的社交、美女（並與她們生了幾個私生子）；但在治理國家上，他沒有像在床上那樣表現精力充沛。

他於一九〇二年加冕即位，剛好是保守黨和自由派的「輪流執政」時期快要撐不下去時，西班牙將會面臨在二十年內換三十二任政府，會有新政黨、新的野心以及新希望，民眾也不太認命。世界變得更加複雜，荒蕪而飢餓的農村仍然掌握在地主和土皇帝的手裡，城市中的無產階級越來越多支持左派。簡單的總結一下：共和黨支持者增加，國家有種種問題，相信各位從剛才的敘述也看得出一些蛛絲馬跡，這讓原本不是分裂主義的加泰隆尼亞跟巴斯克投機政客蠢蠢欲動，因為現在頂著「西班牙人」身分，生意不像之前那麼好做了。

至於無產階級，尤其是西班牙多到有剩的無政府主義者，他們著急、絕望、膽大包天：一名義大利的無政府主義者在一八九七年把卡諾瓦斯給作掉了；另一個叫馬特歐・摩拉（Mateo Morral），在年輕國王的婚禮上送出了他新婚禮物「炸彈」，在馬德里的大廣場路把迎親隊伍炸到剩一半。隨後的三十年中，這一夥人的種種事蹟，將在西班牙的生命烙下深刻的印記，像是幹掉達多[237]和卡納萊哈斯[238]（後者被暗殺的當下正看向書店的櫥窗，現在政壇幾乎不可能有人有這種好習慣），甚至在毛拉[239]和獨裁者里維拉運作下還差一點成功幹掉國王。這些無腦的傢伙，之後會為西班牙第二共和國之死貢獻不少心力，不過現在故事還沒說到那裡，暫且不提。現在還在二十世紀初，無政府主義

237 Eduardo Dato，1856~1921，西班牙律師和保守黨的政治家，曾數次擔任部長和議會主席。他是保守黨的傑出人物，在一九二一年三月被暗殺。

238 José Canalejas，1854~1912，西班牙律師、政治家，自由派的領導人，遭無政府主義者暗殺身亡。

239 Antonio Maura，1853~1925，西班牙政治家，曾五次出任首相，支持和實行一系列民主改革，以期阻止革命，推行君主立憲。

目前的行為或企圖，只是造成社會混亂，「整個體制都爛到骨頭裡，唯一的解法就是全部炸個乾淨，砍掉重練」。不論他們理論成不成立（說不定他們說的有道理），反正那群人常上報紙頭條，不是這裡暗殺，就是那裡爆炸，甚至有次在巴塞隆納的利塞奧大劇院，也送炸彈給那些首富、菁英，把那天的觀眾席搞得像豬肉攤。

但是真正使無政府主義成為國際關注焦點，是又在巴塞隆納發生的「悲劇週」。因為摩洛哥又有一些狗屁倒灶的暴動（此點容待下章詳述），每次出征的一定都是窮人跟倒楣鬼；部隊加上一些去港口分發平安符、聖像的天主教虔誠女士，最後爆發出衝突，整個城市陷入一片火海，其中包括焚燒修道院、暴力衝突事件和血腥鎮壓。政府需要找代罪羔羊，所以把責任都推到費雷爾·瓜迪亞[240]頭上；他被槍斃後造成國際左派大肆撻伐，導致保守黨政府垮台，讓位給已經盡力而為的自由派。但情勢仍然是左支右絀，很難修補，甚至連自由派領導人，就是那個看書時被無政府主義餵子彈的卡納萊哈斯，都被說「不夠硬派」。

就這樣，西班牙一步步、越來越接近一九三六內戰那年，不過在那之前，還有很多紛擾事端、血雨腥風待發生，所以請各位繼續收看下去。

240 Francisco Ferrer Guardia，1859~1909，西班牙思想家、無政府主義者。一九〇九年巴塞隆納發生「悲劇週」，他被指控煽動暴動，由軍事法庭判處死刑。

62 遙遠的摩爾之地

現在是時候了，我們來說說摩洛哥。在二十世紀初，若要說什麼事件會對西班牙的政治和社會造成重大影響，那一定是後來人們口中的「非洲戰爭」，西班牙與摩洛哥的恩怨。

馬格里布人（Magreb）是西班牙天然地勢上的鄰居，衝突的淵源久遠：「復地運動」、柏柏人海盜、西班牙軍事遠征、北非與摩洛哥的西屬主權地等。一八五九年就發生了一場嚴重的戰爭，造成四千名西班牙軍喪生，普里姆將軍跟他的加泰隆尼亞、巴斯克志願軍，在卡斯蒂列霍斯（Castillejos）、得土安（Tetuán）、瓦德拉斯（Wad-Ras）戰役獲得勝利[241]。不過摩爾人，尤其是里夫山脈的，可不是什麼任人宰割的軟柿子，非常不好說話；像是一八九三年在麥里亞再次有人搞事，又死了一堆西班牙人，其中馬爾加尤將軍[242]也在戰役中身亡（以前的將軍大部分都死在戰場上）。

241 這三個戰役最終完成西班牙在北非的軍事行動，迫使摩洛哥人簽訂了《西摩條約》，以割地賠款的方式換得暫時的安寧。

242 Juan García y Margallo，1839~1893，西班牙麥里亞（Melilla）州長兼將軍，在里夫戰爭（Rif War）中被打敗和殺害，因此該戰役也被稱為馬爾加尤戰爭。

十九年後，由於簽署《費茲條約》[243]，西班牙跟法國大剌剌的瓜分摩洛哥。因為此時的歐洲隨便一隻阿貓阿狗都有殖民地，加上西班牙在一八九八年美西戰爭後就心心念念要雪恥，所以摩洛哥就成了西班牙重進「列強」的門票：一方面在摩洛哥駐軍可以讓軍隊有事可做，時不時還可以拿個獎章，這樣他們才不會整天想著失去古巴和菲律賓的丟臉和屈辱；另一方面，西、英、法三方可以共同控制直布羅陀海峽；第三，國王阿方索十三世與開採摩洛哥鐵礦、鉛礦的特權階級聯手，生意才能做更大。至於當地的摩爾人嘛，抱持著「Arumi issén」的態度，也就是說「天主教的比較厲害」，所以並沒有花太多力氣去抵抗西班牙軍；而雖然軍隊老舊又腐敗，嚴重到連軍階都能買賣，但還算得上是有點實力，雖然在歐洲軍力列強中是吊車尾的倒數名次啦，有夠丟臉。

不過這次西班牙還是踢到鐵板，因為里夫山脈有一群勇猛好戰，有自己文化、語言的部落，他們用自己的母語說：「去你媽的《費茲條約》，看你要不要揉一揉塞到屁股裡！」然後這一系列的起義、騷動使西班牙的殖民變成了一場噩夢。首先是一九〇九年的「野狼峽潰敗」[244]，由於西班牙蠢不可及的政策和酒囊飯袋的軍力，造成兩百多名士兵死亡、五百多名受傷；十二年後又爆發了「里夫戰爭」[245]以及「阿紐爾潰敗」[246]。先是對上土匪頭子萊蘇尼[247]（就是史恩・康納萊在電影《黑獅震雄風》中的化身），後來又對上難啃的骨頭阿卜杜・克里姆。

「野狼峽潰敗」和「阿紐爾潰敗」引起廣大的公眾輿論，造成社會大眾對軍隊極不信任，尤其是每次出事都是他們倒楣的那些弱勢族群非常不滿。有錢人之前原本會花錢讓一個窮人替他兒子上戰場，現在則是花錢讓自家孩子留在半島安全的地方，而窮人卻得上屠宰場。各位試著想像一下那個倒楣鬼，一個兒子死在古巴，另一個送去摩洛哥，然後看到他、應該說曾經屬於他的簡陋房子被地主、地方勢力沒收，不難想像當時的社會氣氛吧！尤其是在「阿紐爾潰敗」以後就更糟了，因為那根本就是西班牙軍混亂、懦弱、無能之最所造成的後果。

里夫部落於一九二一年，先是在伊格里賓（Igueriben）西班牙的駐軍地起義，接著才在阿紐爾；而就是在阿紐爾下了「大家自己想辦法快逃掰惹」這種荒唐的命令，軍隊沒有紀律，沒有補給，連水都沒有，更沒有任何幫助（只除了英勇的阿爾坎塔拉騎士團（caballería Alcántara），他們犧牲自己，

243 Tratado de Fez，一九一二年三月三十日在摩洛哥的費茲城簽訂，以解決第二次摩洛哥危機，條約規定蘇丹阿卜杜勒哈菲德放棄摩洛哥的主權，摩洛哥淪為法國的被保護國。《費茲條約》於一九五六年三月二日廢除，摩洛哥又重獲獨立。

244 El desastre del Barranco del Lobo，一九〇九年七月二十七日，在麥里亞發生的軍事行動中，西班牙軍隊被里夫部落擊敗。有些學者認為此役是「麥里亞戰爭」的一部分。

245 La guerra del Rif，一九二〇年到一九二七年柏柏人與西班牙的武裝衝突（法國後來加入）。

246 El desastre de Annual，西班牙在里夫戰爭中的一次重大軍事失敗，也是阿卜杜·克里姆（Abd el-Krim）指揮的里夫軍的重要勝利。這導致了重大的政治危機，並重新定義了西班牙對里夫的殖民政策。

247 El Raisuni，1871~1925?，當時許多人視其為摩洛哥王位的合法繼承人，認為他是英雄人物，對抗政府的鎮壓和腐敗。不過外國人和摩洛哥政府卻認為他是土匪。

掩護其他人的撤退），一萬三千名被嚇壞的士兵往麥里亞方向逃去，被區區三千名暴走的里夫兵追殺。這場屠殺血肉橫飛，此事最該負起責任的總司令西爾維斯特[248]將軍，在撤退時飲彈自盡，不過餵自己吃子彈前，可沒忘了把他的軍官兒子塞進車裡以確保安全。政府的交代倒是給得很容易：之前說西爾維斯特將軍好棒棒的國王、政府跟公眾輿論，現在都改口說「都是他的錯」，然後就沒事了。事實上很有事好嗎？君不見成千上萬的寡婦和孤兒要求公平正義。

此外，非洲的這場戰爭漫長而血腥，且將持續三年，並且對政治、社會帶來影響重大的後果。所以各位千萬不要錯過下一集。

248 Manuel Fernández Silvestre，1871～1921，西班牙軍人，里夫戰爭時期是陸軍總司令。

63 殺手和保護者

阿紐爾潰敗讓整個西班牙陷入哀淒悲痛的氣氛，而摩洛哥征服戰不但漫長，又有夠腥風血雨。也是在此戰役，新成立的「西班牙外籍兵團」（La Legión）首度登場打先鋒，該團更廣為人知的名稱叫做「西班牙大方陣」。該兵團跟之前被里夫部落追著打，沒受過訓練又遇到爛指揮的可憐雜魚兵不同，西班牙大方陣可是支專業的精英部隊，由西班牙及外國志願者組成，成員皆非善類——不是還在服刑的罪犯，就是已經服完刑。這些牛鬼蛇神、社會邊緣人只要敢殺敢死，他們的過往就會被眾人遺忘；簡而言之，這群人根本就是令人毛骨悚然的現代戰爭機器。所以各位可以想像一下他們有多恐怖，好像要討回阿紐爾潰敗、阿魯伊特山[249]的恥辱似的，不聽話的摩爾人被取走項上人頭。

值得一提的是，這支菁英部隊其中有位領導是個年輕、矮小、聲音有如笛鳴的加利西亞人，千

249 Monte Arruit，一九二一年夏天的里夫戰爭中，從「阿紐爾潰敗」中撤退到阿魯伊特山堡壘避難的西班牙軍，被里夫部落包圍，等不到援軍只好投降，但投降後軍隊三千人仍然被屠殺，只留下了幾名囚犯和約六十人設法逃脫。

萬不要被他的外表騙倒，因為這個傢伙殘忍到可止小兒夜啼，非常壞心眼，對敵人跟自己人同樣殘酷沒人性，這可不是我個人意見，而是事實，當時的報導跟軍事報告都可以作證。他冷酷無情，在戰場上出了名的勇猛果敢，甚至受了傷也沒在怕。他的威望在接下來一場又一場的戰事中漸漸累積，並在十年、十五年後將此軍事上的威望發揮得淋漓盡致；相信各位都猜到我在說誰了，對，這位大方陣指揮官就是弗朗西斯科．佛朗哥。

於是就這樣，在佛朗哥等人以及法軍的協助下，西班牙一步一腳印重新征服在摩洛哥失去的領地。戰爭在一九二七年，大約是「胡塞馬登陸」[250]後不久就結束（此乃世界史上首次海上入侵行動，比「諾曼第登陸」早了十九年）。里夫戰爭總共造成約兩萬七千名西班牙人傷亡，還有一些客死異鄉摩洛哥；如果各位想要更加深入了解，可以在拉蒙．山德[251]的小說《磁》，或是從阿圖羅．巴雷亞[252]《一個叛逆者的鍛鍊》的字裡行間中細細體會，順便擁有愉快的閱讀體驗。

在摩洛哥所發生的悲劇，為西班牙整個社會帶來了嚴重的後果，對西班牙人民造成很大的影響，也是君主制被削弱的因素之一，因為他們在這段時間接連不斷下達嚴重的錯誤決策。尤其是在阿紐爾潰敗中自盡的西爾維斯特將軍，是阿方索十三世欽點、指名支持的，導致社會輿論要求國王本人負責，阿方索因此成立了一個委員會來洗白這件事。但是在「最高戰爭委員會」下達裁決之前——也就是著名的畢卡索報告書[253]，普里莫．德．里維拉[254]就在國王的示意下，於一九二三年九月發動軍事政變。

這邊提醒一下各位讀者，西班牙在第一次世界大戰中保持中立，所以領導階級跟交戰國做生意賺了個滿盆滿缽；不過這波大發戰爭財的，像是阿斯圖里亞斯的礦業、巴斯克的鐵礦、加泰隆尼亞的紡織業，並沒有惠及弱勢階層百姓，即使他們才是為了非洲戰爭流血，為工廠和被上帝詛咒的乾

250 Desembarco de Alhucemas，一九二五年九月八日，西班牙陸、海軍以及部分法國盟軍，在胡塞馬的軍事登陸，此舉宣告了里夫戰爭的結束。

251 Ramón José Sender，1901~1982，西班牙作家，曾參與摩洛哥戰爭。其第一本小說《磁》（*Imán*）於一九三〇年出版，是一本反戰爭小說，其中就有描寫「阿紐爾潰敗」等場景。

252 Arturo Barea，1897~1957，二十世紀西班牙作家、文學評論家和記者。西班牙內戰後流亡至英國，直至去世。他以自傳三部曲《一個叛逆者的鍛鍊》（*La forja de un rebelde*）著名；首先出版的是英文版（1940），一九五一年在布宜諾斯艾利斯出版西文版。一九八五年，作品被改編為電視劇連續劇，在西班牙播映。

253 El Expediente Picasso，胡安·畢卡索少將（Juan Picasso）撰寫呈給當時「最高戰爭委員會」的報告書，內容是一九二一年七、八月，麥里亞所發生的《阿紐爾潰敗》及怠忽職守檢討報告。

254 Primo de Rivera，1870~1930，西班牙獨裁者、貴族、軍官。一九二一年，西班牙進攻摩洛哥遭慘敗，導致政治危機出現，為挽救西班牙波旁王朝的統治，一九二三年九月十三日，里維拉在國王阿方索十三世的意示下於巴塞隆納發動軍事政變，宣布全國戒嚴、廢除議會、解散所有政黨，學意大利法西斯主義的方式建立了唯一的政黨「愛國聯盟」。九月十五日，里維拉組成軍人政府，鎮壓少數民族運動，逮捕西班牙共產黨領導人。一九二五年至一九三〇年里維拉任總理，成為實際上的獨裁者。後因工人紛紛舉行罷工，其他階層人民也起來反對里維拉政權，他被迫於一九三〇年一月二十八日辭職，同年三月十六日卒於巴黎。

枯之地流汗的人。

但「忍氣吞聲」的時代已經過去，西班牙左派開始組織起來：雖然還是老樣子，各自肚腸，專務一己之私，而且不只西班牙，整個歐洲的大環境都因改變而煙霧四起、風聲鶴唳，而這次西班牙倒是有趕上流行。工人抗議與日俱增，工會也變得更有影響力；無政府主義者跟企業家都視對方為眼中釘，一對到眼就拔槍互射的那種劍拔弩張；加泰隆尼亞跟巴斯克民族主義則利用這個機會裝可憐（後者的意識形態，靈感來自一個叫薩維諾．阿拉納的傢伙胡說八道的著作，他不但精神失調，而且是個種族歧視宗教狂），他們說著「西班牙不關心我們」、「我們被西班牙打劫」等等，每次只要國家一衰弱，就跳出來要求更多的特權跟賦稅優惠，簡單來說「我們要更多的逍遙法外跟錢錢」。

里維拉的獨裁政府試圖從清算摩洛哥戰爭開始，把這些亂七八糟的事情控制住。許多歷史學家都描述里維拉是個「殘酷、父權體制、但本意不壞」的人，只不過西班牙權力脈絡太過盤根錯節，獨裁也不是辦法。二〇年代世界太過暗潮洶湧，他和阿方索十三世，很快的證明了他們的無能為力，並且產生了可怕的後果。

64 摧毀君主制

政壇巨擘，獨裁者普里莫・德・里維拉，他本意不壞、方法錯誤，然後流年不利。更何況他不是政治家，所以他擬定的計畫就是沒有計畫，只著眼於公共秩序、皇權和西班牙統一（因為「民族主義」，尤其是加泰隆尼亞，將會造成一堆問題）。

不過這位獨裁者也算有點常識，他基本上想「培養有愛國意識的西班牙公民、有效率的教育體系、為民眾創建一個與時俱進的現代化國家」，在他能力可及的範圍內朝合理的目標前進，其支持者都會提到的政績有：建設新學校和更新設備；尊重罷工和工會自由；支付四百萬名勞工的退休金；八小時法定工作時數（西班牙可是世界第一個採用此制的國家）；一個健全的公共衛生體系；與拉丁美洲緊密的聯繫；巴塞隆納和塞維亞舉辦的世界博覽會；原本壟斷性的企業開放民營化（像是「西班牙電信」（Telefónica）、石化能源「Campsa」[255]），以及西班牙史上前所未見的公共工程投資：

255 Compañía Arrendataria del Monopolio del Petróleo, S.A. (Campsa)，依據一九二七年的《石油壟斷法》成立於該年；一開始是國持股合資企業，於一九九二年解散，過去屬於Campsa的所有服務站均已更名為西班牙國家石油公司（Repsol）。

大幅改善水儲備、灌溉和交通運輸網絡的現代化。不過這也不是什麼迪士尼樂園，也不可能天天過年，硬幣的另一面，也就是壞的那面，就是整個問題的核心。

一方面天主教會還一樣愛管閒事；很多社會風氣的改變——尤其是與時俱進的革新，像是電影、舞蹈、短裙、女子不再是溫順、逆來順受的妻子、母親等等，這些與當時還指揮著大部分西班牙百姓生活的神職人員，有著觀念上的衝突。尤其是在教育這一塊，「學校」像是香骨頭，而天主教會是餓了一星期的狗，他們無法鬆口；甚至就連「褻瀆上帝」，也會被警察追捕和懲罰，這是幾個世紀以來，受盡苦難折磨的西班牙百姓唯一的發洩方式。

另一方面，整個時代歐洲政治動盪不安，保守派、民族主義與改革派、革命左派發生強烈的衝突。布爾什維克試圖從俄國控制他們的場子；社會主義和無政府主義則為革命而戰；而剛剛出現在意大利的法西斯主義仍是一個新的實驗，大家還無法預見其惡性後果，目前在多處形象良好，對某些人來講很誘人。而西班牙就算對這種混亂再厭倦，也無法置身在外。

至於工業化發達的巴塞隆納，雇主與工會之間的鬥爭依舊，槍戰、暴力不斷；總督達多、工會的薩爾瓦多·塞吉[256]、紅衣主教索爾德維拉（Juan Soldevila）等人皆被暗殺，而震驚社會大眾，造成廣大輿論。加泰隆尼亞民族主義者秉持一貫風格，「只要國家開始下滑就補上一腳」，拚老命想爭取自治權（第一次噓國歌就發生在一九二五年，巴塞隆納足球俱樂部，結果球場立馬被暫停營業——

那個年代本來就比較專制，政治正確還沒那麼流行）。氣氛沉重的加泰隆尼亞，充斥著槍枝暴力跟民族主義的胡言亂語，更加阻礙了協議，扼殺了合理、明智解決方案的可能性。

另一個嚴重的問題，就是不自由，甚至可說被箝制的媒體；里維拉的鎮壓主要針對知識份子跟記者，因為他們是批評、反對獨裁聲量最大的族群。該政權沒有社會基礎，議會也只是幌子，懲處大多是罰款、逮捕或流放。里維拉痛恨知識份子，但讀書人也很瞧不起他：大學、宴會、藝文活動都變成了反對獨裁者的抗議活動。布拉斯科・伊巴涅斯[257]、烏納穆諾、奧特嘉等人都曾表示過反對。而輕浮、不務正事的阿方索十三世，從原本鼓勵支持「專制方案」，也開始疏遠他心愛的將軍；不過還是太遲了！因為兩者的關係相當緊密，已經沒有回頭路，也無法改用自由民主的方式讓國家進步。所以里維拉垮台之時，議會君主制也完全崩潰了。

阿方索十三世遭到所有知內情人士的反對，不過這次沒有任何人想說服國王，他們直接叫國王滾得越遠越好，像是奧特嘉就喊出拉丁文口號「摧毀君主制」（Delenda est monarchia）。於是他們又開始考慮一個「共和國」，事實上要不是國王實在太蠢，事情不會這麼容易。

256 Salvador Seguí，1887~1923，加泰隆尼亞無政府主義者主要人物之一。

257 Blasco Ibáñez，1867~1928，西班牙現實主義作家，西班牙民主共和運動領導人，九八世代的代表人物。

65 政治的屍體

阿方索十三世不但白痴、優柔寡斷，還與軍隊手牽手心連心，動不動就想干政。套用文豪索利亞的書中人物路易斯為了未婚妻安娜而責備唐璜的話：唐璜，對，我過愛她／你竟膽大如斯／此事難了／無論你、我。

至於國王親自欽點以穩住陣腳的基石，普里莫・德・里維拉，倒是把自己的腳給砸爛了。他對政黨制度的態度仍舊明顯不友善，甚至還寄托在上層資產階級跟天主教會之間，西班牙的君主制開始走不下去了。既然事態再也回不去，再加上國王也不符合時代的要求，他的浮華不實讓人不禁抱頭大喊「我的老天鵝」：老是去比亞希茲跟聖塞巴斯提安[258]度假，愛賭馬、愛名車，身旁圍繞了很多貴族舔狗、百萬富翁馬屁精；為了形象宣傳廣告，偶爾會去拉斯烏爾德斯山谷[259]，去那邊施捨賤民幾個銅板，再來一張大合照。

整個歐洲的左右派之爭，保守勢力對上從「不滿」發展成的革命勢力，兩者的政治拔河把繩子拉得太緊都要斷了，而這些所有的拉鋸，極度不負責任的讓國家在深淵邊緣遊走。「上帝請保佑我們不要再次落入英雄手中」這事情後來變得更複雜，因為非洲那場硬戰里夫戰爭，造就了「新型西班牙軍人」：在前線令人欽佩，下戰場後非常危險，徹底的民族主義，對軍人很有同志情誼；堅毅、有攻擊性、富戰鬥精神、慣於暴力行為、對敵手絕不手軟。但由於政治廢柴造成了摩洛哥戰爭的悲劇，所以他們對議會深惡痛絕，於是他們開始先是在軍人會館、招待所的國旗廳一起策畫陰謀，後來看不順眼就直接上街反對。

這些菁英戰士大多都是激進的愛國、民族主義者，不過由於里維拉獨裁統治失敗，他們有些才傾向「保守派的權威方案」，而另一些（人數比較少一點，但還是有）則偏向「左派的權威方案」，當然這些喜好多少都是為了各謀其利；不過無論是哪一派都看得清，君主制的情勢正在以一種頭殼朝地的姿勢快速下滑，所以「共和主義」無論是在民間還是軍中都非常普遍。無論是左派還是右派都有共和主義擁護者，可不是現代很多白痴以為的那樣唷。

另一方面，西班牙也正在面臨巴斯克跟加泰隆尼亞的挑戰，尤其是加泰隆尼亞越來越有「獨立

258 Biarritz，比亞希茲在法國，歐洲王室成員渡假療養聖地；San Sebastián，聖塞巴斯提安位於西班牙東北部，被譽為「歐洲最漂亮的沙灘」。

259 Las Hurdes，這邊說的是阿方索十三世拍的形象宣傳影片，因為該地非常偏僻、窮困，所以影片大多只是呈現美麗的山景，居民也是事先套好招，以呈現當時國王「跋山涉水、愛民如子」；如果在 Yotube 搜尋 "Las Hurdes. El viaje de S. M. el rey D. Alfonso XIII en 1922" 就可看到該（西文）影片。

主義者揭竿起義」的傾向，讓整個西班牙局勢更加混亂。另外不少支持中央集權的投機政客，和周圍一些蚊子蒼蠅，也都想把水攪得更濁才好趁機混水摸魚，所以任何合理的解決方案都變得更複雜。就連羅馬天主教會也不干示弱，怕事態還不夠亂似的：在學校教育、婦女解放和社會改革中拖拖拉拉，愛做不做。

恢復君主立憲的民主政體再也不可能，隨著獨裁者里維拉下台，阿方索十三世也終於收到了他親手殺掉的政治遺體，葬送了他自己的政治生涯。媒體、學術跟教育界都要求「一個真正的改革，別再打馬虎眼」：大學沸騰了，這點倒是令人歡欣鼓舞，青年勞工、學生加入了工會和政治組織，想大聲說出自己的意見；極左派勢力也支持共和國，不過並不把她當成最終目標，而只是把她當成邁向社會主義的跳板。

支持君主制的人越來越少，知識份子像是奧特嘉、烏納穆諾、馬拉尼翁醫師則直接向阿方索十三世開火。君主制最後的日子寸步難行，再也沒有人相信國王，也沒有人要求「改革」，而是「滾你媽的君主制」。

當時共和黨高階幹部正在密謀一場十九世紀風格的武裝政變，結果出了個大包：在他們選定起義的黃道吉日之前（計畫中還包括了一場大罷工），憤怒的加蘭跟賈西亞．赫南德茲兩位就先弄了一齣「哈卡兵變」[260]。他們兩位以特急件的速度給槍斃了，因此成為「民族英雄烈士」，兵變當然就因此泡湯，不過大家對此事早就都心知肚明。一九三一年的市政選舉中，所有人都知道這其實是場選擇「君主制」或「共和國」的全民公投。接下來的時代可有意思了。

260　Sublevación de Jaca，當一九三〇年里維拉的獨裁統治結束時，阿方索十三世任命貝倫格爾將軍（Berenguer）為首相，希望他作好恢復憲政的準備；但共和派、社會主義派和加泰隆尼亞左派要求國王退位。在一九三〇年十二月十二日，加蘭（Fermín Galán）跟賈西亞・赫南德茲（Ángel García Hernández）領頭兵變，雖然兩人隨即被槍決，但還是造成貝倫格爾辭去首相一職。

66 對民主從一而終

里維拉獨裁政府倒台後，阿方索十三世的王冠也只多戴了一年三個月。國王趁普里莫・德・里維拉勢頭正旺時勾搭上人家，後來又將他棄之如敝屣；他不但被王室拋棄，被軍隊鄙視，還被左派猛烈攻擊，當然啦，他們攻擊的理由很充分。最後一九三一年的市政選舉，皇權時代就此嗚呼哀哉。

在此之前就發生了不少的政壇和民間騷亂。一方面是左派的政治運動：集會總是飄揚著三色旗[261]的社會主義、無政府主義，他們咄咄逼人，並堅信這次一定革命必成；另一邊問題則是右派，他們一分為二：共和黨比較傾向民主的自由派，另一端皇權極右派則拚死命堅持「皇權、天主教會是唯一」，是天主教時代最後的堡壘，因為共產主義的靈魂已經遍布整個歐洲，並顛覆整個世界，皇權極右派想阻止共產主義在西班牙擴散。

於是在四月十二日的市政選舉，總共四十五個城市鄉鎮中，共和黨－社會主義聯盟席捲了四十二處，城市更是毫無顧忌，直接宣告共和國誕生，也就是說國王阿方索十三世可以捲鋪蓋說掰掰了。而鄉村卻是保皇派大勝，不過左派堅稱「由於選票都由當地土皇帝掌控，所以投票結果被操控了」，這說法並非毫無道理。

甚至在計票尚未結束時，多處地區，尤其是馬德里的那群傢伙就已經跑到大街上，歡慶國王倒台；當時國王沒有自保能力，也不能指望軍隊。然後一如既往（而且到現代還是常常上演這種戲碼；這就是西班牙美麗宜人之處呀），昨日「到死都愛君」的腦殘死忠粉選民，在隔天下床照鏡子時突然發現自己由內到外，其實從一出生就支持民主了，「嘿！你馬幫幫忙，你當我是誰？我這輩子可是只對民主從一而終，從未變過！」一夜之間，阿方索十三世殿下的各種肖像：站姿、騎馬、乘車、軍裝、風景背景的、馬球騎士的、領口別康乃馨的、金銀絲繡海軍上將服的，塞爆了全國的垃圾桶跟馬德里跳蚤市場攤位。而與殿下共度一夜春宵的女士們（從貴族到戲子都有，畢竟這傢伙非常喜歡與各方女子交換微生物），也用最快的速度把客廳展示櫃上，寫有「獻給我親愛的某某、誰誰，你的國王」的親筆簽名照給收到抽屜。

於是，這位波旁公民收拾行囊，以迅雷不及掩耳、像是嗶嗶鳥那樣快的速度逃離西班牙。以防萬一嘛，免得事情不止於此。他走之前說「我不希望西班牙人流血」，成了歷史的名句，也由此證明了阿方索十三世身為國王，除了笨拙無能之外，他的未來觀也是他媽的很廢。

261 Bandera de la Segunda República Española，第二共和國使用的國旗，比現今的多一個紫色，設計也不太一樣。

無論如何，當時的西班牙人覺得前途一片光明比黑暗多——他們只要不凶殘、忌妒或卑鄙時還是很單純的。人們興奮上街，揮舞著帶有紫色條紋的新國旗；而政治家，無論是長期支持共和黨，或是剛跟上共和潮流的，都共同準備建立一個民主、非神權、相互尊重的嶄新西班牙，包括巴斯克和加泰隆尼亞在內。「就是這樣！這才是未來」。所以各位想像一下當時的氛圍，至少在報章雜誌上、咖啡館或是電車上的交談，都看似滿懷希望。

在第一次選舉中，溫和派、天主教派成為少數，左派共和黨、社會主義占上風，跟以往就算沒有流放、監禁或槍斃，也是被王室、天主教牽著鼻子走了數個世紀的西班牙不一樣，再次有可能成為一個截然不同的國家。

這段故事背景音樂應該用小提琴演奏曲：要知道，歷史總是對西班牙很吝嗇，好不容易提供了一個千載難逢的機會，西班牙人卻用驚人的速度，再次展現什麼是「政治、社會自我毀滅能力永遠與西班牙同在」。這次的新政體，只會活五年，一瞬即逝。就像某本小說（我不記得是哪一本，反正是我寫的）中的人物所說的，「西班牙如果沒有西班牙人，將會是一個偉大的國家」。

67 該隱的陰影

我們的故事說到西班牙人，至少大部分的西班牙人，都對制憲議會的第二共和國感到歡欣鼓舞。他們準備重新分配土地所有權、終結貪汙、提高勞工生活水準、改革軍隊、加強基礎教育並打算政教分離；至少是以此為目標前進，亟欲脫離那由蠢蛋國王、無恥官員和狂熱牧師交織出的，為時已久又不見天日，讓所有百姓都飢寒交迫的牢籠。

不過實施起來可不像報導的那麼容易。而且西班牙人很快就會知道，上一次由於毫無意義的煽動以及莽撞、草率之舉，導致第一共和國崩壞殆盡的悲慘事件中，他們都沒學到任何教訓。整個國家百廢待舉，滿街的文盲和貧民，理應花上數個世代才能改變的情況，卻是最迫切、在數年內需要解決。

然而因為選舉勝利而變得驕傲自負的勝方，卻都試圖在最短的時間收集舊怨，因而導致新仇。也許是壓倒性的勝利導致他們傲慢自大，共和黨－社會主義聯盟的左派政府一執政，就把首要目標放在「粉碎」天主教會和軍隊（這可是總理阿薩尼亞的原話），因為他們是亟欲摧毀的舊勢力最主要的支持者；也就是說，他們想在一夜之間當著人家的面，清算兩個行之有年、勢傾朝野、老成有歷練的機構。多麼的天真無邪呀，也可以說是滑稽！

而且共和黨政府並不打算採取蠶食政策，操之過急的下場就是事態岌岌可危。軍隊就罷了，畢竟也是一攤爛泥，讓人仰天長嘆：一共也才十萬名士兵，就有六三二名將軍，也就是說平均每一五八名士兵就有一位將軍。就連極右派的索德羅[262]都覺得這太過分了。但即便如此，這種腦殘式的軍隊改革，完全沒考慮對方的實力或可能的反應，還是惹怒了大多的軍官跟首領（再怎麼說他們都是有兵力有武器的一群啊），他們非常不爽，放狠話說要對共和國以牙還牙，絕對作對到底。

不過共和黨政府踢到的最大鐵板，卻是聖光滿滿的教廷，完全沒考慮到這個國家多數人民迷信又無知，就算多數人投票給共和黨，但教會卻還有私立學校、布道壇和懺悔室以及強大的社會力量；激進份子卻撲倒教會，撕咬脖子直擊要害，這點讓馬達里亞加[263]（他可是純左派，這點沒人懷疑）都不禁批評「狹隘、報復心重的反天主教主義」。也就是說，執政黨不只宣布從此國家從教會中解放，試圖解散天主教會聖統制，鼓勵公證結婚、離婚，想讓教育宗教中立、增加學校數量（到這裡都是正面消息，而且非常可取）；不過他們也放出那些腦殘、犯罪、野蠻、不受控的傢伙，在宣布解放後的一個月就跑去教堂跟修道院縱火，而政府卻放任他們為所欲為，讓他們在街上作亂。當政府被要求制止該亂象時，他們對此的回應是「沒有一所修道院值得勞工流一滴血」。這種態度導致這群傢伙更加無法無天，最後甚至影響了公共秩序（對，西班牙民眾聽到這裡可能會覺得很耳熟）。種種亂象讓許多原本渴望、期待共和國的民眾失去信心。

於是西班牙又再度分裂，就像永恆的詛咒一樣，舊傷再次裂開，兩派之間的深淵摧毀了西班牙的共存：教會對國家，天主教徒對反天主教的，主人對勞工，既定秩序對革命。歷史學家卡薩諾瓦（Julián Casanova）就曾描述過這種針鋒相對：「共和國在安邦定國方面遇到了極大的困難，不得不面對四面八方而來的嚴峻挑戰。」因為不只上方的主教跟軍隊不滿、臉很臭，下面的人也不願意任人擺布。而無政府主義及社會主義，在經歷了這麼多的不公正、痛苦，他們有很多舊恨新仇，也有很多理由、欲望，對於如何更快的改變現況也非常有自己的主張。

西班牙似乎只能活在該隱的陰影下才能愉快自在，就像被左、右派共同搞垮的第一共和國一樣，現在第二共和國面臨了相同的命運。

262 José Calvo Sotelo，1893~1936，西班牙法學家和政治家，里維拉獨裁統治時期擔任財政大臣，是第二共和國時期反共和主義權利的領袖。

263 Salvador de Madariaga，1886~1978，班牙外交官和作家，一九三四年擔任第二共和國的教育、美術和司法部長。在冷戰期間，他反對蘇共的活躍武裝份子，也是佛朗哥專政的反對者；出於自由主義和歐洲主義思想，他在英國內戰爆發後流亡，佛朗哥死後才回到西班牙。他的著作包括了歷史和政治論文、文學評論、小說、傳記和詩歌。

68 大家一起殺了共和國

左、右派幾乎是一開始就跟第二共和國作對，也就是違背一九三一年西班牙好不容易實現的民主。這齣悲劇就像是二十一點牌局，有些人太少，有些人爆掉，只是人民為此付出的代價太過昂貴。

一開始大家還滿認真以待，軍隊重新規劃、限制天主教會權力、提高勞工基本薪資、土地所有權的公平分配、義務教育、勞保等，西班牙從未在真正的民主制度和社會成就方面有著如此明顯的進步；但是數百年來落後的拖累、舊黑暗勢力的故步自封、無解的工業化緊張局勢（城市快速成長、階級對立將打擊全歐洲），都將破壞西班牙此時的興高采烈。

共和黨一開始的歡樂氣氛和良好的團結風氣不久後，接著馬上滔滔者天下皆是：政治激進主義、倉促行事、疑神疑鬼跟寸步不讓；在現實和渴望迅速改革的的壓力下，早期溫和保守的色彩，很快就被丟在某個角落。當時安邦定國的最佳方案很有可能是社會主義，不過這次還是依照西班牙傳統慣例，由政府內部的分裂，讓原本的小縫豁了個大洞：政府內部有一派主張溫和，另一派則是中間主義，還有一派比較激進，像是拉爾戈[264]派。總理阿薩尼亞是多少還算有點理性的左派，由於非得跟拉爾戈的人馬聯手，而拉爾戈又不得不跟共產主義和無政府主義比「看誰最激進」，這簡直就是場人人參與的「看誰最快到地獄」比賽。

不負責的、帶有政黨色彩的媒體言詞越來越犀利，在雇主與勞工、壓迫者與被壓迫者、中高資產階級與農民階級之間，劃下了與現實相差甚遠而且不可逾越的界線，而且比起「說服對手」，他們更像是想將其「消滅」。百年來歷史皆缺乏民主文化加上半數皆文盲的百姓，所有的舊恨新愁加上祖傳的卑鄙，所有的機會主義加上地方問題，這些都再次浮出水面，被政客豪不猶豫拿來當政治武器。當然，巴斯克跟加泰隆尼亞的民族主義絕對不會錯失此良機，又使情況更加複雜。

況且，不久前俄國革命所造成的陰影，讓資產階級、首領、業主跟日子混得還不錯的人都怕得要命。天主教會跟絕大部分的軍官首長，對激進改革越來越不滿，但同時也對過度民粹主義和共和黨政府未能解決公共秩序問題而日漸不耐煩；極左派也讓事情變得更加複雜，在蘇聯直接控制下，共產黨人雖然少，但紀律嚴明，他們早在一九三二年就批評「阿薩尼亞的資產階級土地政府」，也批評社會主義是「反革命的先鋒隊」。社會主義的拉爾戈在一九三三年就曾說過，已經準備讓西班

264 Francisco Largo Caballero，1869~1946，西班牙馬克思主義政治家，曾擔任西班牙工人社會黨、勞動者總聯盟的工會領導人。在西班牙第二共和國期間，他在第一個兩年期內（1931-1933）擔任勞工部長，在內戰期間已經擔任總理。

牙飄揚「不是資產主義共和國的三色旗，而是革命的紅旗」，而壓垮駱駝的最後一根稻草，就是無政府主義。

加泰隆尼亞、阿拉貢跟萊萬特無政府主義占大多數，他們的工會「全國勞工聯盟」[265]在一九三六年有1,527,000個會員，超過了其社會主義競爭對手「勞動者總聯盟」[266]的1.444.474個會員；無論是在共和國期間，或是奄奄一息後所面臨的內戰，無政府主義將為第二共和國的失敗貢獻良多。無政府主義與共產、社會主義最大的不同，是他們懷疑政府、不相信溫和政策的態度，輕易煽動他們的人打著革命旗幟，採取一些暴力、強徵、槍戰、縱火的過激暴亂。共產主義與社會主義再怎麼樣，至少都努力披上共和國的皮，而且也沒那麼恐怖。

右派的陰謀，左派的倉促不耐煩，不負責任的政客，容易操縱的人民不知何去何從，議會也滿懷惡意、充滿煽動性的廢話，這些紛擾衍生出嚴重的問題：桑胡爾霍將軍起事、舊曆大屠殺、阿斯圖里亞斯革命、加泰隆尼亞自行宣稱獨立於共和國。我們將在下一章細說這段激昂卻也悲慘的故事。

265 Confederación Nacional del Trabajo，縮寫為CNT，無政府主義工團。

266 Unión General de Trabajadores，縮寫為UGT，西班牙成立於一八八八年的一個大型工會，與西班牙工人社會黨（PSOE）有密切的歷史淵源。

69 然後她就死了

第二共和國期間政府所犯的各種錯誤，最嚴重的就數「與天主教對著幹」了。共和黨政府照理應該利用教育機構和蠶食的戰術，用智慧緩緩瓦解虎威猶存的天主教會，但政府卻完全沒有考慮到天主教在西班牙社會有深遠的影響力，影響了從富人到窮苦百姓絕大部分的民眾。他們的手段太過倉促又笨拙：取消數個城鎮的復活節遊行、對天主教葬禮徵稅、禁止彌撒敲鐘等腦殘至極的蠢事，激起信徒眾怒。而紅衣主教、大主教和主教因為不開心，而跟大多數軍隊領袖串通共謀，對共和國動輒造反作亂；這種「布道壇＋軍營」的軸心，運轉出非常可怕的後果。

首先是桑胡爾霍[267]將軍，這位軍事大腕作風稍微野蠻，在王室的殘渣餘孽、天主教會跟右派軍人的支持下，在一九三二年夏天試圖發動一場超爛的政變，結果被社會主義、無政府主義和共產主義堅決果斷發起的大罷工打斷，終結得非常窩囊。此次有多數人支持，毫無疑問是一劑強心針，讓

267 José Sanjurjo，1872~1936，西班牙的一名軍事領袖，於一九三二年八月發動了一次失敗的政變，推翻第二共和國，但失敗入獄，一九三三被特赦釋放；一九三六年時右派軍事將領共謀企圖推翻共和政府，他原本有希望成為總司令，卻因飛機失事身亡。

共和黨政府勇於實施一些必要的改革，像是土地改革（這可是讓那些地方土豪火冒三丈）、加泰隆尼亞自治法規等。不過問題出在於農村忍飢挨餓，百廢待舉，文化水準不高卻又急不可耐；然後事情漸漸演變成一發可收拾，尤其是無政府主義意識到「是時候讓舊時代的秩序去死了」。

對此，部分的右派很恐懼，但極端份子卻對這個等待很久的機會感到很滿意。在無政府主義工團「全國勞工聯盟」中最硬派成員的火熱煽動下，罷工跟暴亂接踵而至，伴隨著槍擊和死亡（巴塞隆納、塞維亞、薩拉戈薩、帕薩亞、略夫雷加特）；全國勞工聯盟同時也與社會主義的「勞動者總聯盟」發生衝突：左派人馬的內鬨越來越嚴重，因為兩邊陣營都想當上「勞工唯一至尊工會」。

無政府主義覺得「只有武力才能廢除階級特權並解放工人和農民」，於是他們變得越來越激進、暴力，不信任和解協議，也早就放棄紀律。一九三三年加的斯有個小鎮叫作「舊厝」[268]；此地每五個勞工就有四個不但失業還赤貧，絕望的鎮民在全國勞工聯盟號召下的革命豁出去罷工了，他們拿起獵槍，襲擊了國民警衛隊的軍營。共和黨政府立即下令鎮壓，突擊衛隊跟國民警衛隊「處理」過程有點血腥：造成二十四人死亡，其中包括一名老人、兩名婦女和一個孩子。

而這個時候，右派的荷西・馬力亞・希爾・羅布萊斯[269]也已經創建了所謂的「西班牙自治權利聯盟」，簡稱「塞達黨」（CEDA），集結了一群天主教徒、王室支持者、卡洛斯黨、共和黨右派份子、跟其他拉拉雜雜的保守份子，即所謂的「秩序派」，成了反馬克思主義和反革命的統一戰線，並受到廣大的支持。

俗話都說「無三不成禮」，何況西班牙的壞事時常接二連到四：政治已經夠風風雨雨，加泰隆尼亞還來雪上加霜。眼看民族主義製造的混亂日益嚴重，共和黨政府試圖施加紀律，說「去你媽的，該有人去管管那群不聽話的東西」，於是當地許多勞工領袖因為行為太出格而被逮捕入獄，結果就是友好的「加泰隆尼亞自治提議」被議會打進冷宮，不再提起。當時加泰隆尼亞政府主席莫祖錫（Lluís Companys），單方面宣布「西班牙聯邦共和國內的加泰隆尼亞州」，當然這個心願並未實現。幸好這場混亂很快就偃旗息鼓，沒有太血腥；不過在內戰過後，國家落到佛朗哥手中時，莫祖錫因此被槍斃。

值得一提的是，在一九七〇年代，一位老共產黨人，說了一段很有趣的話：「如果當時戰爭是我們打贏，莫祖錫這個共和國的叛徒，一樣會被我們槍斃！」

268 Sucesos de Casas Viejas（舊厝事件／大屠殺），舊厝 Casas Viejas（現在改名為 Benalup-Casas Viejas）是位於西班牙南方的一個小鎮，一九三三年發生一起西班牙共和政府屠殺無政府主義者的事件，導致幾個月後共和黨－社會主義政府阿薩尼亞的垮台。

269 José María Gil Robles，1898~1980，西班牙的政治家和律師，法西斯主義者，在一九三三年二月底至三月初，創建「西班牙自治權利聯盟」（CEDA）。

70 阿斯圖里亞斯，親愛的國土

第二共和國一開始承載了許多人的希望，但最終卻陷入就算奇蹟發生也救不了的死亡陷阱。因為有太多來不及解決的不公平，太多倉促決定，太多土地失衡情況，太多的激進意識，太多政客混水（趁亂）摸魚（獲利）、太多私人恩怨清算，太多持槍的龜兒子王八蛋。

西班牙即將面臨政治上的死亡三角：最弱雞的共和民主改革主義、國際社會革命和反動法西斯專制主義，最後兩者可是就連牙齒也都全副武裝，並且毫不掩飾大聲表達他們的想法「不要投票要械鬥」。當時報紙上的頭條新聞，政客所說的話會讓人震驚到下巴掉下來。在那個時候，幾乎所有人都把「真正民主的議會共和國」當成放屁，甚至右派天主教的西班牙自治權利聯盟領導，希爾・羅布萊斯都說過：「民主不是我們最終的目標，而是我們追求新國家的過程」，這番言論跟社會主義、無政府主義所說的簡直是不約而同，《社會主義報》上就曾下過「協約？才不要！階級戰爭才是王道！」頭條標題。只有共產主義仍維持一貫的專業和冷靜，因為當時他們人不多，謹慎的不引起那群傢伙的注意，依據莫斯科的命令，有紀律的等待他們的時機。就這樣，這些大吵大鬧的喧嘩、辱罵、威脅，使有理性、主張和解的人不敢發出聲音。

今時今日在那邊說「第二共和國原本是社會中的伊甸園，卻被四位神父和多名將軍的反覆無常摧毀」這種鳥屎論調的人，什麼狗屁都不懂，一定沒好好讀過歷史，或是只看過安和・維涅斯[270]或是畢歐・莫阿[271]那個小丑寫的，這兩位的論點剛好是兩種極端。

那群人簡直就是點燃引線的火藥桶，四處引爆悲劇。如果說第一次的政變，是右派的桑胡爾霍將軍無疾而終的叛變；那麼第二次則是來自左派，還比上次要來的嚴重、血腥，叫做「阿斯圖里亞斯革命」。一九三四年十月，加泰隆尼亞政府主席莫祖錫單方面宣布獨立，被巴泰特[272]將軍用超高的手腕，謹慎的化解那次危機，不過幾年後他會被佛朗哥人馬槍斃，可能他們覺得將軍謹慎過頭不可原諒。而西班牙工人社會黨[273]和勞動者總聯盟為了反對當時政府，宣布大罷工（當時執政的是中間偏右的共和黨，不過有些許民粹主義做派），然而很快的就被開戰宣告跟軍隊介入給遏止，領導

270 Ángel Viñas，1941~，經濟學家，外交官和西班牙歷史學家，專門研究西班牙內戰和法蘭西主義。

271 Pío Moa，1948~，西班牙作家、歷史學家。年輕時曾篤信共產主義，參與反佛朗哥體制的活動，後來改為擁護、捍衛佛朗哥獨裁政權，曾寫過非常有爭議性的書籍。

272 General Batet，1872~1937，西班牙陸軍上將。他在一九三六年十月六日的暴動中以傷亡最少的方式控制住局勢，不過在拒絕支持一九三六年七月布爾戈斯的政變後，他遭到軍事法庭的譴責，並遭到反叛分子的槍擊。

273 Partido Socialista Obrero Español，簡稱工社黨（PSOE），西班牙中間偏左的社會民主主義政黨，現時歷史最悠久的政黨。

軍隊的正是大名鼎鼎的硬派將軍弗朗西斯科．佛朗哥．巴哈蒙德，他的盛名是在摩洛哥戰爭中擔任大方鎮指揮官而累積的，順便補充資訊，他是加利西亞人。

各地的紛亂很快就平息，只除了阿斯圖里亞斯。由無政府主義者和共產主義支持的礦工民兵，反抗合法的共和黨政權。他們秉持著不要命的態度，橫掃國民警衛隊，占領了希洪（Gijón）、阿維萊斯（Avilés）跟奧維耶多（Oviedo）市中心，並且在有空檔時跑去砍了三十四位神父，燒了五十八間教堂，其中還包括了宏偉的神學院圖書館。共和黨政府於是派遣了一萬五千名士兵和三千名國民警衛隊，其中包括了在非洲淬鍊過的「西班牙外籍兵團」，以及歐洲軍官和摩爾部隊組成的正規軍。這是一場有觀眾、樂團和服裝的內戰預演（外送披薩也已經在路上了），在這戲劇性的序幕，革命者像野獸一樣抵抗，政府毫不留情地進攻，刺槍交織的刀光劍影甚至到了奧維耶多，而結局慘不忍睹。

一個半星期後，一切都結束了。這場野蠻鎮壓一共有三百名政府官員和一千多名革命者喪生，逮捕了三萬人入獄。這是一個絕妙的時機，為共和黨右翼提供了完美的藉口以迫害其對手，包括監禁前總理阿薩尼亞，他是位受歡迎的左派知識份子，而且跟阿斯圖里亞斯之亂沒有任何關係。而在阿斯圖里亞斯事件過後，左派堅信「應該要放下內鬨和仇恨」，統一陣線參加新選舉。費時十二個月鉅細靡遺的浩大工程後，終於有了合理的團結，名叫「人民陣線」[274]。

就這樣，西班牙告別了一九三五年，用舞蹈、捲笛跟拉花裝飾迎接新年。一九三六年快樂！

274 Frente Popular，西班牙第二共和國時期的一個左翼政治聯盟，具有反法西斯統一戰線組織的性質。該聯盟成立於一九三六年一月。同月，該聯盟贏得西班牙大選。

71 奔向深淵

跟很多人想像的不一樣，長槍黨[275]在一九三六年初創時只有四隻小貓。後來被稱作「舊衫軍」的真正長槍黨元老，事實上很少；那是因為之後隨著右派起義，內戰、戰後時期，佛朗哥占該黨為己用，黨員人數才如雨後春筍。

就像我剛說的，一開始的時候，長槍黨政治影響力很小，還很邊緣。該政黨的意識形態是毫不掩飾的法西斯主義，支持極權國家，贊成清算議會和其他相關狗屁；但是與納粹主義不同的是，納粹黨是一個由精神變態者領導，追隨著熱愛舉發鄰居又愛踢正步的一票人；也跟義大利的法西斯黨不太一樣，因為該黨創始人是位自大狂，用孔雀羽毛裝飾的巨型小丑，曾一度支持他的馬拉帕爾泰[276]就曾精準的描述他是「極腦殘」。

長槍黨的創始人是獨裁者里維拉的兒子荷西・安東尼奧・普里莫・德・里維拉；不過雖然同色系但不同色調，因為荷西・安東尼奧是一名律師，受過教育，出過國，還會說英語和法語，而且他很英俊。右派的年輕美眉（不怎麼年輕的其實也是），光是看他挺拔的站姿就覺得他氣宇軒昂、自帶「浪漫英雄的憂鬱」光環。至於貴族、上流社會的男性（大部分長槍黨的創始成員都來自這群人），他用一種友善的階級魅力和「並肩作戰」情誼，使他們熱情追隨他。尤其是當時西班牙傳統的政治人物，跟現代的一樣表現得不負責任、投機取巧又惡名昭彰，差別只在於當時的民眾比現在還要飢餓、貧窮，而且還持槍。當時左派和右派存在於各種階級，換句話說無論是上流社會、中產階級跟普羅大眾都各有左右派。不過長槍黨再怎麼努力，也從未打入百姓的階層，因為他們被認為不夠接地氣。

而一九三六年，那個說來話長、一言難盡的西班牙。年輕人的鬥爭已經不只侷限於分裂，不單只是一邊是長槍黨、卡洛斯黨、天主教派或是任何右派，對上社會主義、無政府主義或當時仍然為數不多的共產主義，而是這些已經被高度政治化的年輕人，有些甚至是同學、一群朋友之間，開始拿槍指著對方，自相殘殺。

就連學生之間也開始對立：長槍黨的對馬克思主義的大學聯合會[277]的成員。特別是那些頑強又

275 Falange，正式名稱為西班牙國家工團主義進攻委員會方陣（Falange Española de las Juntas de Ofensiva Nacional Sindicalista），創始人為荷西・安東尼奧・普里莫・德・里維拉（José Antonio Primo de Rivera）。

276 Curzio Malaparte，1898~1957，義大利政治記者、小說家、劇作家和外交官。他的作品在二十世紀的義大利非常具代表性。

277 Federación Universitaria Escolar（FUE），一九二六年底在西班牙馬德里中央大學成立的學生組織，反對獨裁、君主制；西班牙第二共和國成立後，逐漸消聲匿跡。

活躍的長槍黨支持者，決心要摧毀現有的政治制度，以建立一個法西斯主義的國家。他們好鬥又勇敢，但對手也同樣不好惹。於是接下來就是挑釁、槍林彈雨、葬禮、下戰書和清算。就曾有敵對的兩派人馬，社會主義勞工和長槍黨支持者年輕人，在太平間的聯合告別式前來瞻望遺體時相遇。偶而他們會彼此靠近，遞根菸，在這悲慘的休戰時刻仔細的看著對方，之後才又走上街頭互相砍殺。

左右兩派的陰謀都赤裸裸，只有少數呆瓜才會提到「協約」一詞；雖然暴力和謀殺當時仍然為數不多，但是他們製造了很多噪音，這些噪音被一些賤人所利用，使議會變成一個充滿爭吵、廢話和威脅的臭名遠播之地。街上的暴力行為越來越難制止，接任的政府由於煽動、優柔寡斷、沒種或政治偏見而管不住混亂的公共秩序。所謂的「秩序派」受夠了這種亂象，而左派還在堅持唯有革命才能推翻「有如君主制專制般」的「資產階級的共和國」（報紙標題）。

一部分人想套用德國、義大利的解決方案；另外也有一部分想效法蘇聯；而那些將目光看向英國或法國等民主國家的人，他們明智的聲音卻被大吵大鬧和憤怒的聲音掩蓋過。西班牙至此，每個人都在問的問題是，下次發動的政變，將會對這飽受折磨的共和國發出致命一擊的，會是左派還是右派。

這已經變成了一場奔向深淵的競賽。每當開向深淵的列車發出前進的嗚笛聲時，西班牙人總是爭先恐後的上車。

72 多少童話多少屎

最後，隨著時間的推移，悲劇還是降臨了；大家終究還是放下了選票，拿起武器。某間卡塔赫納的報紙在頭版發了一個標題，「多少童話多少屎」，總結了當時的情境，真是精闢分析！

在一九三六年初的選舉前夕，左派一反常態，終於聯合起來，叫做「人民陣線」；右派領導人希爾．羅布萊斯面對選情，表示「單一社會、單一國家。若想爭論此點，都必須鎮壓」；社會主義激進派的領導人拉爾戈的言論則更直白更不負責任：「如果右派選勝，我們將不得不宣告內戰」。在一千三百萬人左右的總選民中，將近有一千萬人投票（簡單來說就是七十二%），四百七十萬人投左派，四百四十萬投右派，兩邊差距極小，不過區區三十萬票之差。雖然結果可說是不相上下，但根據選舉法，人民陣線的席位增加了一倍多；此結果讓支持者歡欣鼓舞的上街慶祝。既然左派都選贏了，那麼懷著相同熱誠想要引發內戰的，就變成了輸家右派了。當阿薩尼亞被任命準備內閣名單，重啟前任政府在後期取消或擱置的社會、政治改革，同時右派則決定違法亂紀；像是胡安．馬奇[278]這類重量級的金融家，老早就把資產轉移到國外以求安全，也開始為老套的政變提供資金；一些傑出的將軍謹慎地與德國、意大利政府聯繫，想探探他們對西班牙共和國政變的意見。西班牙忠心耿耿的和心有不滿的軍人，相視的眼神似乎都在問「啊現在怎麼辦？」比較上層的軍官都開始一起喝咖啡，聊陰謀，還越聊越大聲，毫無顧忌。不過政府對此也暫時裝傻充愣，免得更加刺激他們。

當然啦，左派聯盟在選贏的隔天立刻瓦解，煽動群眾者換成了不負責任又胡說八道的人；當時有將近九十萬失業沒飯吃的勞工和農民，破碎的經濟，投資者踟躕畏縮，中下資產階級焦躁不安，而有遠見的一看勢頭不對，能走的就都溜了，每個街角都能遇到兩派人馬秋後算帳的槍林彈雨，整個國家烏煙瘴氣，四處瀰漫著血腥味跟硝煙臭味，社會氣氛快速腐化。

政治家索德羅此刻正想取代希爾．羅布萊斯的右派領導人位置，在議會上還說了這段話：「當紅軍亂黨如浪潮來襲，唯一能阻止他們的，就只有國家的力量，以及軍人的美德：服從、紀律、階級制度；所以我召集了軍隊。」任何的事件，突發的也好，借端生事的也罷，都可以是完美的藉口。只差一點火花就可以引燃這一切，於是在七月十二日，這個機會來了。

當時長槍黨的領袖荷西．安東尼奧雖然陷身囹圄，但他的團隊仍是動作頻頻；那一天，卡斯提中尉（他是位有名的社會主義者，曾是突擊衛隊的軍官）被長槍黨的槍手擊斃；由於來而不往，非禮也，於是死者的屬下跟同事就綁架並殺了索德羅，希爾．羅布萊斯也只差一點就跟他一樣回老家，索德羅在太平間被擺成耶穌姿勢的大體照片，震驚了整個西班牙。

《社會主義者報》下了標題「這次襲擊就是戰爭」。確實也是，而且就算沒有這件事，也會有其他別的理由宣戰，就如墨西哥諺語說的：「該是你的跑不掉，不是你的強求不來。」那年的夏天，所有大局已定得差不多了；摩洛哥的軍事叛亂使情況火上加油，在潘普洛納，卡洛斯黨、埃米利奧．莫拉[279]將軍與其他大腕軍閥，像是愛叛逆好軍變的桑胡爾霍將軍、在非洲戰功彪炳的佛朗哥將軍等人，交流討論協調；軍變的日期定於七月十七日，在內戰前夕，聰明、堅韌又冷酷的莫拉將軍，已經把軍、政和工會人物的逮捕與槍斃名單都準備好了。

軍變在他們的計畫裡原本是要速戰速決，推翻共和國，並建立軍事獨裁政府；一封與共謀者的往來書信上寫：「必須採取極端暴力行動，以盡快消滅敵人。」

沒有人料到這場準時發生的極端暴力行動，會演變成一場激烈的三年戰爭。

278 Juan March，1880~1962，西班牙當時首富，也是世界第六大富翁；菸草、武器走私者，商人和金融家，被認為是二十一世紀最有影響力的西班牙企業家之一，他為一九三六年針對共和國政府的政變提供資金。

279 Emilio Mola Vidal，1887~1937，西班牙的一名軍事領袖，於西班牙內戰前期領導國民軍對抗共和軍。內戰爆發後，莫拉成為國民軍重要的指揮者，在桑胡爾霍將軍因為飛機意外而死後，國民軍的指揮權即分為北部的莫拉和南部的佛朗哥將軍，之後莫拉國民軍南下進攻馬德里，並發起幾場大型戰役。

73 紅軍和國民軍

該年的七月十七、十八日，在卡洛斯黨、長槍黨的平民支持下，始於麥里亞的軍事起義，延伸到非洲其他地區以及伊比利半島。總共五十三個軍營駐地，就有四十四個說「我願意」。

那群穿軍服的，有些人熱烈參與，有些則不太情願，而另外也有一些人斷然拒絕（跟大家以為的不一樣，其實部分軍隊和國民警衛隊仍然忠於共和國）。然而最終還是依照莫拉將軍的指令兵變了，他對此事可是非常篤定，完全沒有絲毫猶豫，而不願參與叛亂的，甚至猶豫不定的軍官、領導、官兵都被逮捕，並在當下或隔天遭到槍決。處決名單上的人名，一個個被監禁、槍決。軍隊中的溫和派或反對者、政治人物、工會的、被標有「左派思想」的，都被送進屠宰場。反叛軍一開始就冷靜的計畫，以暴力毫不手軟輾壓共和國，為的就是要嚇阻、癱瘓對手，而在當前的混亂中，政府以驚人的速度和效率做出了反應。

還有一部分的軍隊仍對政府保持忠誠，這群專業軍隊加上勞工、農民倉促武裝的民兵，雖然沒什麼紀律組織，但有充分的決心和熱忱和反抗軍對幹。這種堅決對抗反叛軍的態度，在兵變那天，起了關鍵性的作用，成功鎮壓了西班牙一半的暴亂。巴塞隆納、奧維耶多、馬德里、瓦倫西亞、一半的安達魯西亞等地，起事失敗了；叛亂份子沒想到會遇到這麼多的民眾抵抗，以致某些地區作戰時被孤立了，大多數之後都嗝屁了，所以這邊沒太多戰因。

四天之後，原本應該是殘酷、速戰速決的政變，卻開始停滯不前；事情沒有計畫中來的容易。七月二十一日，西班牙已經一分為二：共和黨政府保有主要工業區，這要歸功於勞工的奮力抵抗，以及一大部分的農業區：坎塔布里亞海岸、整個地中沿海、大部分海軍艦隊和主要的空軍基地和機場。

但反叛軍從他們控制住的地區，展開迅速、堅毅和有效的行動。這都要感謝德國和意大利從一開始就提供的技術、飛機等多種援助，因為政變領導人在蹚渾水前就已經先打過招呼；西班牙大方鎮的外籍兵團、摩爾正規軍也從北非駐地前往西班牙本土。反叛軍一邊堅守駐地，一邊向政府勢力步步逼近。

一邊是訓練有素且有效率，另一邊是民眾對戰鬥的熱情和意願，兩軍對峙實力如此懸殊，卻也能在最初的槍林彈雨過後僵持，不相上下；左派政府軍不是因為準備充足，而是因為堅定的戰鬥精神和相應的武裝人民這點令人稱道。就這樣，內戰三個階段中的第一階段即將展開：兩邊人馬鞏固、穩定各自地區，如此情勢會維持到該年年底，直到反叛軍企圖占領馬德里失敗；第二階段是到年十二月，此時已經發展成有前線有戰壕的戰況；而第三階段則是共和國政府的分解和叛軍的最後攻勢。

反叛軍面對「野蠻的馬克思主義」，認為自己保有天主教徒、愛國主義的良好價值觀，因此他們開使自稱「國民軍」（tropas nacionales），而共和國左派政府則被稱作「紅軍」；這些術語於大眾說法就沿用至今。但最大的問題，就是所謂的「國民軍」、「紅軍」的兩個區域的劃分，並不完全對應；換句話說，國民軍區域有支持左派的，紅軍也有支持右派的；甚至兩邊都有些士兵的所在地，並不是自己支持的陣營。也有些人跟這一切沒有任何關係，哪邊都不支持，只是好死不死被夾在這場血腥對戰中間；於是這些倒楣鬼，只好聽天由命，拿起武器加入武力強大的那一邊，西班牙人的血液裡流的是幾個世紀之惡，無論哪一邊都可以注以同樣的熱情參與。

74 後方基地的恐怖

此地終於又再一次面臨令人歡欣的內戰！讓西班牙人如此舒心愉悅，因為西班牙派系之爭、舊恨新仇、忌妒心的標籤已經歷史悠久，長期以來一直秉持著「你不站我這邊，就是我的敵人」、「我並不想戰勝、說服，而是想滅了對手」、「聽我的就好」、「那個狗日的王八蛋我們走著瞧」等心態；如果這些再加上肆無忌憚、有恃無恐的時空背景；加上一九三六年的無知大眾；加上野心勃勃、不負責任、無法無天的政治階層相互播下的不良種子，各位可以參考上述想像一下，可能不難想像兩派人馬（反叛國民軍 V.S. 共和國紅軍）是如何鎮壓敵軍，情況又是如何的脫離掌控，越演越烈：反叛軍無法按照原定計畫，用最短的時間控制住民眾的抵抗，而忠於政府的，眼看多年來一直飽受摧殘的國家陷於混亂之中，就快要成了一攤爛泥，但無論他們有再努力再堅持，都無法擺平起義。

面對大部分的軍隊都參與了起事，加他們上有長槍黨、卡洛斯黨和其他右派的支持；而左派只剩一些政府組織，一些忠於政府的部隊、突擊衛隊和少數的國民警衛隊，於是他們決定讓百姓也武裝，作為己方的資源，以面對敵人。此策略在某些地區奏效，但有些地方則沒什麼用。奇妙的是，民眾的熱烈反應，竟然能抵抗軍人的冷靜專業，局勢不相上下真是奇蹟。這群原本不會使用獵槍、步槍的勞工農民，竟然能保住一半的西班牙，另一半有如英雄般為國捐軀。就這樣一步步，在一場又一場極為艱苦的戰鬥之間，戰線逐漸穩定下來。

但是內戰除了由於人類的劣根性，也是因為大量的仇恨所引起。而且就像是定律，勝利方通常會收集到一大批支持者：有些人是因為想討贏家歡心，有些人是想抹去過去的舊立場，也有些人是為了野心、生存，或者是想報仇。整個西班牙陷入了「一言不和，殺無赦」的狀態：叛軍方為了嚇阻敵手準備了有組織有計畫的鎮壓處決方案；政府軍同樣大規模的清算一開始逮捕的軍人、右派反叛份子。除了上述雙方人馬在前線的殺戮以外，還要加上令人寒毛直豎的戰爭後方。

雙方的作戰後方基地，都有一些人並不是為了追求理想、出於自願而加入戰爭拚個你死我活；只是因為戰爭發生時湊巧人在那裡，就因為這個偶然，他們被迫站隊（其實幾乎全世界的內戰都會遇到相似的情況）；這些人關注的點當然不是誰有理，甚至有些人更是利用情勢，趁亂打劫、燒殺擄掠；這群犯罪、投機者、強盜、殺人犯離戰場幾百公里遠，卻也拿著槍，毫無顧忌的屠殺、虐待、強姦、搶劫；他們可能是穿連身工作服的政府軍，但也有可能是頭戴紅色貝雷帽、或藍色長槍黨襯衫的叛軍。

叛軍利用這群投機份子，交給他們老早決定要實施的鎮壓行動，和恐怖政權中最骯髒不堪的工作；至於政府軍，由於別無選擇只能依賴百姓，也必須配給他們武器，以至於完全無法控制亂七八糟的組織、成群結黨的亂象；他們以人民、共和國之名，行暴徒、搶匪之實，打著革命的旗幟，其實是解決私人恩怨，而那些被獵的神父、資產階級、法西斯主義者，又有多少是真，多少是政治清算呢？！不過就連政府也不敢說自己沒有默許，甚至還有鼓勵的。

所以當現代的西班牙人，自豪地提及自己的祖父母曾為共和國或國民軍而戰；最有可能的情況是他們上前線戰鬥、垂死不是為了自己的理想，可能純粹只是倒楣；反而比較常在黎明時刻跑進某個倒楣鬼的家裡——有可能是學校老師、地主、牧師、退休士兵、工團主義、左右派的選民，甚至是有可能只是家裡有些讓人眼紅的好東西而已，把他們送進墳墓、棺材裡。

所以不要再被大野狼跟不實的驕傲騙了！小紅帽！

75 只能忍受的痛

軍變轉成內戰的過程中，與政府軍不同的是，反叛軍、也就是國民軍非常清楚的意識到，如果想讓這場屠殺有效率的繼續進行，勢必要有一個單一指揮部門。德國的納粹跟義大利的法西斯亦同，也急需一個一致對外的窗口，可與之談判經濟、外交、軍事贊助，有名有姓、具體的人選，當然在西班牙的最佳人選就是佛朗哥將軍了；眾望所歸之下，他被叛軍賦予權力；不得不說這位矮小的加利西亞大腕軍閥真是有夠好運，因為桑胡爾霍和莫拉將軍兩位皆在航空事故中掛了。

當叛軍試圖占領馬德里失敗，軍變成了漫長的內戰時，這位新上任的領袖便決定採取一絲不苟、智慧型犯罪般的鎮定態度，不倉促行事，堅定的鞏固已經占領的根據地，他可是一點都不在意他人或自己會不會喪命；勝利指日可待，目前有更重要的關鍵要處理：就是確保權利，加強戰後駐地。叛軍把軍變取名叫做「國民起義」，正緩慢又穩定的進行；嶄新的西班牙首領[280]開始專心於集權，要將西班牙變成「統一、偉大、自由」，他是這樣說的啦，很有可能這三個詞彙在他自己的字典裡有他自成一格、獨特的詮釋吧。

當然，他有很多追隨者，尤其是騙子和想混水摸魚的，這種情況下這些人才不管什麼立場和意識形態，他們只在意站在勝利者身旁，只想「我能分到什麼好處？」在那個時期，其他民主國家「不干政」的虛偽政策，決定對西班牙的烏煙瘴氣置之不理。該決定讓政府軍比較吃虧，對國民軍比較有利，因此國民軍從容進行一場有條不紊，而且打越久贏面越大的戰役：有狂熱神職人員的聖水加持、有服從的軍隊、有卡洛斯黨、長槍黨，而且早就把不聽話的黨員都換成乖順的舔狗，或是「教到他乖為止」。所有想像得到的權力，都集中在奸詐、狡猾、冷酷無情的佛朗哥將軍手裡，當時已經沒有人有叫他「小佛朗哥」了，跟他在摩洛哥大方陣擔任指揮官時一樣。

長槍黨領袖荷西·安東尼奧被紅軍槍殺不久（對佛朗哥來說又是張好牌），卡洛斯黨早已被控制，將軍所領的士兵也是絕對忠誠（不忠誠的早就有技巧的被處理掉了）。佛朗哥在採取軍事行動的同時，也實施了一項嚴酷的「國家法西斯軍事化政策」，該政策基於兩個關鍵重點：統一受到馬克思主義浪潮威脅的祖國；捍衛羅馬、使徒的天主教信仰。為了改革，為了實現共和國所付出的一切血汗、淚水、唾液，當然都被毀壞殆盡。

鎮壓非常血腥殘酷，都是只能忍受的痛。任何形式的罷工、反對派活動都會被判死刑，所有政

280 佛朗哥執政期間自稱攝政王（Caudillo），有人音譯為「考迪羅」，因為他支持王室，然而攝政期間沒有實際在位的君主，直到一九六九年，他指定原王室繼承人胡安親王的兒子胡安·卡洛斯一世為他的接班人。

黨均被取締，禁止所有工會活動，讓所有勞工、農民皆無自保能力。原本被重新分配的土地、工廠又回到了原地主、老闆手中；家庭、社會領域「再次回歸到神職人員手裡」，這是歷史學家恩里克·莫拉迪耶亞（Enrique Moradiellos）的原話，宗教再次掌控民眾的習慣、教育和文化。戰爭前大約有五萬兩千人的教師，大多都受到監視、警告、開除、逮捕或槍斃；學校再次男女分校，因為「對良家婦女來說簡直是罪大惡極」；合法離婚也被廢除，並取消所有的離婚登記（大家可以想像一下這項政策的倒退會造成多少家庭混亂）；天主教的宗教節日成了國定假日；教會審查制度開始控制一切。

學校的孩子開始要行法西斯敬禮[281]，不只學校，就連足球員、鬥牛士和觀眾，在球場、鬥牛場和電影院，甚至連主教都用華蓋[282]恭送領導（看到這些照片[283]真讓人羞恥）。同時間監獄擠滿了囚犯，劊子手每日執行工作，有條不紊；婦女被剝奪了共和國時期獲得的所有重要社會和政治進展，再次回歸到她們崇高的天性：順從的伴侶、天主教妻子和母親。

281 出自羅馬式敬禮，右手臂舉起伸直向上四十五度。
282 聖體遊行時由四人手執繡花的華麗遮蓬。
283 作者所說的照片各位可以用「Franco bajo palio」網路上找。

76 柏林、羅馬、莫斯科

故事說到了西班牙長達三年、亂七八糟的屠殺。關於這兩邊，政府軍與國民軍之間，有個值得探討的差別，這個明顯的差別也可以讓各位了解很多事情，包括解釋為什麼會是這種結局。

相較於佛朗哥陣營的紀律嚴明、服從單一指揮，所有的協調、努力的目的都是為了贏得戰役；共和國的政府軍表現得簡直就像在搞笑，無論政策或社會秩序都像無頭蒼蠅，不但不團結甚至還互相敵視，每個人不是只想著自己，就是各謀其利。由於軍隊大部分的軍官和首長都加入叛軍的隊伍，共和國政府的防禦只能交到少數對政府忠誠的軍人，以及結構糟糕的各種組合，像是民兵、政黨、工會等。

立即武裝平民的策略，雖然阻擋了叛軍進入馬德里、巴塞隆納、瓦倫西亞、巴斯克地區等主要城市中心的腳步，但同時也因為是自發性質，所以不怎麼協調。但面臨漫長的戰爭，政府軍必須採取有條理的行動，指揮單一、有紀律、有組織的軍力，才足以對抗他們訓練有素的敵人，然而政府軍這方簡直就是瘋人院：不但沒有真正的權威，內部還分裂成幾百個思想和意圖不同，有社會主義、無政府主義和共產主義的自治委員會、理事會和機構；每個「會」都坐擁地方勢力，各謀其利；這些分裂、仇恨，甚至還趁機毫不手軟的確實清算政敵，有些人上前線搏命時，在後方就會有另一些人互相攻訐或殺人；共和國政府的努力被大拖後腿，拖到一個很悲慘的結局。

阿薩尼亞在他的回憶錄中就曾寫：「周圍都是智障；您覺得能治理就您上。」這段話總結了當時的概況。這些派系、煽動、分歧、投機政客、激進狂熱份子、配槍的文盲，每個人都想撈點好處，在此複雜情勢下，外國干預偏要來「錦上添花」。當時德國的納粹和義大利的法西斯支援叛軍戰爭物資、飛機、軍隊，而國際間的共產主義則是為西班牙招募「國際縱隊理想志願軍」，然後成千上萬的人會像砲灰一樣死去。更重要的是，蘇聯向共和國政府軍提供了戰爭物資、菁英顧問、政治軍事專家，而這將會對衝突的發展產生巨大的影響。

目前除了大家自掃門前雪，問題在於政府軍面臨二選一，而且這個選擇題很快就會發展成無法和解的緊張關係：是要贏得這場戰爭以維持共和國的合法性，還是要藉機搞一場狂野的社會革命，極左派認為後者才是根本、重要的待辦事項。例如無政府主義者抗拒所有類型的嚴肅權威，在整個戰爭期間一直是沒有紀律、問題的根源，他們會質疑所有命令，或者拒絕執行，更扯的是會離開前線去探望家人，甚至因此導致武裝衝突。就連極左社會主義派的拉爾戈，也不想要一支正規的軍隊，他覺得只要有民兵就夠了（這個白痴還在那邊大喊說要「反革命軍隊」），好像光是民兵就能對抗有效、指揮良好又訓練有素的佛朗哥陣營。

因此情況就是，當有些人在前線廝殺，後方同陣線的也為爭權奪利開打；不但破壞了己方的戰力，還讓共和國遭受了一系列的武裝暴動和政治衝擊，導致政府持續不穩定，短時間內歷經吉拉爾（José Giral）、拉爾戈、內格林（Juan Negrín）三任總理，更是不可避免的導致了最後的災難。

不過對共和國政府來講，幸運的是共產黨的影響力不斷加強，有鐵腕紀律以及明確的「先把這場戰打贏」的目標；但無論是西班牙人還是蘇聯人都沒有阻止莫斯科的共產黨，一有機會就清除政敵，一言不和就從後腦杓「砰砰」。雖說如此，政府軍最終還是能成功抵抗叛軍給的壓力，並且基於著名的《第五軍團》（也都是共產黨人馬）輝煌的開拓經驗上，用協調一致的方式，一點一滴的組織起共和國的人民軍。

77 血池火海

關於西班牙內戰的政治、軍事細節，那漫長又可怕的三年戰亂、攻防、屠殺，國際介入，佛朗哥軍隊緩慢、有系統性的前進，合法的政府卻因內部分裂而崩壞殆盡，這些都在許多西班牙、國外的歷史書籍上有詳盡的解釋，讓我省了很多口水跟力氣。

例如曾任第二共和總理的阿薩尼亞的回憶錄寫到「讓這些群眾屈於紀律，使他們進入國家軍事組織，服從政府指揮，按照總參謀總長的計劃進行戰爭，這是共和國最主要問題」，就很精闢的總結了當時的情勢。儘管左派分裂嚴重，每個都我行我素，共和國還是排除了一些困難，建立了一套防禦策略（也不排除重要進攻），使其能夠負嵎頑抗到一九三九年春天。但是，就像《三劍客》中的人物波爾多斯在洛馬里亞石窟所說的：「太沉重太難承受」，有太多的權力脈絡盤根錯節。就讓阿薩尼亞再次為我們提供一分鐘快報，不過各位乍看之下可能會覺得非常熟悉：「沒有正義，但每個人都認為自己有能力掌握正義。政府完全無能為力，因為邊界、港口都不在他們手中，都被掌握在個人、地方、省、縣機構的手裡；但是當然，政府不能在那裡表現出權威。」

此外，要知道，共和國政府可不像是國民軍陣營；國民軍那裡可是軍事鐵腕管理，不聽話就又出去燒，而且是單一指揮系統（監獄跟槍斃創造奇蹟呀！）；在共和國陣營，卻是用難以想像的混亂，進行強制徵收和集體化，導致打破經濟支柱，造成物資短缺、飢餓的災難性嚴重後果，這是敵營的國民軍沒有的情況。

就這樣，共和國陣營在邁向毀滅的道路一步步前進；這條路不只是敵軍鋪的，自己人也出了很大的力氣；更何況共和國口口聲聲高呼「民主、自由」，但大街上卻掛著列寧和史達林的巨幅肖像；嘴巴上說「團結一致對抗法西斯主義」，蘇聯人馬、托洛斯基主義、無政府主義卻在私底下相互殘殺；說要「博愛、團結」，結果加泰隆尼亞政府覺得「大難來時各自飛」，巴斯克區域則認為「我有我的陽關道」；當國際縱隊那群英勇、有理想的人，在戰場上廝殺、陣亡，後方駐地的馬德里、巴塞隆納和瓦倫西亞，卻像在開「反法西斯知識份子」國際同樂會，一群為數眾多的小丑在那邊拍照、品酒、聽佛朗明哥音樂，還在不了解、也沒想過幫忙獲勝的情況下，寫下了關於這場悲劇的詩集、書籍。當敵對的冷酷軍事機器，在德國、義大利堅定的支持下，將共和國僅存的殘渣輾壓粉碎，卻也很難評論，共和國到底是「死亡」，還是「自殺」。

情況進展到這個地步，只有腦殘粉（極少數）、白痴（還比較多些）、機會主義者（還不少喔）、以及不敢大聲說出自己意見的（這些才是絕大多數），才會懷疑「這事會怎麼結尾」；善意的左派、真誠的共和黨人、真心捍衛共和國並為她而戰的，早就都失望的離開，或已踏上流亡的道路；這些人當中就有西班牙在那個時代最清醒的編年史家，查維斯．諾加萊斯[284]，他的著作《血與火》（1937）中的序言，今時今日應該要被收錄進西班牙國民基礎教育的教科書中：「蠢蛋跟殺人犯，以相同的數量及破壞力，在西班牙分裂的兩個陣營中同樣行動……我逃離的，是一群在馬德里實施紅色恐怖的劊子手所造成的血流成河，佛朗哥軍的飛機大軍來襲時，無辜的婦女、兒童都得喪命。比起摩爾人的野蠻、大方陣的匪氣、長槍黨的殺人如麻，我甚至更加害怕無政府主義或共產主義的文盲……我並不太擔心這場戰役的結局。我對西班牙將來的獨裁者是從戰壕的哪一邊走出來並不感興趣……西班牙已經損失了五十多萬人的生命。代價可以不用這麼昂貴的。」

284 Manuel Chaves Nogales，1897~1944，西班牙記者和作家。在政治上，他是一位溫和的左翼共和黨民主黨人，自稱為反法西斯主義和反革命派。因此，他是第二西班牙共和國的熱心支持者；直到他深信自己無法為自己的國家做任何事情，因此離開西班牙，流亡巴黎。他出過各種傳記書籍，尤其是編年史和遊記。

78 不是和平，而是勝利

就這樣，三年的夢魘、屠殺，就如電影《腳踏車是夏天的》（*Las bicicletas son para el verano*）男主角費爾南·戈梅茲[285]的劇本。奧古斯汀·岡薩雷茲所說：「不是和平，而是勝利」來臨了。這部電影靈感來自費爾南多·

正如佛朗哥軍總部發布的一份文件，指出戰爭最後「紅軍被俘虜並解除武裝」，國民軍達成了最終軍事目標，而另一方共和國的可悲的殘兵敗將只有墓地、監獄和流放幾種選項。這些都有資料照片，可以省下一些笨拙的描述。每個西班牙人都跟我一樣明白，雙方約各有四十萬人死亡（餓死的、或生病而亡的還不算在內），五十萬人流離失所：道路上擠滿了逃亡的人；飢寒交迫的孩子在他們父母身邊穿越邊境；身上披著毯子的無助老人，例如又老又病的安東尼奧·馬查多[286]，與他的

285 Fernando Fernán Gómez，1921~2007，西班牙小說家、編劇、演員、編劇、電影、戲劇和電視導演。

286 Antonio Machado，1875~1939，西班牙詩人以及西班牙九八世代的代表人物之一。一九三六年西班牙內戰爆發，馬查多與母親一起先後逃到瓦倫西亞和巴塞隆納，最後又被迫往法國方向繼續流亡，一九三九年，在母親逝世前三天，馬查多逝世。

母親走向法國南部，邁向他悲慘的結局；而所有逃去那裡的人，都被關在集中營遭虐待、羞辱，並受塞內加爾士兵嚴格的監控。

而那段時期逃不出去，或是相信「雙手沒有沾過血的就不用擔心」這個承諾的人（可憐的小天真），在超迅速的審判過後，被逮捕、篩選、虐待、拘禁或槍斃。當然，劊子手身邊牧師絕不缺席，好在最後時刻拯救靈魂，讓所有迷途的靈魂能回老家嘛，呵呵。當時「徹底清洗」執行得很徹底，剷除左派、工會主義、自由主義、無神論、共和主義以及所有一切與「民主」和「自由」有關的東西（就算只有一點點相關）：對獨裁者及支持他的人來說（當然，那個時候已經成千上萬），就是這些惡毒的言論導致了西班牙的災難。

在監獄中，三十萬名政治犯在等待他們的命運被決定，看他們是否幸運沒有太多政治紀錄，決定被判刑還是吃子彈；當這些人在獄中背黑鍋，而那真正的罪魁禍首，應該要為混亂和戰敗負起責任的政客、他們的家人、爛人，卻包袱款款早就溜了，甚至包括臭名昭彰的殺人犯，他們把錢帶到國外，還做起了小生意以避免任何不可預期之情況，這些人在國外安頓下來，安心的享受他們騙、偷、搶來的收益（當時國外銀行帳戶尚未被發明）。

真正的政治罪魁禍首、使共和國陷入血腥混亂、人頭數最多的殺人犯，大多都很機警，當敵軍快壓境時他們就先走了，鮮少被勝利方佛朗哥軍逮捕；所以佛朗哥軍抓的、殺的，大部分都是雜魚、不重要的B咖：蠢蛋、倒楣鬼，或是不夠機靈的。當成千上萬不幸的人擠在集中營，始作俑者卻在國外或是逃亡的路上，有一部分有莫斯科主人的支持，另一些則是可以依靠銀行帳戶的錢；明明就是因為這些臭名昭彰的領導人，由於他們的卑鄙、惡意、不團結和野心勃勃，持續不斷相互對抗、侮辱、誹謗甚至還會互相殘殺，才將共和國摧毀殆盡，消滅了正義與自由的希望。

人類在面臨生死關頭之際時，趨利避害乃經典而必然的本能反應，西班牙又怎麼可能免俗呢：努力適應新生活的大眾，每個都跑去為勝利者歡呼，大批突然發現自己其實從娘胎就支持右派的人民飛奔到教堂聆聽彌撒，趕快去辦一張長槍黨證，看電影、足球跟鬥牛時也會舉起右手行法西斯敬禮；舉個具體的例子（同樣適用於其它地區），今時今日擠滿巴塞隆納的大街，手持加泰隆尼亞星旗跟瓦倫西亞區旗的熱愛祖國者，跟他們一起上街的父母、祖父母，當年也是這樣在同樣的街道上，人數可能還要更多，不過拿的倒是西班牙國旗，陽光下的面孔舉起右手敬禮，西班牙又將東昇再起。如果各位好奇的話，可以在網路上搜尋，或去翻翻書，看一下那時候的照片和雜誌。在爆多歡迎佛朗哥的橫幅中，有一幅還寫「加泰隆尼亞與領導同在」。

雖然世界上一定有真誠的人，不過這種情況還是不斷發生在西班牙所有版圖上，甚至全世界，這，叫「適者生存」。

79「統一、偉大、自由」，但其實還好

教宗庇護十二世（Pío XII）在這個情況下稱西班牙為「神選之國，是天主信仰堅不可催之堡壘」，很顯然，無論誰來統治都會在位很長一段時間；因為沒有人能比梵蒂岡的政治嗅覺還要靈敏，更何況是在一九三九年，第二次世界大戰即將來臨之際。佛朗哥的人馬和西班牙都很清楚。

將軍在一開始的軍變參與最少，但最後卻是他獲得了絕對權力。這位鐵石心腸的軍人，冷酷、不手軟、不倉促的指揮作戰，這場會僵持很長一段時間的內戰（看不出來的人一定是瞎了），在他手中成為井井有條的屠宰場。勝利的佛朗哥主義不能算是軍政府，因為執政的不是軍隊；也不能算是法西斯政權，因為法西斯也沒有執政。這是弗朗西斯科．佛朗哥．巴哈蒙德的個人獨裁統治，這名謹慎、聰明、善於操縱的加利西亞人，他除了身為狂熱天主教徒、反共產黨和激進愛國者的個人觀念以外，其他都肆無忌憚。像是軍隊、長槍黨、卡洛斯黨、西班牙一般民眾等，都是個屁，只是他對西班牙的計畫的執行工具；而「吾乃西班牙」就是他的計劃。

所以，將軍一開始就用比街頭藝人還要高的技巧，操縱政治的千絲萬縷。他先是讓長槍黨及卡

洛斯黨群龍無首，長槍黨領袖荷西・安東尼奧被紅軍給槍殺了；卡洛斯黨領袖法爾・孔戴[287]則是被佛朗哥趕出西班牙，威脅他「不走就讓你跟荷西・安東尼奧一樣！」他成了那群人的領袖之後，又利用他從未相信過的法西斯主義龐大的政治資源，讓他的政權看起來有風格，也順便安撫了曾幫過他打贏戰役的兄弟，而當時歐洲最潮的應該就是希特勒和墨索里尼了。所以當時的遊行，手臂一定是伸直直舉高高；無論是國家、戰爭、生活都要表現的很有男子氣概；領導身邊圍繞滿滿的機會主義者和舔狗，稱他為「大元帥」，還會在隊伍中打鼓、吹小號以示支持。

在地主、金融家這類特權階級的支持下，卡洛斯黨被打入冷宮，因為已經不需要砲灰參戰了；而此時只剩下些乖順聽話黨員的長槍黨，則交給他們明處的公共控制、人民組織、官僚管理、工會活動、訓練未來青年等；至於天主教會原本就連結很緊密，再加上要獎勵上帝的代言人戰前都會幫軍旗撒聖水祈福，教會得到了教育、社會生活、道德風俗的控制權；教區牧師、主教可以插手家庭、夫妻生活中最親密的細節，「孩子~你不可以對你丈夫那樣，想都不要想」之類的。

就這樣，佛朗哥第一階段政權就此展開，就像所有沒有真正意識形態的機會主義一樣，該政權會隨著國際政治、生活節奏而有所演變。此刻國土因戰爭到處斷壁殘垣，所有人都懼怕勝利軍，並受到無情的新警察監管；監獄裡關滿了等著要被清算政治責任的人，而劊子手按部就班行刑。校園

287　Fal Conde，1894~1975，西班牙律師和卡洛斯黨領袖。

中親新政府的知識份子也安頓好，準備算舊帳；當時許多優秀的知識份子，不得不夾著尾巴先溜了，免得被關或被槍斃；瓦倫西亞大學校長還擅自宣稱說「我們比教皇更支持教皇」。

至此，西班牙在這些人手中，成為哀悼的荒地，只剩下傷痛、貧窮、疾病、悲慘、乖順、恐懼和灰暗，唯一的安慰只有鬥牛、足球跟廣播，不過廣播也成為鞏固政權的工具。當政府官員、官僚跟無恥之徒在鑽營他們的生意；百姓卻餓殍遍野並死於肺結核，而且生活只有糧食配給卡、審查制度、懷念舊帝制的愛國言論、黑市、恐懼、屈辱和精神上的折磨；總之就是一個由兵營、公務辦公室跟天主教祭衣間組成的悲慘、沒有顏色的西班牙。

正如奧古斯丁．弗克薩大使，同時也是傑出的作家、右派知識份子曾諷刺之言：「我們活在一個腐敗不堪的獨裁政權中。」而且他說這話，沒有讓任何人懷疑他是不是反對份子。

80 雖敗卻不放棄

佛朗哥除了狡猾機警、冷酷無情，還有就是運勢超旺，他從非洲退伍下來時，說自己有「上天保佑的好運」，幸運就像是海盜的鸚鵡一樣，坐在他的肩上。

當他準備與共和國鬥個你死我活之際，當時幾乎所有歐洲的統治者都跟他臭味相投，因此能得到他們的支持，幫他打贏戰役；當這些人在二戰時被打敗，史達林露出了狼耳朵，蘇聯的威脅更是席捲了歐洲一半。以美國為首的西方列強，正好需要佛朗哥政權在歐洲坐鎮，建立軍事基地，建立反共關係等拉拉雜雜的事情，所以他的獨裁就被原諒（或是用「另一種角度」看待）。他之前的罪行、邪惡的朋友跟月光下一望無際的墓碑，都被吹散在風中。這也就是為什麼那些流亡在外，不想放棄鬥爭的左派份子，他們很希望佛朗哥能像納粹、法西斯主義那樣被打得落花流水，卻只能失望的乾瞪眼。就像《堂門多復仇記》[288]中的那句台詞「我現在是要向誰復仇？」順便一提，該劇作者穆紐斯・

288 La venganza de Don Mendo，穆紐斯・塞卡創作的歌劇，一九一八年在馬德里的劇院劇院首演，西班牙四大名劇之一。

塞卡[289]就是被共和國這群人給殺害了。

那些人還天真地以為，二戰結束時他們就能在勝利的同盟軍支持下，返回西班牙，但一點動靜都沒有。這可不是因為他們沒有努力沒有功績唷；那些支持共和國的傢伙，有大部分的人，在跨越庇里牛斯山脈時，被佛朗哥的大方陣跟摩爾人軍緊追在後，一隻拳頭緊緊握著西班牙的泥土，嘴中咀嚼的是逃亡與受難的苦澀，他們可是一群雖然輸了戰役，但卻沒被擊倒的人。在一九四〇年，法國的道路布滿樹木，讓德國人方便在樹蔭底下入侵法國，法國佬的軍隊、馬奇諾防線、跟見鬼的將軍都被揍翻（法國史上最可恥的失敗之一）。那群被關在法國集中營裡羞辱，「骯髒又噁心」的流亡西班牙人，面臨了簡單的選擇題：要嘛就是德國軍，不然就是西班牙的佛朗哥軍；講白一點就是「同志們，事情大條了，我們無處可去！所以乾脆讓入侵的敵軍吃不完兜著走算了」。

因此，這數百名破釜沉舟，履歷上有三年戰爭經驗的老鳥，有男有女，一個比一個還要硬頸，他們拾起落荒而逃的破法國軍的武器，槍口開始對向德國軍射擊，他們往山上退，並開始指導居民，而後成為了無論是法國城市還是鄉村，抵抗德國的重要核心部隊，到現在都還是該地區的驕傲事蹟。最好的證據就是各位如果去緊鄰西班牙的法國城鎮觀光，可能會驚於其龐大數量的紀念碑，上面寫著「致為法國而亡的西班牙戰士」，沒錯，他們可是鞠躬盡瘁，死而後已。

另外還有一些是被納粹逮捕，但西班牙的佛朗哥卻拒收，於是最終進了死亡集中營，還有一些則是死於戰爭、解放戰役。總之這群西班牙人當中，有許多人有史詩級的旅程，非常建議各位閱讀伊夫琳・梅斯基達（Evelyn Mesquida）的《第九軍團》（*La Nueve*）；例如，有些人加入了法國的外籍軍團；有些則是從北非逃亡，最後加入了夏爾・戴高樂將軍的「自由法國」運動，然後從中非前往英國，再從那裡前往諾曼地；之後又隨著勒克萊爾的第二裝甲師，解放了巴黎，並在德國奮戰、身亡，倖存者最後抵達了德國元首總部。我非常榮幸能與他們其中一人一起在西班牙皇家學院工作了五年，他是克勞迪奧・紀廉（Claudio Guillén），名詩人豪爾赫・紀廉（Jorge Guillén）之子。

這些人看到解放巴黎的舊照片、紀錄片，至今還會熱淚盈眶，深受感動：當盟軍的裝甲車開過街道時，兩旁的鼓掌聲不絕於耳，法國男女皆衝向這群伙獻吻，這一大票人矮小、黝黑、面帶微笑，軍服沒扣好露出了大半胸膛，嘴上叼了半根香菸。你若仔細看這群堅不可摧的人，會訝異坦克車的鐵皮上，描繪著他們幫坦克取的名字：格爾尼卡、瓜達拉哈拉、布魯內特、唐吉軻德、西班牙精神號。

289 Muñoz Seca，1879~1936，西班牙作家、劇作家。那個時代最成功的劇作家之一，創作了大約三百多部戲劇作品。西班牙政變發生後四個月被共和軍殺害。

81 俄國的西班牙人

二戰期間，西班牙人不只都死在集中營、法國抵抗軍或加入西歐作戰的盟軍之手；畢竟支持共和黨的西班牙人數龐大，在德國納粹對決蘇聯的東方戰線，也可以聽到西班牙文的咒罵、祈禱、爭執或是吟唱西班牙民謠。彭斯・普拉德[290]就曾描述過，許多跨越庇里牛斯山脈的男女，「他們的頭髮亂蓬蓬、髒兮兮的，發出一股臭味，鬍子像是乞丐，穿著沾滿鮮血與煙硝味的制服，眼神富有遠見」，這透露出他們並未被擊敗；因為就是有人從不放棄，或是早已忘了怎麼放棄。

而逃往蘇聯的西班牙人，他們的來源跟命運都不盡相同：有內戰其間被送去蘇聯的孩子、支持共和國的逃亡海軍、被派去莫斯科受訓的年輕飛行員、緊抓著武器不放手的共產黨員。這些人當中出了許多戰士，加入俄軍對抗德意志國防軍，他們在敵人後方以游擊戰方式偷襲，或去開戰鬥機。當中有些比較有名的，其中一位名為何西・帕斯夸・尚塔馬利亞（José Pascual Santamaría），大家都叫他「卜派」，他加入史達林格勒戰役，死後獲得列寧勳章。當時俄國某報紙的頭版標題寫著「亞歷山大・戈拉賽莫夫上尉領導飛行員擊敗敵人」，很少人知道這位英勇的戈拉賽莫夫上尉，其真實姓名為阿方索・馬丁・加西亞（Alfonso Martín García），他的同袍也叫他「馬德里人」。另外有一群由曼努埃爾・阿爾維蒂（Manuel Alberdi）中尉指揮的西班牙地雷工兵隊，他們從莫斯科一路打到柏林，並順便幫柏林改街名，用粉筆在路牌上寫死去戰友的姓名。至於游擊兵，還用說西班牙人與游擊戰有多家學淵源嗎？就如那句陰暗的老話：「沒有什麼比手中持武器的西班牙人還要危險了」。

在整個俄羅斯、捷克斯洛伐克、波蘭、南斯拉夫、巴爾幹半島其他地區戰線的敵軍後方，無數流亡到俄國的共和國支持者，戰鬥，死亡，或是被納粹處決。不信可以看一下蘇俄戰報總結：西班牙人總共出了兩位蘇聯英雄金星獎章，兩位列寧勳章，七十位紅旗、紅星勳章，其中一位還是女性，名叫瑪麗亞・帕迪納（María Pardina），出生於四條通（Cuatro Caminos），另外還有六百五十多個在莫斯科、列寧格勒、史達林格勒、柏林等地獲得的各式勳章，以及數百個無名墓。

也是在俄羅斯，西班牙人又再次面臨自身的矛盾，亦即歷史長流中不斷出現的對立鬥爭；因為在列寧格勒圍城戰中，西班牙人又再次自家人對打：一邊是加入蘇聯軍隊和游擊隊的，另一邊則是加入藍師[291]的西班牙人，佛朗哥因為欠德國希特勒人情，所以這是派去支援俄國戰線的西班牙志願

290 Pons Prades，1920~2007，是專門研究二十世紀西班牙當代歷史的西班牙作家、紀錄片編劇。

291 División Azul，西班牙陸軍正式名稱為西班牙志願師，德軍正式名稱為步兵第二五〇師，是二戰時期在德蘇戰爭給德軍助戰的一個西班牙志願者師。

兵部隊。說到藍師，就不得不提他們的成員五花八門：有長槍黨的核心加上職業軍人，也有些來自不同背景的志願者，從渴望冒險的年輕人，到失業餓著肚子、只想吃點熱食的人，或是政府密切監視的對象，想透過這種方式脫困，或減輕被囚、被審查親人的責罰與壓力。

雖然他們參加志願軍的理由不怎麼光彩，但他們身處地獄等級的寒冷冰雪裡，也以極端的韌性和勇氣，在俄羅斯沃爾霍夫河作戰；還有伊爾門湖自殺式的壯舉，當時二二八名西班牙人的滑雪步兵師，在零下五十度的地方戰鬥，最後只剩下十二個人存活。而在列寧格勒、克拉斯尼博爾的戰役，當時德軍都已淪陷，只剩下五千名西班牙士兵，對抗四萬四千名蘇聯士兵和一百輛戰車的大規模襲擊；這可能是他們生命中最漫長的一天，像野獸一樣拚命殺敵，最後的結果是整個連被殲滅：一些人被屠殺，另一些人則是身邊擠滿了與其近身作戰的敵軍，便要求己軍砲轟自己身處之地。也因此，西班牙士兵從希特勒本人那裡得到以下評論：「苛刻的條件下極為堅毅，但特別缺乏紀律。」

所以這場紅、藍的對抗，又再次證明了西班牙令人悲傷的歷史中，對立互鬥似乎是民族的永恆詛咒；就像古老的中世紀諺語所說：「若有位好主人，他將是多好的臣子。」

82 孤苦伶仃

第二次世界大戰期間，西班牙袖手旁觀。一方面是內戰才剛打完，還精疲力竭，另一方面也是因為佛朗哥將軍的密友德國跟義大利，沒有向他提出領土和其他方面的要求，所以將軍不必攪和進去。雖然沒參戰，但還是派遣「藍師」前往俄國前線支援，再加上出口鎢給納粹，才讓佛朗哥在他盟友面前沒那麼丟臉，也剛好混過了德、義大事不妙的時期。事實上這名加利西亞的屠夫，除了罄竹難書的事蹟之外，也數一數二的精明，不然你以為他憑什麼能掌權四十年，還能在他的床上壽終正寢。由於史達林領導的蘇聯已經向世界展示了其最陰險的嘴臉，佛朗哥從那時候起便逐漸接近勝利軍，想展現對西方的友好，而這點讓他戰後得以倖存。

在佛朗哥政權的第一階段，將軍面臨到幾個問題；有些可以用老方法：監獄、槍斃、填溝壑來解決，另一些問題有的靠時間、或自己就解決了。其中最主要的問題就是西班牙完全孤立於國際，以及流亡政府企圖推翻獨裁統治。講到這邊有個很棒的插曲，當時甚至有成功的可能性，那就是游擊隊「馬基」(maquis)，從法國進入西班牙，其主要隊員都是共產黨、共和國支持者，他們大部分都曾對抗過納粹軍，還以為納粹戰敗後，就會輪到佛朗哥了（天真！可憐唷）。那群人非常有種的回到西班牙，想領導人民奮起，但是百姓卻都受夠了問題，脖子也被勒得很緊；民眾才不在意統治的是獨裁還是裁獨，就算是兒童節目的主持哥哥政權也沒差，他們只想要生存下去。因此，馬基的英雄冒險就像所有西班牙的英雄冒險結局：如野狗般被逼進山裡，然後一個接一個被國民警衛隊和軍隊消滅；而身在國外主導事件的政客，許多像國王一樣爽住在俄國、法國的，卻都安然無恙，對派去西班牙的游擊隊置之不理，他們就像蒶蒂那樣遭到丟棄。

不管是蘇俄還是俄國人，健忘的西班牙都應該要牢記，儘管有許多西班牙人與俄國人並肩對抗納粹主義，並且成為蘇俄的英雄，但其他人卻不是那麼幸運，要是不覺得這很幸運，愛怎麼叫隨便你。許多西班牙內戰結束後滯留在蘇俄的西班牙水手、撤離的孩童、飛行學員，要求返回西班牙或離開無產階級的天堂，在一個他媽的混蛋，叫做約瑟夫·史達林的命令下，皆被殘酷的迫害、監禁、處決或流放至西伯利亞；而且，就目前的情況而言，這個王八蛋在蘇聯和東歐殺害的人數，已經比納粹輝煌的紀錄還要多了，何況納粹還殺了不少。在整個清算不跟隨蘇聯共產路線的西班牙人的過程中，有群聽話的西班牙共產主義領導者的熱情參與，聖地亞哥·卡里略[292]、熱情之花[293]、莫德斯托[294]、里斯特[295]，這群傢伙從內戰時期就是爭權奪利的箇中翹楚，戰敗後他們的膽子也嚇破了，加上他們深諳舔狗、生存之道，包括清算有異議的鄉親同胞也是一把罩。

當中最令人難過的巧合，就是被史達林鎮壓的共和國派，在恐怖的西伯利亞古拉格集中營，與「藍師」的西班牙戰囚相遇；更天意弄人的是，史達林一九五〇年代去世後，倖存下的兩派人馬在同一艘船上被遣返西班牙；當時的佛朗哥政權，開始克服內戰之後最初的與世隔絕，以及可怕的經濟危機、飢餓、貧窮和痛苦，此時肺結核成為國民疾病。在那些悲傷的歲月裡，西班牙孤苦伶仃，資源匱乏，垂頭喪氣。所以絕對不應該忘記，當時只有葡萄牙和阿根廷提供了援助；對其他國家來說，西班牙很不受歡迎。不過當然這點會被佛朗哥政權充分利用，以更加集中、鞏固自己的權利。

292 Santiago Carrillo，1915~2012，西班牙左翼政治家，曾任西班牙共產黨總書記。
293 Pasionaria，1895~1989，原名伊巴露麗（Dolores Ibárruri），西班牙女性國際共產主義運動活動家，以「熱情之花」之名聞名於世。
294 Juan Modesto，1906~1969，西班牙內戰期間的共和黨軍官，在戰爭結束時，他與其他共和黨的軍事同盟一起流亡到蘇聯。
295 Enrique Líster，1907~1994，西班牙軍官、共產黨員，他以共和國人民軍的軍官身分參加了西班牙內戰，並在第二次世界大戰期間晉升為蘇聯紅軍將軍，參加了兩次戰爭中的重要行動，而獲得紅旗勳章。

83 新主人

從整體來看，歷史學家對此也頗有共識，佛朗哥政權可分成三階段：硬、中、軟，大概類似熟成硬起司、半硬起司跟奶油乳酪那樣。

為了更加了解整個情況，有必要再強調一次，佛朗哥長達近四十年的政治現狀，雖然看起來像是法西斯主義的軍事獨裁，但那只是外皮。因為佛朗哥將軍除了永遠的獨攬大權、反共產黨、永遠的天主教以外，並沒有其他的政治意識形態，所以他為西班牙所做的決定，都是為了要達到上述的目的。

當然，這位加利西亞將軍再怎麼厲害，沒有那些神通廣大、強而有力的同謀支持，也無法維持那麼久。這些人有一部分是統治階級：大地主和工業、金融的高資產階級，包括在加泰隆尼亞和巴斯克地區呼風喚雨的特權階級；他們認為新政權可以維護和確保之前因為政治、工會、內戰動盪，而被威脅、剝奪的財產。此外，還要加上因為站對隊伍，新產生出的軍人、官僚世家，勝軍賦予他們管理中產階級的權利，讓他們衣食無慮。

隨著後者同時出現了一個混濁的階級，更明確來說，他們其實一直都在，只是現在才浮出水面，這種與人的劣根性有緊密關聯的永恆的腐爛汙穢，永遠不會消失，只會為了適應環境而稍作改變。我說的就是那些無論在任何情況下，都能蓬勃發展的無恥之徒，不管執政的是紅、白還是藍，都可以利用身邊人的不幸和苦難。這群體由大量肆無忌憚的投機者、剝削者和爛人組成，沒有人能夠消滅得了他們，因為通常他們就是幕後黑手，難以撲滅，不但到處收買人情，還對著誠實之人指手畫腳，把老實人關進監獄或殺掉。

在金字塔的最下方，支撐著大老闆、金融家、權貴、走私者和軍人的，是西班牙廣大的人民，無論他們支持的那一方是輸是贏，都已遭受了三年來毀滅式的打擊和屠殺，所有人都只渴望生活和遺忘（「自由的思想」鮮少能戰勝「想吃點熱食」的渴望）。支持戰敗方的，用乖順和恐懼為他們的失敗付出代價。而那些為戰勝方出了不少力氣的，現在只能沉默或遺忘，因為戰勝對他們微薄的工資、對工廠或作坊、對農民的鋤頭或牧羊人的牧杖，完全沒有任何好處或利益。那些從未親眼見過戰壕，連一眼都不曾看過毛瑟步槍的傢伙，卻抽著雪茄，手中挽著身穿貂皮大衣的妻子（或是情婦），在天龍區逛大街。

當然，國家的一切都建立在當時已經是大元帥的領導者，從一開始就巧妙計算的三大基礎上：戰後獲得特權的忠誠軍隊，被委以國家機構且是唯一政黨的長槍黨，並將社會控制權委託給天主教會。陸軍負責透過戰爭委員會，消滅所有自由主義、共和主義、社會主義、無政府主義或共產主義。如同歷史學家赫南德茲．桑傑士（Fernando Hernández Sánchez）的描述：「軍隊很勉強才能抵抗外敵，但對內倒是完成了維持國內秩序的任務，直到最後。」至於長槍黨，一開始不聽話的早就被無情的清洗，遭到迫害、報復、監禁，到現在已經是個溫順的組織，對黨很忠心；各位可以看看當時鑄造的硬幣，在大元帥的頭像周圍寫著「上帝恩賜的西班牙領導」。於是所有長槍黨負責政府部門的行政和運作，上頭的領導有公家機關的肥缺，下面的小頭頭也可以輪到些安穩無慮的小生意，小雜貨店、彩券行等。無論贊不贊同，所有的西班牙人民，如果想要工作、吃飯、生活，就必須辦理長槍黨證；當然，黨歌〈面朝太陽〉（Cara al sol）也要倒背如流，而且還必須在公眾場合表態自己是個真心虔誠的天主教徒，相信那是唯一的真理。

至於天主教，佛朗哥依杖的第三個支柱，對於西班牙（近乎）永恆的不幸歷史、悲慘命運造成什麼樣的影響，我們就留到下一章再輕鬆的討論吧。

84 罪孽成了違法

就是「國家天主教主義」這個詞，定義了當時西班牙的環境。佛朗哥的獨裁殿堂除了以軍方和長槍黨為支柱，奠基石便是教堂了。羅馬教會在第二共和國和內戰時期付出了沉重的代價：教堂被焚毀，數百名神父和宗教人士無緣無故被殺害；由於天主教會的支持對於國民軍「反馬克思主義運動」起了決定性的作用，所以現在是時候補償他們了，把迷途的羔羊託付給唯一、真正的宗教。當時只有少數巴斯克地區跟加泰隆尼亞的牧師不表態支持，他們也因此被鎮壓、監禁，甚至祕密處決了。於是離婚、公證結婚廢除了，墮胎會判處嚴厲的刑罰，並要求學校實施男女分班。

社會、道德、風俗、節目、學校教育，一切都由神職人員監視。在獨裁初期，甚至連主教都會在教堂門口舉起右手，對領導行法西斯禮。雖然還是得公平的說，並不是所有的主教和牧師都吃這套，但是整體趨勢還是屈就、討好當局政權，以換取社會和教育的控制權，成為有特權的公民，讓神學院、宣教任務有靠山，得到經濟支援和免稅。當時飢餓和整個大環境，激發許多受感召者加入教會。這些人可不是什麼芝麻綠豆不起眼的一群，牧師當時可是比將軍還要有權威（像作家埃斯拉瓦．加蘭就曾描述過當時「當牧師超屌」）。此外，天主教的俗教友團體，例如公教進行會、聖母之子會之流，在教會和政權的控制下，建構了一個便捷的管道，讓他們能或多或少參與公共事務。那些內戰結束後就再也無法像之前那樣，透過政治或戰後就被取消的工會活動表達自己的社會關切的人們，這些團體可以讓他們稍微釋放壓力。

讓所有的東西都沾上聖水的後果，就是教會變得前所未有的膽大包天：嚴厲的牧師極力反對「魔鬼發明」的社交舞，因為異性間會互相觸碰拉扯，也極力反對泳裝，或任何可能懷有、激起犯罪意圖的事物；對服裝的規範近乎變態，審查無所不在，對電影也有轟炸式的審查制度。當時的教會文本中，提到的建議和道德禁忌，愚蠢、狂熱和病態等級的虛偽與惡毒思想，達到了數百年來從未見過的極端，構成了一部怪誕的文學作品，甚至遺毒至今。伊比薩主教曾表示過「舞蹈威脅著國土，讓世代柔弱又腐敗，使國土無法強大茁壯」；另外塞維亞的大主教也替這個議題收尾，他認為一聽到音樂就摟摟抱抱是「懺悔者的折磨，撒旦最喜歡的博覽會」。

當然，所有的罪魁禍首都是女人，都是她們孕育了魔鬼，所以教會和政權所做的一切努力，都是為了使她們能夠走在貞潔、正派的道路上，使她們遠離生活的喧囂，成為模範妻子和母親。因此根據《勞動法典》[296]，必須要「解救作坊和工廠中的已婚婦女」，因為女人是天主教家庭不可或缺的軸心，所以要將她們回歸那處從來不應該離開的家庭。共和國時期一切的解放政策皆被廢除，所有使女人能免於屈從於男人的公民、政治和婚姻權利都被毀壞殆盡。女性獨立、身體自主權、一切與性別意識有關係的，都成了罪孽，而罪孽則是透過《刑法典》，變成「違法行為」。

民眾會因為「不道德行為」被罰款、囚禁。當然，這些還要加上惡劣的人性，當時虔誠的好鄰居（現在也有，而且永遠都有），隨時準備好對那些被標上「恥辱、醜聞」的女性指手畫腳、排擠、譴責，雖然當時西班牙女性不用戴穆斯林的希賈頭巾（這是隱喻啦）。當然，更不用說另類、不同的性別意識了，絕對不行！西班牙最後這兩三百年的歷史裡，同性戀從來沒有像第一階段佛朗哥黑暗政權那樣，不斷遭受迫害，而且持續了很長一段時間。「娘炮」這個詞，從來沒有像此時，含意如此蔑視又惡毒。

296 El Fuero del Trabajo，佛朗哥時代所通過的七項基本法條之一，於一九三八年內戰結束前通過，就是當時的勞工法。

85 佛朗哥想洗白

之前已經說過，佛朗哥運氣很好，他的水星仍持續順行，讓他繼續高枕無憂好一陣子。獨裁政權的背後隱約散發出微微的恢復君主制氣息，不過現在還不急，可能在將來的某一天吧。

不過國王絕對不會是胡安．波旁，他是被推翻的阿方索十三世的兒子，佛朗哥連他的照片都看不下去。雖然這位首領 a.k.a. 大元帥曾說過「西班牙是君主制國家，不過還是等我覺得準備好官方上線時再說」，還要慢慢教育胡安．波旁的兒子小小胡安．卡洛斯，所以現在各位不妨就先坐下來，等他長大還要很久。

在內戰勝利十一年後的一九五〇年，西方陣營跟蘇聯的冷戰對峙達到巔峰狀態，將軍的運勢也一同走向高峰。西班牙度過了遭受國際嚴重孤立、異常艱困的第一階段之後，美國跟她藍星上的朋友將西班牙看作是「具有非凡戰略價值的反共產盟國」，所以開始發點糖果給西班牙：官方訪問、財政援助、軍事基地、來西班牙旅遊、拍攝電影。而奸詐到爆的佛朗哥當然就開始見縫鑽洞：馬德里、巴塞隆納、塞維亞的餐廳變得眾星如雲；愛娃・嘉德納[297]與路易斯・米格爾・多明金[298]（米格爾・博塞[299]的爸爸）的戀情，使他成為全西班牙男性最忌妒的人；而佛朗哥跟艾森豪（他是戰勝納粹軍的將軍，此刻是美國總統）的合照，沿著格蘭大道大肆放送，成為一道明顯的分界線，結束了前一個階段。國際間西班牙終於擺脫讓人避而遠之的形象，進入了聯合國，前塵往事已是雲煙。

不過當然，這些並不會改變佛朗哥政權的路線，不過倒是不槍決了，或者槍斃比較少人，至於那些黨覺得非常壞、罪大惡極的人，就改用絞刑處死；其他聽話、謹慎的囚犯就先放著吧。後來還赦免了一小部分人，也允許那些流亡國外沒有犯大錯的回國，其中包括了名氣響叮噹的知識份子馬拉尼翁醫師、哲學家奧特嘉等人，他們會跑路只是未雨綢繆。這就是歷史上所謂的「開國」，雖然開得有點小家子氣，不過還是在合適的範圍內幫國家漸漸恢復正常。

當時西班牙仍然是一個農業為主的國家，因此也開始了工業化。一開始成效甚微，以至於農村地區開始大規模的悲慘遷移到工業城市，甚至國外。星星點點的開放根本不夠，旅遊業也力有未

297 Ava Gardner，1922~1990，美國女演員；出演電影《殺人者》（*The Killers*）使她聲名大噪。她被列入美國電影學會評出的二十五位「百年來最偉大的女演員」之一。

298 Luis Miguel Dominguín，1926~1996，西班牙鬥牛士，佛朗哥的朋友，因其與世界各國多位知名女星的羅曼史而聞名。

299 Miguel Bosé，1956~，西班牙歌手、演員、節目主持人，專輯曾榮獲拉丁葛萊美最佳流行男歌手獎。

逮；無法讓國家正常運作。佛朗哥雖然缺點罄竹難書，但還不至於太混蛋，於是在布蘭科[300]上將的鼎力支持下，逐漸換掉內戰時期就在位的恐龍級長槍黨、軍閥部長、高官，取代為有經濟、法律專業知識的年輕世代，這些人被稱作「技術官僚」，當中有很多隸屬主業會，因為教會覺得雞蛋還是不要都放在同個籃子比較好。西班牙也因為他們開始鳴槍而起跑，儘管當中還是會有錯誤、舞弊的情況，但最終還是讓國家在六〇年代末能夠顯著的成長，讓城市中的中產和勞工階級成為社會上最大群體。西班牙開始可以喘口氣。

當然在經濟上的發展是無庸置疑的，不過文化、政治就沒有齊驅並駕了：一方面是嚴格的審查制度，打壓了知識學問（除了極少數的例外），讓政權中的庸才氾濫；另一方面當時共和國戰敗，造成許多優秀的知識份子、科學家、作家和藝術家的逃亡，其中有一部分終身未歸國，讓收留這些政治犯的國家，例如墨西哥、阿根廷、法國、波多黎各等更豐富多彩，反觀西班牙卻黯然失色，造成至今都難以彌補的損失。

政治方面，社會運動、移民潮、工業成長，使原本昏昏欲睡的社會衝突又再次復甦，開始有些低調的反彈行為；廣播、足球再也不足以保持人群平靜、分散其注意力，大學生開始叛逆，於是內戰後第一次的工業罷工發生了。佛朗哥專政的政府，對此的回應是增加警力和更多的鎮壓。但是很明顯，時代正在改變。而佛朗哥也不可萬歲萬萬歲。

300 Carrero Blanco，1904~1973，西班牙海軍上將，佛朗哥的密友和心腹，在佛朗哥專政期間的政府內部擔負職務，干預了內閣與其他政治派別的內部衝突，被認為是該政權中的二把手。一九七三年十二月二十日死於埃塔組織的暗殺。

86 悄聲無息的戰役

一九五七年至一九五八年間，正值佛朗哥獨裁時期，政府發動了一場戰爭，並成功的對西班牙人壓下消息，至少人民都對此戰造成多少腥風血雨的後果一無所知。這場動真格的戰役發生在西屬非洲殖民地，算是西班牙傳統週期性循環的重大流血悲劇，而且依照慣例，倒楣的總是可憐的新兵，他們永遠是政客欠缺考慮、胡搞瞎搞下的犧牲品、人肉砲灰。

這件事來自一九五六年摩洛哥獨立，當時的國王穆罕默德五世是現任國王的祖父，宣稱西南地區已經被西班牙統治了一個世紀的伊夫尼和西撒哈拉，是新成立的摩洛哥王國的主權領土。這場戰爭是依照當地經典風格的起義開始的，只不過這次動手的是裝備精良的全新摩洛哥部隊（由於西班牙的重型武器全是美國來的，所以美國禁止西班牙在這場衝突中使用）。首先從一場舉事開始，使西班牙小型軍事駐軍地之間的通訊中斷，圍困伊夫尼；該城市只有四個營的人馬守護，但還是負隅頑抗。真正的悲劇發生在較內陸的地區，由於地勢更加崎嶇不平，西班牙軍零散的小哨所，要麼被士兵放棄，要麼就跟看守的士兵一起被滅。另外還有一些主要據點，例如帝柳因（Tiliuin）、泰拉塔

（Telata）、塔格拉格拉（Tagragra）、特寧（Tenin）地區有駐軍也有平民，都被摩洛哥軍包圍，幾乎淪陷；最後沒被占領，是因為本地人的射擊手、警察仍然忠誠，而西班牙小兵和長官到目前為止也頑強地抵抗。尤其是當這些人想起了「阿紐爾潰敗」，假如自己被生擒，可能會被割斷脖子，或是其他部位被削成薄片，想想還是不要輸好了。

因此陷入困境的西班牙人，無計可施之下，一如既往地讓敵人吃不完兜著走。為什麼絕望的情況總是能逼出西班牙人最光輝的品格，真是歷史之謎。在苦難又血腥的長途跋涉後，在幾乎沒有車輛、財物或空運補給，只有意志力跟膽量的情況下，塔格拉格拉和特寧最終獲救。至於帝柳因的第二營，被投放了七十五名膽大包天的傘兵作為增援，雖然仍然被圍困，但至少可以繼續支撐一段時間，直到西班牙軍團縱隊來打破包圍，包括仍忠於西班牙的當地射擊手及其家人才得以撤離。然而泰拉塔救援卻是以悲劇收場，當奧蒂斯．薩拉德（Ortiz de Zárate）上尉領導的軍團傘兵營邊躲避襲擊，邊緩慢前進，穿越複雜崎嶇的地形時，傷亡慘重，直到伊夫尼當地守衛隊前來救援，最後才進入泰拉塔，並將該地人員撤離至安全區。

但最慘的災難是發生在更南部的西撒哈拉，那邊當然也起義了，當時在一個叫作埃切拉（Edchera）的地方（我幾年前有機會去過那裡，我敢發誓，世界上很多地方都可以讓人死得比較舒適），西班牙軍團的兩個連隊遭到伏擊，他們一如既往地頑強奮戰抵抗，此戰役極度殘酷，造成四十二名西班牙士兵死亡，五十七名受傷，但也讓摩洛哥人馬損失重大。戰後兩位軍團成員法德里克（Fadrique）和馬迪拉（Maderal）死後被授予聖費南多十字勳章，此乃西班牙軍事最高級別勳章，授予戰鬥中表現出眾之軍人，自他們兩位後便後無來者，便可證明此戰役多麼轟轟烈烈。不過在西班牙漫長又令人不愉快的戰爭史中，只是再次證明了所有歷經的苦難、犧牲的英雄和屍山血海都沒有太大的作用。就是這樣。

一方面是西班牙人對此戰役一知半解，或渾然無知；因為政府對媒體嚴格的管控，把這一連串悲劇變成輕描淡寫的小規模警察事件，淡化該戰役造成的嚴重影響。另一方面，一九五八年四月，朱比角讓給摩洛哥，又在一九六九年把伊夫尼拱手讓人，西班牙只保留了西撒哈拉直到一九七五年，又因綠色進軍迫使西班牙撤離該地。

到最後，除了另一份國際協議上的休達、麥里亞，還有摩洛哥沿岸一些岩石，西班牙的太陽也在非洲西下了。也是時候了。

87 自由的空氣

當我們現在進行到佛朗哥獨裁政權的最後階段時，有必要回顧和反思：有些人認為佛朗哥於西班牙是上天的美意，但有另一些人卻認為他是西班牙能發生最糟糕的事，沒有之一。

對我來說，佛朗哥是西班牙的不幸；但我也認為，在一九三六至一九三九年間，那個像私娼寮般混亂、暴力、惡名昭彰的西班牙，是絕對不可能實現真正的民主。假如勝利的是紅軍，或是出現個強大有秩序的第三勢力，那結果應該也是獨裁統治，只不過換成了共產黨或是左派，其意圖不外乎是消滅政敵、同樣會消滅自由民主，事實上他們在當時也是朝著這條路進行。

承上述，除了我本身收集到的第一手資料（我父親和我叔叔羅倫索（Lorenzo）皆曾為共和國而戰，叔叔甚至參與過幾次嚴峻的戰役，並在戰爭中身負槍傷），理論上我也傾向像查維斯．諾加萊斯這位誠實、聰明的左派內戰歷史直接見證人，他說：「無論左右派都有可能出現西班牙未來的獨裁者。」我沒那麼贊同親佛朗哥的歷史學家史丹利．佩恩（Stanley Payne）的說法：「一九三六年的西班牙，烏托邦式民主是絕對不可能實現的。」

當我們要批評西班牙的二十世紀那段歷史時，尤其有必要多方接收所有可能的來源、書籍、歷史直接證人的證詞等。不是為了公平，說實在的每個人都有權利支持他想站的立場，而是能在記錄和辯論時能保持中立，免得落入一些爛人、民粹主義、頭腦簡單和文盲便宜行事下所歸納的標籤，這群人雖然不是同樣的族群，不過有的時候作同義詞用。正是在這種情況下，我才認為應該要更加理智而不是感情用事，以定位佛朗哥政權的三個階段。我們先前已經提過前兩個階段，分別是系統性嚴厲鎮壓和零星少許的初始開放，現在我們要說第三、也是最後一個階段。

說到這個最終階段，最大的特點就是因為許多複雜的因素，造成很多無法避免的改變。到一九七〇年代，佛朗哥再怎麼迴避、抗拒，再如何違背他的意願，但整個局勢還是無可避免的往更文明的形式演變；除此之外，還要加上一些重要的法律和規定。西班牙已經通過《繼承法》，確定未來將回歸君主制政府，佛朗哥和其人馬，以及一些老實的百姓，聽到「共和國」一詞會讓他們渾身發癢。為此，佛朗哥在阿方索十三世的孫子胡安．卡洛斯．波旁還小時就著手他的教育，也方便讓佛朗哥打著「君主制」的旗幟，讓他的獨裁政權能夠持續正常的運作，並在國際上維持其正當性。

除了有偏限而且不全面的工業化發展以外，這個時期還有兩項必須要強調其重要性的法令，因為它們將對西班牙的文化水準和生活品質產生重大影響：一九七〇年的《教育法》，雖然不完美、偏頗又通過得太晚，但將義務教育延長至十四年；而一九六三年的《社會保障基礎法》，雖然沒能滿足現代社會人民的所有需求，但至少保證了醫療保健、醫院和人民的退休金，隨著時間的推移，百姓仍然能從該法中受益。但最近幾十年有些不負責任的強盜政府（不分政黨派系、各個自治地區都有），正在竭盡所能的想要摧毀。

至於其他的，像是經濟成長和最後階段的起伏，例如旅遊業、工業、住房、電視、國產車SEAT 600、貪汙、移民潮等，都因為一九七三年的石油危機而發生了巨大變化。該時期的「佛朗哥機器」分成了兩派：「碉堡派」的想維持嚴政，而另一派卻想讓政權稍微更加民主一點以扭轉頹勢。世界都因吹起了自由之風而動搖，當外國殖民地紛紛想獨立，葡萄牙和希臘的獨裁統治垮台時，西班牙如何能不被影響。無論是國內還是流亡在國外的政治反對勢力日漸壯大；國內勞工、學生的抗議、罷工逐漸加劇；民族主義再次抬頭，遭到當前掌權的碉堡派更大力鎮壓，還創立了「公共秩序委員會」和「祕密警察」，繼續輾壓那些高喊著要「自由、民主」的人，雖然巴掌還是煽得很大力，但佛朗哥時代已經接近尾聲了。

88 佛朗哥政權之死

佛朗哥政權在後期遭遇多方面困難重重，除了政敵給的壓力以外，其中還受到一九七三年阿拉伯－以色列衝突影響，石油價格上漲引起的嚴重經濟危機，讓西班牙一個個窮到只剩內褲；另一方面，緊張的局勢讓立場更加激進，社會開始反彈，加上國內外的反對勢力，微不足道的開放再也滿足不了他們，而佛朗哥機器卻拒絕合理的進化。

西班牙衝突的根源，亦即巴斯克和加泰隆尼亞的分裂主義又再次抬頭，雖然遭到政權嚴厲的鎮壓，還是以各自的方式行事。當時的加泰隆尼亞共和左翼（簡稱ERC），尤其是普霍爾（Jordi Pujol）領導的加泰隆尼亞民主統一（簡稱CDC），他們用政治現實主義的方式提出問題，並且意識到當時情況什麼可行什麼又不可行；而巴斯克自治區，信奉獨立主義但有節制的保守派巴斯克民族主義黨，卻逐漸被埃塔（ETA）取代：巴斯克在地區教會某些頑固份子的鼓譟下（這種對卡洛斯黨的念舊情懷，在北方暴徒牧師間從未消失），激進份子從一九六〇年代中期就開始殺害警察和國民警衛隊，然後才一步一步地越來越肆無忌憚，慢慢發覺了有點喜歡上朝他人後腦杓開槍的快感。不過埃塔並不是唯一的殺人組織，在一些由年輕又政治化的學生和勞工組成的極左派新組織中，像是反法西斯革命愛國陣線（FRAP）、十月一日反法西斯抵抗團體（GRAPO）也因為綁架、勒索、謀殺而轉向恐怖組織，於是造成了這些「組織行動、政府鎮壓」的無限迴圈。

至於最和平的經典左派組織西班牙共產黨（幾乎是單打獨鬥的真正在對抗佛朗哥政權）和西班牙工人社會黨，一直以來都無關緊要，一直到他們召開敘雷訥大會[301]，才從原本在國外行動漸漸轉為在國內鞏固勢力，雖然仍是檯面下的祕密行動，但也已經蓬勃發展；而共產黨更是在老戰骨聖地亞哥·卡里略的領導之下，展現出一副嶄新的文明面貌，順應歐洲共產主義的新潮流，包括切斷與莫斯科的聯繫，放棄暴力式革命，並接受且加入傳統民主的賽局。卡里略是狡猾的內戰倖存者，不只逃過了西班牙國內的秋後算帳，也躲掉了史達林式的大肆清洗。

當然，前述所有的政治光譜完全都不合法，包括民主軍事聯盟[302]（UMD），這是由近百名軍官創建的，他們看到了葡萄牙發生康乃馨革命不敢掉以輕心，不過這批人過去在西班牙極受打壓，也一直無法凝聚成力量。另外還有一小撮溫和的少數黨派，從自由派到基督教民主派，意識形態各異，

301 Congreso de Suresnes，一九七四年十月十一日至十三日，西班牙工人社會黨流亡在法國所召開的大會。

302 Unión Militar Democrática (UMD)，西班牙祕密的軍事組織，佛朗哥政權結束時成立，由三名指揮官和九名各軍種的上尉組成，旨在使武裝部隊民主化並推翻獨裁統治。

領導者都是些有點聲望的人：其實他們大部分都是獨裁政權的人馬，只不過已經意識到生意快做不下去了，所以都準備好隨時換制服外套，面對即將來臨的改變才能站得住腳；換句話說，他們都已經準備好「終身都只支持民主」的口號了。而時刻不忘關注時事的天主教會，也換成進步派的主教，向獨裁政權唱出不舒服的真相，藉此向「過去」的蠟燭揮舞，點燃「未來」的蠟燭。

而這些多樣化的組合，從冷血殺手到要開不開的開放主義者，從回收來的機會主義者到真正的自由鬥士，這些人在一九七〇年代初已經形成了強大的戰線，雖然彼此之間都沒有相互配合，但他們清楚的知道佛朗哥的獨裁政權隨時都會瓦解崩壞。但是舊政權還是有苟延殘喘的一群人，不但不願意接受這顯而易見的事實，還想用更多、更強的暴力鎮壓去抑制。這些頑固的碉堡派認為，每踏出一步的自由化都是對祖國的背叛。所以大學生還是被條子追著跑，繼續執行死刑，極右恐怖組織（像是「基督王國游擊隊」這類型畜生團體）在軍隊和警察的包庇下逍遙法外，繼續負責暴力的準軍事鎮壓，包括毆打和謀殺。

但是佛朗哥已經是不折不扣的老阿公，都可以拿去餵老虎了，極端份子還是逼他保持一貫的酷政作風；因此，在一九七三年，這位年邁的領導只保留了國家元首之職，把政權交給他信任的人，極端份子中不錯的小夥子，海軍上將布蘭科；結果「轟隆碰」，布蘭科被埃塔炸了上天堂。佛朗哥政權現在不但奄奄一息、岌岌可危，還是個孤伶伶的單身狗。

89 保多宮之燈滅

萬物皆有終，現在也輪到了佛朗哥時代。原本政權的接班人布蘭科遭到暗殺，佛朗哥已是八旬老翁，又老又病，已經一隻腳踏進棺材了；而民主力量卻越來越有組織，對獨裁形成一股很大的壓力。隨之情況也日漸明朗，佛朗哥政權正分崩離析，但還沒完全瓦解，還是能輕易地捍衛自己。

當時年輕又英俊的小夥子胡安·卡洛斯·波旁被任命為國王，成為繼任者，而碉堡派和軍方則從旁看管；不過就像我們前一章說到的，很多敏銳的人都已經看出將來的局勢走向。佛朗哥人馬內部倒是意見分歧，不曉得是不是因為他們都用鬥牛界黑話來溝通才造成這種雞同鴨講。政權中的老兵和走狗，不少人都想在將來占有一席之地，但要保留過去的特權。精明的佛朗哥主義和長槍黨突然看到了光明，毫不猶豫的想放棄自己的過往；另一些則是固守堅持反對任何改革。

隨著雜誌社的關閉和實施最嚴厲的審查制度，警察鎮壓的情況越演越劇。一九七五年是「可怕的一年」：暴力、恐懼和恥辱。西撒哈拉的危機使情況更加複雜：一邊是恐怖攻擊，另一邊是民主壓力，最後以一種非常糟糕而可恥的方式放棄該地；再加上保守派的反應、極右派的暴行、緊張且具威脅性的軍方、政變的謠言，和對五位反佛朗哥份子的處決。當時整個情勢風雲詭譎，就連舊勢力再怎麼努力也無法扭轉局勢。

終於，領導上天堂了，或是去他該去的地方啦。但是他的喪禮卻顯示出一些現在的西班牙人想要遺忘的事情：當時成千上萬的西班牙人魚貫進入靈堂瞻望遺體，或者在電視上淚眼汪汪觀看整個喪禮（還不全然是喜極而泣唷）。由此可證，佛朗哥有能耐在聖體傘護佑下統治西班牙近四十年，絕不只是因為他擁有軍力或把墓園填好填滿而已，而是西班牙社會有一部分大眾，同意他部分或全部的觀點，儘管多年以後人心善變。現今的西班牙，正是如此容易健忘，跟所有其他事情一樣，當大家回顧過往的歷史，每個人都覺得自己曾經英勇的反對過佛朗哥（真是靠天！）；雖然整個四十年的獨裁酷政大家都忍氣吞聲，獨裁者還得以壽終正寢，不過這些都不算了！（就像某個傢伙曾經對馬德里阿托查車站爆炸案評論過的話：「這麼有種怎麼不敢炸該炸的地方。」）

好，我們先回到一九七五年，保多宮[303]燈滅了，胡安．卡洛斯被宣布為國王，他還得發誓一切保持老樣子，絕不會去動那個破爛攤子；不過這次就連佛朗哥死忠元老都計算錯誤，因為這個男孩

303 El Pardo，中文也譯「帕爾多宮」，位於馬德里，佛朗哥生前的宮殿。

子有點發假誓，不過這對西班牙來說卻是好事。雖然新國王從小被帶在領導身邊，不過他受過良好的教育，他的導師大多都睿智且知識淵博，並且仍然與他保持密切的關係，這些良好的建議帶來了出色的影響力。當時國王面臨兩種選擇：繼續保持佛朗哥風格（簡直是不可能的任務），頂多戴上荒謬的「現代化」面具，可是這種粉飾太平已經很難糊弄人；或者是面對現實，民主在各個領域的影響力越來越大，而西班牙人民都在大聲吶喊要「自由」，就連老派的「監獄或槍斃」都再也無法控制這種趨勢。

溫和的反對派要求進行改革；而左派以有組織、多少還算有效率的方式要求「解除舊制」。我是真的不知道胡安．卡洛斯閣下能有多聰明，但是他的顧問團沒有半個是傻瓜，都是些有遠見、有政治格局的人。在他們看來，西班牙這個歷史悠久的私娼寮作風，專長就是摧毀自己，此時所有的政治野心又蓄勢待發之際，只能透過國王胡安．卡洛斯才有足夠的權力和合法性來領導民主化的過程，才不會在過程中又搞得烏煙瘴氣。於是他們在一九七六年至一九七八年之間，開始了前所未有的奇妙冒險，西班牙史上唯一案例，成功從極權政權轉向民主制度。

如此，仍然不安的國王和他聰明的顧問團隊，在看似不可能的情況下——西班牙的套路應該是從「極權的自殺」到「自由的出生」，竟然能創造了從「內部改革」的奇蹟。全世界都震驚的目睹了這次西班牙令人再次欽佩之事。

90 西班牙，終於！

各位女士，各位先生，我們終於抵達西班牙人在漫長、暴力和悲傷的歷史中，所實現最輝煌的國民愛國壯舉。

總算有那麼一次能夠讓其他民主國家欽佩，西班牙獲得前所未有的尊嚴和國際上的聲譽（也就是這幾十年來一直被不負責任的白痴摧毀的尊嚴和聲譽）。這項叫做「民主轉型」的奇蹟，可真是項磨人又費勁的浩大工程，也是歐洲史上首次以和平手段從獨裁轉化成民主，不使用暴力從佛朗哥之法到人民的法律。何其幸運有國王胡安·卡洛斯的顧問團之一費爾南德斯·米蘭達（Fernández Miranda），來策畫「由法致法」，這是第一次、可惜也是最後一次，「歷史記憶」不是用來對抗，而是因為團結而紀念。

將發生過的事情，例如帕拉庫埃略斯[304]、巴達霍斯[305]所發生的大屠殺確實的記錄在歷史裡，這種「不該忘」可以督促自己不要犯同樣的錯誤、傲慢和卑鄙，儘管長時間下來勝利的佛朗哥軍會比合法的共和軍殺掉更多人。就這樣，西班牙的政治人物和民眾，開始建構「民主」工程，並且突破、改革。

當然此舉成真，是因為國家中的不同意識，創造出彼此辯論、談判的共同空間，使大家都受益。負責組織這項工作的是阿道弗．蘇亞雷斯（Adolfo Suárez），一位耀眼、雄心勃勃，來自阿維拉的年輕人，他總身穿著藍襯衫，曾在「民族運動部門」任職過，而且他將這項工作做到出類拔萃。他可是會敬菸交際，會拍拍你的肩膀，看著你眼睛說話的人。他是偉人中的佼佼者，有種介於貴族跟高級區的雜技專家的魅力，而且他很英俊。他不但有國王的支持，就連反對派（社會主義、共產主義和其他政黨）也都挺他；公眾輿論都意識到此時情勢很敏感，而他也承載著大家的信任和夢想，用高超的手腕和智力，降伏了當時仍然很危險且齜牙咧嘴的碉堡派，而且弭平極右份子的致命沉默，以及愚蠢、沒知識且罪無可逭的巴斯克恐怖份子的張牙舞爪，比起佛朗哥政權倒台，這些恐怖份子看起來更享受破壞的過程。就這樣，社會主義黨終於合法化了，不久後共產黨也是，西班牙已經完全邁向自由的道路而且不可逆轉。

這是一個複雜的過程，一個接一個的階段：一九七六年西班牙國會通過《政治改革法》，並

304 Matanzas de Paracuellos，內戰期間對反對共和黨政治犯之屠殺，造成兩千多名囚犯死亡。

305 La masacre de Badajoz，內戰期間起義叛軍在巴達霍斯對支持共和國的軍人和平民痛下殺手。此事最受爭議的一點，就是受害者人數因調查的歷史學家而異（從一千八百至四千人）。

舉行全國公民投票且同樣獲得支持；一九七七年的第一次民主選舉，西班牙又能投票了！選舉公報上出現了新、舊政黨，其結果也建立了主要政治力量：右派的民主中心聯盟；隨後是人民聯盟（一六五個席位，只差十一席就取得絕對多數），西班牙工人社會黨（一一八席）和共產黨（二十席）；其餘的則是加入比較小型的組織，或民族主義政黨。當然，這一切讓極右派和佛朗哥派的將軍們氣到咬牙切齒，他們毫不猶豫地稱胡安．卡洛斯「國王發假誓」，而蘇亞雷斯是「該槍斃的叛徒」。所以再一次，非常有種且名副其實的蘇亞雷斯，在社會、共產主義領袖支持下，也就是費利佩．岡薩雷斯（Felipe González）和聖地亞哥．卡里略，用他高超的談判技巧，將軍隊、兵營控制在合理的範圍內，也讓坦克繼續停在車庫（或是停坦克的地方啦），克服了極右派恐怖主義（諸如馬德里阿托查車站爆炸案或其他野蠻行為），極左派恐怖份子（十月一日反法西斯抵抗團體）和極端民族主義暴行（埃塔）等人，在前進的道路上所設下的險惡障礙。

就這樣，雖然現階段的自由看似風吹了就跑，但西班牙仍懷著「抓緊自由」的意願，進入了下一個階段：制定一部規範眾人的權利和義務的《憲法》，依據西班牙的現況，建構共存的框架，以避免重蹈過去的錯誤和悲劇；而這項任務，就是集結當時所有政壇中最優秀、睿智的男性所著的「一九七八年的《大憲章》」（當時雖然已經有婦女嶄露頭角，但還是在拍照時站最邊邊）。儘管大憲章中一定會含有利己或是目的性成分，但同時也具有西班牙史上前所未見的慷慨和常識。

91 坐下！媽的！

荒謬的是，西班牙竟然在一場政變、或是嘗試未果的政變之後，才真正鞏固了剛恢復不久的民主，才真正的「轉大人」。

一九八一年二月二十三日，國民警衛隊的安東尼奧·特赫羅（Antonio Tejero）中校，在瓦倫西亞米蘭·博世（Milans del Bosch）上尉的支持下，加上一群對佛朗哥風格念念不忘的軍人和民眾，在緊張的一天裡襲擊了國會，劫持議員，再次復活西班牙古老又邪惡、有夠老套的傳統：讓人束手無策的暴動、武裝兵變。我非常大力推薦巴列因克蘭所寫的《伊比利舞台》，和加爾多斯所著的《民族紀事》，這些著作貫穿古今，讓人了解過去，進而了解現在的西班牙。

特赫羅及他的衛兵等畜生衝進議會，大喊：「全部趴下！坐下！媽的！」此舉讓整個西班牙都屏住了呼吸，再次陷入焦慮。所有的議員都趴坐在地上，像兔子一樣捲縮著（西班牙又不只產獅子），只除了聖地亞哥·卡里略，反正他絕對會被斃，所以乾脆抽起菸來，頭也不用低了，以及總理阿道弗·蘇亞雷斯和古蒂雷斯·梅拉多（Gutiérrez Mellado）中將，這幾位可是吞了熊心豹膽，敢直接挺身面對政變策劃者（特赫羅卑鄙的想踢掉老中將，但沒有成功）；直到國王胡安．卡洛斯、國王顧問和軍中高階統帥維持紀律，事態才成定局。不過穩住西班牙的不只是前述這些人，因為成千上萬的西班牙公民，也全體動員起來；先是《國家報》，接著《十六日報》，最後其他的報社都一起發行了特刊，呼籲人們捍衛民主。當時那些傢伙（或者應該說「我們」，因為我的祖先一定有參與其中）表現得超棒的了，完全就是眾望所歸的西班牙，自由得以實現。

當蘇亞雷斯辭職後（他的政治夥伴從未原諒過他的成功，不原諒他的精明、英俊，甚至不原諒他的民主），卡爾沃—索德羅（Leopoldo Calvo-Sotelo）繼任首相，才明顯看出西班牙已經建立了完全民主的常態。通過了自治條例，西班牙軍隊也加入北約，該決定具有雙重優勢：不但可以與西方民主接軌，也可以讓西班牙的軍隊變得現代化，跟得上世界，忘記過往的軍變陰影。至於西班牙的社會，由有名人士起草，所有人（我要強調，是所有人唷！）通過的一九七八年《憲法》，用「民族」和「自治區」定義了未來的西班牙，即將有十七個領先歐洲的自治區。西班牙最傑出、也可能是史上之最的歷史學家胡安．保羅．傅希（Juan Pablo Fusi）就將此定義為：「一個法治的社會民主國家，一個全面而先進的民主制度。」

在退幕前，為了消除不斷威脅西班牙穩定的舊衝突根源，蘇亞雷斯與加泰隆尼亞達成特殊協議，恢復了內戰後被廢除的「加泰隆尼亞政府」，讓流亡在外的主席主席塔拉德拉（Josep Tarradellas）

凱旋而歸。但在巴斯克自治區事情就沒那麼容易，一方面是埃塔盲目的犯罪暴力，另外還有極端阿拉納主義支持者，我個人認為很可惡的人物，叫做阿薩盧斯（Xabier Arzalluz），將他領導的巴斯克民族主義黨（PNV）帶到一個既悲慘又政治投機主義的境地（別忘了他們可是一方搖樹，另一方撿果子；而埃塔不分左右通殺）。儘管巴斯克恐怖主義，不斷持續禍害西班牙年輕的民主政體，但民主還是勇敢而堅定地抵抗邪惡的打擊。

在一九八二年十月的選舉中，實現了自一九三九年以來，看似不可能實現的一切：社會黨以一千萬票的優勢贏得了選舉（人民聯盟五百四十萬票）；由費利佩·岡薩雷斯及阿方索·格拉（Alfonso Guerra）領導的西班牙工人社會黨接手統治西班牙。在他的長期任職期間，儘管還是存在著錯誤和問題，工業轉型，恐怖攻擊和各種危機創傷，但西班牙人還是再次找到尊嚴和存在意義。一九八六年，西班牙加入了歐洲經濟共同體，自那時起，就持續保持進步與現代化，就像阿方索·格拉的肯定：「西班牙可是連她老媽都認不出她了。」

……確實如此，並仍然持續著。

92 悲不悲傷都結局

從二〇一三年五月五日到二〇一七年八月二十八日的這段時間，在每周日出刊的《XL Semanal》增刊，我在我的專欄上敘述了一些我對西班牙歷史的個人看法，現在除了排版外幾乎沒有任何修改，要以一本書的型態出版了。

相信各位在我的字裡行間應該很容易看得出來，我從來沒有想過要取代專業「歷史學家」的工作——不專業的也沒有。不過這四年來，在他們當中還是有幾個搞不清楚狀況的，很多還帶有紅／藍、黑／白、好／壞的偏見觀點，有的有點笨有的不太聰明，拚命的尋找標籤。那些人老是搞不清楚「不偏激」跟「公平」的差異，對我所謂的「入侵」而感到被冒犯，不過這些人的怒氣對我來說不痛不癢。

至於讀者，如果這段期間我成功的喚醒了某些人的好奇心，激發他們在正經且專門的歷史書籍中找尋資訊，光這樣我就非常滿足了。雖然那不是我著作的主要目的，但我還是非常開心。

對我而言，當時會寫這本書就只是好玩、重複閱讀和享受，用「回顧」的理由，從遙遠的古時候到現代，思考一下，再以個人、娛樂性且非正統的角度寫下來。就像我說過的，由於每篇文章都在社群媒體、網路上廣泛流傳，讓我這段時間聽了很多鴨子呱呱叫。在這九十一章中，我回顧了西班牙人的、我個人的西班牙歷史，自我、主觀的觀點，它是由閱讀、經驗跟盡可能的合理所建構而成的。畢竟長時間的旅行和大量閱讀能讓人跳脫井底之蛙的觀點，再笨的人都能從中獲得一些有營養的結論，所以我文章、小說中的觀點，並不是種選擇，而是我的視野和多酸少甜的經歷造就的，正如我某本小說中人物那樣，他很明白在西班牙，清醒會帶來很多的痛苦、孤獨和絕望。

沒有人會在了解西班牙史後還心存幻想，至少我不會這樣。我認為西班牙人感染了一種歷史悠久、危險甚至可能致命的疾病，病源很有可能貫穿了這些章節：好幾個世紀的戰爭、廢物國王統治下的暴力和壓迫、腐敗的高官和狂熱的主教、對摩爾人的內戰、宗教裁判所及其惡名昭彰的告發和懷疑、不團結、無法否認的民族原罪「忌妒心」、嚴重缺乏文化（使我們幾個世紀以來，從過去到現在，不斷落入傳教士和巧言令色的陷阱），這些造就了西班牙的樣子。

除此之外，西班牙也是所謂「西方世界」中，少數會對自己的榮耀感到羞恥，並為自己的苦難感到高興，會侮辱自己歷史的功績，會不愛惜、遺忘歷史中偉大的男女，會抹去有價值的歷史記憶，僅保留罪惡的記憶（因為要拿來當武器攻擊鄰居），這些怨恨和自殺性的該隱基因，在翻閱過去的每一頁時，就會像唾液一樣吐在我們的臉上（西班牙人在佛朗哥之前就已經相互仇視，但大多數的年輕人對此一無所知，因為我們都把記憶給抹去了）。當然，我們對自己如此不尊重，令人不寒而慄。面對這種情況，唯有書本、學校教育，讓文化成為記憶的高尚動力，才是唯一的解藥，僅存的希望。不過我很擔心這場戰鬥我們早已失敗。

在前一章，我的歷史回顧停在一九八二年社會主義勝利的時刻，停在當時充滿著希望的西班牙；因為從那一刻至現今，各位讀者們應該都有直接且深刻的記憶。但是我也必須承認，停在那裡也是因為我懶得再次重複歷史的迴旋：西班牙人好不容易有個像樣、體面的國家，並對未來敞開大門之後，又可悲的忠於自我風格，第N次摧毀好不容易取得的成就。我們對自我毀滅的熱情、無知的勇氣、不負責任和傲慢的輕浮，最好的情況竟然還是因為惰性的冷漠；尤其是這種愚蠢、固執、沒文化、卑鄙是如此的西班牙，「我們才不稀罕打敗或說服對手，而是消滅他們」，這些，都被我們遺忘。

如果各位閱讀一本講述西班牙歷史的書籍，會發現歷史上從未有人能像手上有槍、或雄辯滔滔的西班牙人那樣，用讓人震驚不已的自然姿態自我毀滅。我覺得（很有可能我錯了，但我真的這樣認為）西班牙作為一個民族，一個國家，一個歷史悠久的民族和人民集合體，或者你愛怎麼叫隨便你，已經失去了對基礎教育和文化的掌控，而我認為這種損失是無法彌補的，因為沒有文化和教育是無法建立未來的。我想我們必須開誠布公的告訴我們的下一代，西班牙人的過去、現在，以及在這個激動人心且令人生畏的地方，如果我們下定決心，還能做些什麼。

二〇一九年三月，馬德里

西班牙很有事：
暢銷小說家貝雷茲—雷維特有笑又有料的西班牙史

作　　者　阿圖洛·貝雷茲—雷維特
譯　　者　黃新珍
美術設計　高偉哲
內頁排版　高巧怡
行銷企劃　劉育秀、林瑀
行銷統籌　駱漢琦
業務發行　邱紹溢
責任編輯　吳佳珍
總 編 輯　李亞南
出　　版　漫遊者文化事業股份有限公司
地　　址　台北市松山區復興北路331號4樓
電　　話　(02) 2715-2022
傳　　真　(02) 2715-2021
服務信箱　service@azothbooks.com
網路書店　www.azothbooks.com
臉　　書　www.facebook.com/azothbooks.read
營運統籌　大雁文化事業股份有限公司
地　　址　台北市松山區復興北路333號11樓之4
劃撥帳號　50022001
戶　　名　漫遊者文化事業股份有限公司
初版一刷　2020年11月
定　　價　台幣380元

ISBN　978-986-489-411-6

國家圖書館出版品預行編目 (CIP) 資料

西班牙很有事：暢銷小說家貝雷茲- 雷維特有笑又有料的西班牙史/ 阿圖洛. 貝雷茲- 雷維特(Arturo Pérez-Reverte) 作；黃新珍譯. -- 初版. -- 臺北市：漫遊者文化事業股份有限公司出版：大雁文化事業股份有限公司發行, 2020.11
320 面；14.8 × 21 公分
譯自：Una historia de España.
ISBN 978-986-489-411-6(平裝)
1. 西班牙史
746.11　　109016857

Arturo Pérez-Reverte

貝雷茲—雷維特 作品集